Teil I

Was die Experten sagen

Terroristen zerstören Großstadt, Folge: nukleare Abrüstung

KARL HESS unterstützt die Stadt Charles Town in West Virginia bei dem Vorhaben, sich in eine Gemeinde umzuwandeln, die unabhängig von der Regierung, von öffentlichen Versorgungsbetrieben, Supermarktketten und Verkehrsbetrieben existieren kann, mit dem Entwurf überschaubarer sozialer Einrichtungen und alternativer Technologie. Karl Hess ist ein gelernter Schweißer, er lebt in einem wunderschönen Solarhaus, das er selbst für nur 11 000 Dollar gebaut hat.

Prognosen

1982–1992

○ Der amorphe Halbleiter und ähnliche Geräte, die Solarstrahlung direkt in Elektrizität umwandeln, werden es möglich machen, daß fast der gesamte Energiebedarf da, wo er entsteht, sogar in Einzelhäusern, erzeugt werden kann. Die gegenläufigen Interessen der großen Konzerne und der Regierung, die die zentrale Kontrolle über die Energie behalten wollen, und vieler Gemeinden, die die Selbstversorgung vorziehen, führen zu einer Krise. Die Gemeinden werden letztlich den Sieg davontragen.
○ Ein Verfall der großen öffentlichen Einrichtungen setzt ein. Gänzlich zusammenbrechen wird das staatliche Schulsystem. Statt dessen werden Zwergschulen, die bestimmten Wohngebieten und Gemeinden zugeordnet sind, und örtliche und kleine Schulen für alle Interessengebiete entstehen. Literatur, die Künste und Wissenschaften werden aufblühen. Biologie wird (an Stelle der Physik) das interessanteste Forschungsgebiet werden und die bedeutendsten philosophischen Fragen aufwerfen.
○ Der Ackerbau verliert an Bedeutung, statt dessen belebt sich die Gärtnerei oder der Intensivanbau von Gemüsen, darunter auch die Hydrokultur. Der Hektarertrag von stark gedüngten Monokulturen wird zurückgehen, und die Kosten für Dünger und Schädlingsbekämpfungsmittel werden so stark anziehen, daß ihr Gebrauch unwirtschaftlich wird. Eine Hungersnot kann gerade noch abgewendet werden, da die Länder, die zuvor auf forcierte Industrialisierung gesetzt hatten, sich wieder auf die Nahrungsmittelproduktion konzentrieren.

○ Eine Flut wilder Streiks wird klare Fronten zwischen den einfachen Arbeitnehmern auf der einen und den Wirtschafts- und Gewerkschaftskonzernen auf der anderen Seite schaffen. Lohnforderungen werden von Forderungen nach mehr Mitbestimmung am Arbeitsplatz in den Hintergrund gedrängt.

○ Fast alle bedeutenden Währungen werden zusammenbrechen, was sich durch eine stetige Inflation abzeichnet. Doch überall werden lebenstüchtige Menschen der Geldentwertung mit Tauschgeschäften zu begegnen wissen.

○ Städtische Gegenden werden in getrennte Wohngebiete mit einer Art Gemeindeverwaltung zerfallen, wie sie vor dem Aufkommen der Stadt als bestimmender Verwaltungseinheit fast überall gang und gäbe war. Zusammenschlüsse dieser Nachbarschaften werden die alten Städte mit neuem Inhalt füllen.

○ Eine internationale Terroristengruppe wird unter Einsatz von Atomwaffen eine wichtige Großstadt zerstören. In fast allen Ländern werden daraufhin scharfe Polizeistaatmethoden angewandt, was wiederum eine schnelle Reaktion der breiten Öffentlichkeit hervorruft, deren Druck den Polizeistaat unterhöhlt und den Weg für eine echt demokratische und weltweite Abrüstungskonferenz frei macht, die schließlich zur Abschaffung der wichtigsten Waffensysteme auf der ganzen Welt führt.

○ Der Nationalstaat wird absterben. An seine Stelle werden regionale Verwaltungseinheiten treten, deren soziales Fundament jedoch autonome örtliche Gemeinden sein werden. In diesen Gemeinden werden in der Regel Großfamilien leben, doch viele werden sich auch auf andere Zusammenschlüsse gründen, je nach Vorliebe der Beteiligten.

Weltkongreß

ISAAC ASIMOV ist Professor für Biochemie an der Boston University und Verfasser sehr vieler naturwissenschaftlicher Bücher. In den meisten seiner Bücher beschäftigt er sich mit allen Bereichen menschlichen Wissens, von Physik und Mathematik bis hin zu Shakespeare und der Bibel. Etwa ein Viertel seiner bisher erschienenen über 200 Bücher sind Zukunfts- und Kriminalromane.

Prognosen

1985

Der Weltölbedarf kann von der Weltölförderung nicht mehr gedeckt werden.

1990

Nordamerika ist nicht länger verläßlicher Lieferant von Nahrungsmittelexporten.

1995

Alle Nationen der Erde finden sich (widerstrebend) zu einem Weltkongreß zusammen, um die Bevölkerungs-, Nahrungs- und Energieprobleme ernsthaft in Angriff zu nehmen.

2000

Unter der Schirmherrschaft aller Nationen beginnt der Bau von Solarkraftwerken in der Erdumlaufbahn.

2005

Auf dem Mond nimmt ein Bergwerk den Betrieb auf.

2010

Die weltweite Demontage aller militärischen Einrichtungen macht einen Weltkrieg undurchführbar.

2020

Die Solarkraftwerke beginnen mit der Energieversorgung der Erde. Kernfusionskraftwerke werden gebaut.

2025

Der Weltkongreß wird als ständige Einrichtung anerkannt. Die bessere Kommunikation führt zur Entwicklung einer Welt-Verkehrssprache, die in den Schulen gelehrt wird.

2030

Der Gebrauch von Kleinstcomputern und Elektronenrechnern führt zu einer Umwälzung des Schulwesens, läßt die ganze Erde zu einem einzigen Riesendorf schrumpfen und versetzt die Menschheit in die Lage, das Sonnensystem gründlich zu erforschen und als nächsten Schritt den zukünftigen Flug zu den Sternen vorzubereiten.

Die andere Möglichkeit

1995

Der Ruf nach einem Weltkongreß verhallt ungehört. Die rücksichtslose Jagd nach Energie und Nahrung läßt jede Form höherer Zivilisation untergehen in gnadenlosen Raubkriegen, und die lebenerhaltende Kraft unseres Planeten wird drastisch reduziert.

Ökotopia

ERNEST CALLENBACH schrieb *‹Ökotopia›,* einen «Politics-fiction»-Roman, in dem er voraussagt, daß die US-Staaten Washington, Oregon und Nordkalifornien ihre Unabhängigkeit erklären, um eine ökologisch gesunde Gesellschaft zu schaffen. Dieses bis ins kleinste Detail gewissenhaft recherchierte Buch stieß auf großes Interesse und wurde in sieben Sprachen übersetzt. Callenbach ist außerdem Autor einer *‹Ökotopischen Enzyklopädie der achtziger Jahre›.* Gleichzeitig gibt er die naturwissenschaftlichen Bücher der University of California Press und die Zeitschrift *Film Quarterly* heraus, die er auch selbst gründete.

Prognosen

1980er

○ Die traditionelle Familie wird immer mehr zu einer statistischen Rarität verkümmern. Die Menschen werden die biologische Familie durch Freundschaftsnetze und neue Formen von Lebensgemeinschaften ersetzen. Sie werden emotionale Bindungen als Schutz gegen den Konkurrenzdruck zeitgenössischen Lebens aufbauen und die «Wir-Generation» zum Thema machen.

1990

○ Die Herrschaft des Automobils über die gesellschaftlichen, psychologischen und ökonomischen Beziehungen in Amerika wird gebrochen. Mit vielleicht zehnmal so hohen Benzinpreisen wie 1980 werden weniger Menschen Autos besitzen, sie seltener fahren und verstärkt Straßenbahnen, Busse, Taxis, Fahrgemeinschaften, Fahrräder und die eigenen zwei Beine benutzen. Dieser Niedergang des Privatautos wird die Luftverschmutzung erheblich senken – etwas, was bissigster Spott und härteste Auflagen für Detroit (Ford) nicht zuwege bringen konnten. Und wir werden endlich damit beginnen können, unsere Städte in eine für Fußgänger angenehmere Umgebung zu verwandeln.

1982–1992

○ Rauchen wird *nicht* ausgemerzt. Im Gegenteil werden Unmengen junger Leute, besonders Frauen, weiterhin zur Zigarette greifen. Die Zahl der an Lungenkrebs und anderen Krebsarten Erkrankten steigt. Einige krebsauslösende Mechanismen werden isoliert werden, doch ein «Gegenmittel» wird nicht entdeckt – außer unsere Biosphäre von chemischer Verseuchung zu säubern. Halbherzige Anläufe in diese Richtung werden unternommen, doch grundlegend ändert sich nichts.
○ Unter dem Druck steigender Kosten wird weniger Elektrizität verbraucht, womit Kernkraftwerke noch überflüssiger werden. Windkraft beginnt in der Erzeugung von Elektrizität eine Rolle zu spielen, und Abwärmeenergie der Fabriken transportiert man an die Orte, wo sie von Einrichtungen gebraucht wird, die sich zu öffentlichen Energieträgern wandeln mußten.
○ «Passive» Sonnenenergie wird den größten Teil der Wärme für gut isolierte neue und umgebaute alte Wohnhäuser liefern. «Aktive» Solarsysteme werden den Heißwasserbedarf für den Haushalt decken, im Sommer die Luft kühlen und Hitze und Dampf für industrielle Zwecke liefern. Die photoelektrische Stromerzeugung auf dem Dach wird das Leitungsnetz für den durchschnittlichen Privatbedarf an Strom allmählich ersetzen; auch die Kosten für das Aufladen von Batterien für private Zwecke werden erschwinglich sein.

1993–2030

○ Statt erst gedruckt, dann in Lagerhallen gestapelt und schließlich mit der Post an die Buchhandlungen verschickt zu werden, veröffentlicht man Bücher und anderes Schriftmaterial, indem man sie in Computer einspeichert. Druckzentren in allen Stadtteilen werden auf Wunsch schnell und preiswert eine Kopie anfertigen. Diese Zentren, die jedem Bürger Zugang zu sowohl spezialisierter als auch allgemeiner Literatur ermöglichen, wird es auch auf dem Land geben.
○ Unter dem Druck der Benzinverknappung werden sich groß-

flächig angelegte Wohngegenden (in Stadt und Vorstadt) zu mehr kompakten Wohnvierteln zusammenziehen, wobei jedes Viertel seine eigenen Einkaufsmöglichkeiten und Arbeitsstätten besitzt. In den einzelnen Stadtteilen entwickelt sich ein Gefühl der Zusammengehörigkeit. Um die Einkaufszentren und Umschlagbahnhöfe der Vororte bilden sich die Gegenstücke heutiger Kleinstädte. Die dazwischen liegenden Flächen veröden allmählich.
○ Recycling wird für den einzelnen ebenso wie für die Gesellschaft als Ganzes ein allgegenwärtiger Bestandteil des Lebens. Abwässer werden in Dünger verwandelt, um mehr Nahrung zu erzeugen usw. Biologisch zersetzbarer Kunststoff wird ebenfalls zu Dünger oder zu neuem Kunststoff verarbeitet; selbst mobile Häuser gelangen in den Recycling-Prozeß. Metalle, die wegen ihrer Seltenheit und ihres hohen Energiegehalts sehr viel kostbarer sein werden, zirkulieren in einer stark erweiterten Schrottindustrie.
○ Das Bildungssystem wird von den Universitäten bis hin zu den Grundschulen vom Wettbewerb geprägt sein. Familien haben die Möglichkeit, zwischen Schulen mit verschiedenen Bildungsschwerpunkten zu wählen. Das nötige Schulgeld wird aus öffentlichen Mitteln gezahlt. Diese Schulen werden von Lehrern geleitet, die persönlich die Konsequenzen tragen, sollte es ihnen nicht gelingen, genügend Schüler für ihr Konzept zu gewinnen. Prüfungsausschüsse von Bund und Ländern werden die Eltern in ihrer Wahl beraten.

Bis 2000

○ Ultraschnelle Magnetkissenzüge mit Linearantrieb (wahrscheinlich aus Japan oder Deutschland importiert, da US-Technologie zurückhängt) werden das Hauptverkehrsmittel für den Intercity-Verkehr. Sie verdrängen das Flugzeug auf Strecken bis zu 1000 Kilometer Entfernung. (Amerika wird endlich das Dezimalsystem eingeführt haben!)
○ Um die hohen Mieten und Hypotheken bezahlen zu können, werden die Menschen mehr und mehr in Großfamilien bis zu zwölf Personen leben. Ihre Arbeitszeit ist kürzer geworden und ihr Gehalt auf zwei Drittel der Kaufkraft von 1980 gesunken. Sie hocken sehr viel seltener vor dem Fernseher und kümmern sich statt dessen mehr um den Garten, treiben aktiv Sport, bilden sich weiter, betätigen sich politisch und feiern mit ihren Freunden Feste. Sie sind schlanker, aktiver, weniger hektisch, sicherer und körperlich und seelisch gesünder als wir.

Callenbach fügt hinzu: Die wichtigste Voraussage, die irgend jemand machen könnte, wäre die, ob es zum Atomkrieg kommt oder nicht. Ich habe mich in dieser Sache für eine Variante der «Pascalschen Wette» entschieden. Der Philosoph Blaise Pascal – mit der gleichermaßen furchteinflößenden Frage nach der Existenz Gottes konfrontiert – kam zu dem Ergebnis, daß es klug sei, so zu handeln, als ob es Ihn gäbe: denn lieber setzte er auf Erlösung statt auf Verdammnis. Nach seinem Vorbild setzte ich lieber darauf, daß es keinen Atomkrieg geben wird, denn falls er eintritt, wird niemand mehr da sein, um irgendeine meiner Prognosen zu überprüfen.

Menstruation nach Wunsch

ROGER WILLIAMS WESCOTT studierte, promovierte und lehrte als Professor an der Princeton University. Heute ist er einer der Herausgeber der Zeitschriften *Kronos* und *Futurics*. Wescott ist Professor für Anthropologie an der Drew University in Madison, New Jersey.

Prognosen

Bis 1984

○ Erhöhte Erdbebenaktivität – besonders in den Küstengebieten des Pazifiks, z. B. Japan und Kalifornien – wegen der großen Nähe der äußeren Planeten, deren elektromagnetische Kräfte und Gravitation starke Auswirkungen auf die inneren Planeten – unsere Erde eingeschlossen – zeigen werden.

1985–1989

○ In fast allen Ländern muß der Gürtel enger geschnallt werden, was zum Teil eine Folge der vorausgegangenen Erdbeben ist und eine bedrohliche Knappheit an fossilen Brennstoffen widerspiegelt.

1990–1994

○ Einsatz erdumkreisender und/oder feststehender (geosynchroner) Satelliten, die die schwerelose Herstellung von Industriegütern ermöglichen sollen, Sonnenenergie mittels Mikrowellen zur Erde senden und die bemannte Erforschung des Sonnensystems vorantreiben.

1995–1999

○ Eine große Anzahl von Pflanzen- und Tierarten stirbt aus. Unter ihnen die warmblütigen, intelligenzbegabten Wale – ein besonders trauriger Verlust für die Überlebenden.

2000–2004

○ Unsere traditionellen Wissens- und Berufszweige werden durch eine wachsende Anzahl von «Interdisziplinen» ergänzt wie Futuristik (Vorbereitung auf die Zukunft, Zukunftsprognosen), Anomalistik (vergleichende Forschung auf dem Gebiet der Anomalien), Noëtik (die allgemeine Erforschung des Bewußtseins) und Polymathik (die Integration wissenschaftlicher, humanistischer und «spiritueller» Disziplinen).

2005–2009

○ Das Ende internationaler Kriegführung ist gekommen; entweder als Folge einer Unterwerfung aller Nationen unter den Sieger eines dritten Weltkriegs oder durch freiwilligen Verzicht aller zuvor unabhängigen Nationen auf ihre staatliche Souveränität und durch Zusammenschluß in einer erheblich gestärkten Weltorganisation der Vereinten Nationen.

2010–2014

○ Das Zeitalter der Globalisierung beginnt: Die Zivilisation im bisher geltenden Sinne (bäuerliche Landwirtschaft zur Versorgung städtischer Zentren in Nationalstaaten) wird schrittweise durch eine neue Kulturepoche abgelöst: dezentrale Besiedlung der Erdoberfläche, Weltraumfabriken und eine Fernseh-Fernschreib-Telefonvernetzung von allen mit allen.

2015–2019

○ Die Erdkruste wird durchbohrt, der Meeresboden gründlich erforscht (wobei eine neue Gruppe von Wirbellosen entdeckt wird), es entstehen menschliche Kolonien auf weit entfernten Planeten, Monden und Asteroiden.

2020–2024

○ Frauen menstruieren nur noch, wenn sie es wünschen. Entwicklung der Ektogenese, das heißt Heranwachsen des Fetus in künstlichen Gebärmüttern, wodurch Frauen eine den Männern vergleichbare Rolle bei der Fortpflanzung wählen können.

2025–2030

○ Die Wiederherstellungsmedizin (Bekämpfung von Krankheiten) wird nicht nur durch vorbeugende Medizin (Vorsorgeuntersuchungen), sondern immer mehr durch eine Gesundheit und Glück aktiv fördernde Medizin ersetzt.

Gravitationsgesetz widerlegt

ERSKINE CALDWELL, der weltberühmte Autor von über 50 Büchern und Dutzenden von Kurzgeschichten, hat mit mehreren Romanen international großen Erfolg gehabt, was zum Teil sicherlich auf seinen polemischen Stil und seine ungeschminkte Sprache zurückzuführen ist. Doch handelte er sich dadurch auch mehrere Versuche ein, seine Bücher zu verbieten.

Prognosen

1985

○ Wohnungen und Büros sind mit Fernsehern oder Fernschreibern für die Übermittlung von Nachrichten, Wettervorhersagen und Sportergebnissen ausgestattet.
○ Dreirädrige, mit Sonnenenergie betriebene Einpersonenfahrzeuge ersetzen die heutigen von nur einer Person genutzten Pendlerautos.

1990

○ Eine neue Währung, die weder aus Gold noch aus Papier, sondern aus EDV-Ausdrucken über Soll und Haben besteht, ist in Umlauf.

1995

○ Es tritt ein Gesetz in Kraft, nach dem alle Arschlöcher verpflichtet sind, jederzeit ein Abzeichen zu tragen, das sie als solche ausweist.
○ Die USA werden von einem großen Krieg überrollt. Danach wird dann tausend Jahre lang Friede herrschen.

1999

○ Die Regierung der USA wird mitsamt dem Kapitol, dem Weißen Haus, den Taxen, Spionen und Callgirls nach Minneapolis in Minnesota verlegt.

2000

○ Kalifornien wird schließlich doch von einem Erdbeben heimgesucht, und die Gegend von San Francisco bis Los Angeles verschwindet in einem schwarzen Loch, während die Filmkameras von ABC, NBC, CBS und PBS surren.
○ Enge Nachbarn gehen trotz Armut und Elend auch nicht freundlicher miteinander um als 1980.

2030

○ Das Gravitationsgesetz wird widerlegt, und Facelifting ist somit überflüssig geworden.

Atomkrieg tötet 200 Millionen

EDMUND C. BERKELEY, ein Pionier auf dem Gebiet der Computer, war dabei, als 1944/45 die ersten automatischen Rechner an der Harvard University gebaut und in Betrieb genommen wurden. Sechs Jahre später brachte er die heute älteste Computerfachzeitschrift *Computers and People,* heraus, deren Herausgeber er auch heute noch ist.

Prognosen

Edmund Berkeley schickt voraus: Die Zeitangaben dieser Prognosen erheben keinen Anspruch auf Genauigkeit. Sie stehen für Zustände oder Bedingungen, die meiner Meinung nach ungefähr zu der angegebenen Zeit erreicht sein könnten.

1985

○ Automatische Computerprogrammierung mit Hilfe der normalen gesprochenen bzw. geschriebenen Sprache wird ein Viertel bis die Hälfte aller von EDV-Fachleuten durchgeführten Computerprogrammierung ablösen.

1987

○ Schachcomputer werden fast alle menschlichen Schachgroßmeister besiegen.

1990

○ Der Computer wird die Form eines automatischen Buchs haben, das man in der Tasche bei sich hat und das Antwort auf viele Arten von Fragen gibt (nicht alle, aber einige Computer werden wie die heutigen Taschenrechner aussehen).

1992

○ Jede klar umrissene intellektuelle Aufgabe wird von einem Computerprogramm schneller, besser und genauer als von einem Menschen erledigt. (Wobei «klar umrissen» auf die Möglichkeiten eines Computers beschränkt bleibt. Beispiel: ein Schachspiel gewinnen. Gegenbeispiel: einen Schulbus lenken.)

○ Computer sind in den USA verbreiteter als Automobile.

○ Die Fertigkeit, einen Computer zu bedienen, wird so selbstverständlich und populär wie das Autofahren.

○ Eine ganze Reihe wichtiger politischer Alternativvorstellungen aus dem sozialen, ökonomischen und industriellen Bereich werden von umfassenden, gut ausgearbeiteten Computerprogrammen, die auf Gesellschaft, Wirtschaft und Industrie spezialisiert sind, überprüft und ausgewertet.

○ Die Beteiligung an Computerprogrammen, deren Ziel es ist, Tod, Elend, Zerstörung und anderen Schaden über die Menschen zu bringen, wird als genauso schrecklich, gemein und menschenfeindlich eingeschätzt wie Töten, Foltern und Verbrechen begehen.

2000

○ Die Ölknappheit wird riesige Menschenmengen zwingen, aus den kälteren Regionen der Erde in wärmere auszuwandern.

○ Die Vergeßlichkeit und der Aberglaube eines großen Teils der Bevölkerung werden wichtige Fortschritte in der Gesundheitsvorsorge der letzten hundert Jahre in Gefahr bringen.

○ Das Verständnis der Öffentlichkeit für wichtige Probleme der Politik wird zurückgehen, da die Medien, besonders Fernsehen, Funk und Werbung, immer öfter wesentliche Informationen zurückhalten und immer niedrigere Ebenen des menschlichen Geistes ansprechen. (Vgl. George Orwells Buch *1984*.)

○ Da der Mindestlohn ansteigt und die staatlichen Verordnungen zunehmen, wird es für kleine Unternehmen zunehmend schwerer, zusätzliches Personal einzustellen, um Innovationen einzuführen und wettbewerbsfähig zu bleiben.

○ In den USA werden sich Monopole und Oligopole stetig vermehren.

○ Mehr als 80 Prozent der Menschen in Amerika werden von der Arbeit von weniger als 20 Prozent ernährt.

○ In den USA werden mehr als 80 Prozent aller Menschen über 16 und mehr als 90 Prozent der gesamten Weltbevölkerung über 16 erkennen, daß, beginnend mit der geplanten Ermordung von Präsident John F. Kennedy im Jahr 1963, eine Gruppe einflußreicher Männer – darunter Allan Dulles (CIA), Lyndon Johnson (Vizepräsident), J. Edgar Hoover (FBI), Richard Nixon (Präsidentschaftskandidat), einige Mitglieder des Joint Chiefs of Staff (Pentagon) und andere Personen – die Präsidentschaft mit einem Staatsstreich an sich riß. Danach sorgte diese Gruppe an den Schaltstellen der Macht für die Ermordung von Robert Kennedy (Senator) und Pastor Martin Luther King (Nobelpreisträger); auf ihr Konto ging auch der Anschlag auf George C. Wallace (Gouverneur von Alabama), wahrscheinlich die Ermordung von Adlai Stevenson (UN-Botschafter) und Walter Reuther (Vorsitzender der United Auto Workers) und sicherlich die Ermordung von über 16 Mitgliedern der Black Panther, darunter Fred Hampton, und über 20 Zeugen. Doch die CIA und das FBI sowie die *New York Times* und andere bedeutende Vertreter der Medien werden dies niemals zugeben.

2030

○ Ein großer Atomkrieg wird die nördliche Halbkugel überziehen, ausgelöst von einem wahnsinnigen Diktator im Stile Hitlers oder von einer Verschwörung auf Grund militärischer, industrieller und diktatorischer Interessen oder einer Kombination von beidem. Der Krieg wird über 200 Millionen Menschen töten und weite Gebiete zertrümmern und verstrahlen.

Erschließung der Ozeane, des Mondes und der Antarktis für landwirtschaftliche Zwecke

ANDREJ D. SACHAROW ist einer der bedeutendsten Physiker der Welt. Professor Sacharow hat sich nicht nur mit der Entwicklung der sowjetischen Wasserstoffbombe einen Namen gemacht, sondern ist bekannt und geachtet wegen seines standfesten Eintretens für die Menschenrechte in der Sowjetunion. 1970 schloß er sich mit anderen sowjetischen Physikern im Komitee für Menschenrechte zusammen, das öffentlich die Unterdrückung in der Sowjetunion anprangerte. Dafür und für seine sonstige Arbeit erhielt er 1975 den Friedensnobelpreis. Obwohl die sowjetischen Behörden lange Jahre Sacharows öffentliche Initiativen mit dem größten Mißtrauen beobachteten, ließen sie ihn doch seine Arbeit bis Anfang 1980 weiterführen. Dann wurde er plötzlich verhaftet, seine Auszeichnungen wurden ihm aberkannt und er selbst aus Moskau in die Verbannung abgeschoben.

Prognosen

1. Arbeitsgebiet gegen Schutzgebiet

Allmählich werden sich aus der Industriewelt zwei Arten von Gebieten entwickeln (dieser Prozeß wird aber erst weit nach der Jahrtausendwende abgeschlossen sein): das Arbeitsgebiet, in dem die Menschen den Großteil ihrer Zeit verbringen, und das Schutzgebiet, das ausgespart wird, um das ökologische Gleichgewicht der Erde zu bewahren.

2. Arbeitsgebiet

Das Arbeitsgebiet wird eine ertragreiche Landwirtschaft einschließen, und alle Industriezweige werden in riesigen automatischen oder halbautomatischen Fabriken konzentriert sein. Fast alle Menschen werden in «Superstädten» in vielgeschossigen Wohnblocks mit künstlich regulierten Klima- und Lichtverhältnissen leben.

3. Schutzgebiet

Die Menschen im Schutzgebiet werden in Zelten oder selbstgebauten Häusern leben. Ihre Hauptarbeit wird darin bestehen, sich und die Natur zu erhalten. Ungefähr ein Fünftel ihrer Zeit werden die Menschen in Schutzgebieten verbringen können.

4. Fliegende Städte

Künstliche Erdsatelliten werden im Vakuum betriebene Einrichtungen zur Metallgewinnung, Treibhäuser usw. beherbergen. Sie werden als kosmische Forschungslaboratorien und Zwischenstationen für interstellare Langstreckenflüge dienen.

5. Unterirdische Städte

Es wird sich ein weitverzweigtes Netz unterirdischer Schlaf- und Freizeitstädte entwickeln, in denen sich auch die Wartungsstationen für das unterirdische Transportsystem und den Bergbau befinden.

6. Landwirtschaft

In den kommenden Jahrzehnten wird sich ein gewaltiger Industriezweig um die Produktion von künstlichem tierischem Eiweiß kümmern. Neue Wege der Landwirtschaft im Meer, auf bakteriellem Gebiet und in der Mikroalgen- und Pilzgewinnung werden sich auftun. Die Oberfläche der Ozeane, der Antarktis und irgendwann auch des Mondes und der Planeten werden allmählich landwirtschaftlichen Zwecken angepaßt.

7. Fernmeldewesen

Es wird nur ein einziges weltweites Telefon- und Videofonnetz geben, das in mehr als 50 Jahren von einem umfassenden Informationssystem abgelöst wird, das jedermann zu jeder Zeit Zugang zu allen bisher veröffentlichten Büchern, Zeitschriften oder anderem Faktenmaterial bietet.

8. Energie

Die Bedeutung riesiger Kohlekraftwerke (mit Filtereinrichtungen gegen die Luftverschmutzung versehen) wird in den nächsten 50 Jahren ungeheuer anwachsen. Gleichzeitig wird sich die Erzeugung von Atomenergie immer weiter ausbreiten, auch die Fusionstechnologie wird im ersten Quartal des nächsten Jahrhunderts zum industriellen Alltag geworden sein.

9. Verkehr

Für den Individualverkehr wird das Auto durch ein batteriegetriebenes Fahrzeug auf mechanischen «Beinen» ersetzt, das weder die Grasnarbe verletzt noch asphaltierte Straßen benötigt.

10. Computer

Computer mit größeren Datenspeichern und schnelleren Abläufen werden vielschichtige Probleme lösen können, z. B. Wettervorhersage, Analyse organischer Moleküle, vielschichtige Produktionsverfahren, kosmologische Berechnungen und komplexe ökonomische und soziologische Überlegungen.

11. Physik und Chemie

Kunststoffe werden entwickelt, die den natürlichen Materialien in jeder Hinsicht überlegen sind. Automaten der Zukunft werden mit leistungsfähigen und einfach zu steuernden «Muskeln» ausgerüstet sein. Es wird hochempfindliche Analyseapparate geben, die wie eine künstliche «Nase» funktionieren. Man wird synthetische Diamanten durch spezielle unterirdische Atomexplosionen aus Graphit herstellen können.

12. Erforschung des Weltraums

Es werden größere Anstrengungen unternommen, um Kontakt mit Zivilisationen auf anderen Planeten aufzunehmen. Auf Weltraumlabors oder auf dem Mond errichtete starke Teleskope werden die Planeten der unserem Sonnensystem benachbarten Sterne sichtbar machen. Schon bald nach der Jahrtausendwende wird die wirtschaftliche Ausbeutung der Mondoberfläche und der Asteroiden wahrscheinlich schon angelaufen sein.

Ich glaube, die Menschheit wird eine vernünftige Lösung des Problems finden, die großartigen, notwendigen und unausweichlichen Ziele des Fortschritts zu erreichen, ohne darüber die Menschlichkeit des Menschen und die Natürlichkeit der Natur zu verlieren.

(Aus: Andrej D. Sacharow, «Tomorrow: The View from Red Square». *Saturday Review,* 24. August 1974)

Texas und Alaska drohen, der OPEC beizutreten

MAGOROH MARUYAMA ist Anthropologe an der Southern Illinois University. Er ist bekannt geworden durch seine Arbeiten über Alternativkultur, Stadt- und Raumplanung sowie durch seine Entwürfe außerirdischer Siedlungen. Professor Maruyama ist Herausgeber von *Cultures of the Future* und *Cultures beyond Earth.*

Prognosen

1982–1987

○ Spanisch wird (neben Englisch) zu einer Amtssprache in den USA.

1982–1988

○ Die Bewegungen der Gletscher werden zur Elektrizitätserzeugung genutzt, indem man Stangen in das Eis treibt und das Eis Kabel ziehen läßt, die die Generatoren antreiben.

1983–1988

○ Ein leistungsfähiges und preiswertes Speichersystem für Elektrizität wird erfunden. Außerdem wird der trans- und interkontinentale Transport von Elektrizität mittels Mikrowellen, Laser und Leichtgewichtbatterien entwickelt.

Bis 1985

○ Chinesisch und Spanisch werden (neben Englisch) zu Amtssprachen in San Francisco und Vancouver werden.
○ Der Trend geht weg von Gleichförmigkeit hin zu einer «harmonischen Verbindung ungleichartiger Elemente» – so zum Beispiel bei den Verbrauchsgütern, im Wohnungsbau, im Dienstleistungsgewerbe usw.

1985–1995

○ In tropischen und arktischen Gebieten werden Städte unter Wasser und in Wüstenregionen unter der Erde gebaut.

1986–1998

○ Wüstenländer wie jene in Afrika, im Vorderen Orient, in Zentralasien, Mexiko und Australien werden reich durch die Nutzung der Sonnenenergie.

Bis 1987

○ Falls der politische Druck gegen die Ölindustrie zunimmt, könnten sich Texas und Alaska von den USA ablösen und der Organisation der erdölexportierenden Staaten (OPEC) beitreten. Oder Texas könnte sich Mexiko und Alaska Kanada in einem Ölabkommen anschließen.
○ Wegen der Gastarbeiter aus Asien und Afrika wird sich in den OPEC-Staaten eine vielsprachige Mischkultur entwickeln. Diese Arbeiter werden ihren Familien Geld schicken, womit sie die Wirtschaft ihrer Heimatländer stützen helfen.

1989–1999

○ Im Weltraum werden in kleinem Maßstab meist vollautomatische Fabriken gebaut.

Bis 1990

○ Viele Wissenschaftler, Ingenieure und Mediziner werden aus den USA, Kanada, Europa und Japan in OPEC- und Sonnenenergie-Länder abwandern.

1998–2008

○ Im Weltraum werden in großem Maßstab heterogene Gemeinden und Kulturen gegründet.

Bis 2000

○ Technische Hilfen werden eingesetzt, um die traditionellen Kulturen in Afrika und Asien zu erhalten und zu fördern. Dazu werden, zum Beispiel, bei rituellen Anlässen Tonbandgeräte benutzt, statt geschriebener Mitteilungen werden Tonbänder verschickt, und man setzt Funkgeräte statt Telefone ein. Die Sprache der Eingeborenen und die mündlich überlieferte Dichtung werden auf diese Weise lebendig erhalten.

Gletscher im Brennpunkt

GWEN SCHULTZ, Professorin für Geographie an der Universität von Wisconsin in Madison, forscht in Zusammenarbeit mit der Geological and Natural History Survey von Wisconsin. Ihr Spezialgebiet sind Gletscher und Eiszeiten.

Prognosen

Bis 1992

○ Umweltschützer drängen uns, Gletscher in ihrem natürlichen unberührten Zustand zu bewahren, so wie sie uns früher warnten, Wälder, Steppen, Seen usw. zu erhalten. Heutzutage, wo Gesetze selbst die grenzenlose Atmosphäre und die Ozeane schützen, übersieht die Umweltschutzbewegung als einziges wichtiges Naturphänomen immer noch die Gletscher. Sie gelten heute als unwirtliches, nutzloses Ödland, doch in einem späteren Jahrzehnt wird man sie als wertvolle physikalische und ästhetische Reserven schätzen lernen. Ihre Bedeutung als Trinkwasserdepots, Klimaregler und Born landschaftlicher Schönheit wird nicht mehr übersehen werden. Doch bis dahin wird die «Gesundheit» und die Unberührtheit kleinerer Gletscher in der Nähe bewohnter Gegenden schon merklich durch die Auswirkungen menschlicher Umtriebe beeinträchtigt worden sein. Selbst größere und unzugänglichere Gletscher wie jene der Antarktis und Grönlands, der Hochgebirge und Inseln des Polarkreises – die letzten noch wirklich unberührten, wilden Gegenden des Erdballs – werden durch das Vordringen der Zivilisation und durch zunehmende Luftverschmutzung schädlichen Einflüssen ausgesetzt. Die Notwendigkeit, Gletscher zu überwachen, wird immer offensichtlicher.

Vor 2030

○ Künstliches Abschmelzen der Berggletscher wird – offen oder heimlich – wesentlich häufiger praktiziert. Mit wachsender Bevölkerung und gehobenem Lebensstandard wird man in einigen Gegenden die Gletscher schneller als üblich abschmelzen, um die Bewässerung der landwirtschaftlich genutzten Flächen in den angrenzenden Niederungen sicherzustellen oder zur Gewinnung von Wasserkraft, oder um den Wasserbedarf der Industrie und der Haushalte zu decken. Oder man verkleinert oder entfernt absichtlich einen Gletscher, um darunter zu schürfen, einen Hafen oder Gebirgspaß freizulegen oder um ein wärmeres lokales Klima zu erzeugen. In geringem Umfang wird das Abschmelzen von Gletschern schon seit Jahrhunderten betrieben, hauptsächlich in den Gebirgen Asiens. Dazu wird die Eisoberfläche von Hand mit dunklen, die Sonnenwärme anziehenden Teilchen wie Erde, Asche oder Kohlenstaub bestreut. Diese Methode wird sich ausbreiten und mit leistungsfähigeren Techniken betrieben werden. Flugzeuge bestreuen die Gletscher mit weniger Aufwand und über weitere Flächen; das Eis wird mit Sprengladungen auseinandergebrochen; falls der Wasserbedarf kritisch wird, könnten sogar Atomkraft oder riesige Brenngläser im Weltraum eingesetzt werden. Das Schmelzwasser der Gletscher wird auf immer größere Nachfrage stoßen, denn es enthält keine schädlichen oder ekelerregenden Substanzen, wie sie in fast jedem Oberflächen-, Grund- oder Aufbereitungswasser vorkommen. Wahrscheinlich werden in erster Linie Berggletscher in der Nähe unfruchtbarer Gegenden, wie jene Innerasiens, die die Quellgebiete der Ströme und Flüsse Chinas, der UdSSR und der südasiatischen Länder sind, davon betroffen sein. Im Westen der USA, in Kanada und Europa experimentiert man mit dem

Abschmelzen, worauf zweifelhafte Versuche folgen, stärkere Schneefälle zu erzeugen, um die Gletscher wiederaufzubauen. Das Abschmelzen wird während klimatischer und anderer Krisen verstärkt angewendet. Schließlich kommt es zwischen Ländern und Gemeinden zu Streitigkeiten, da ihre Interessen an Gletschern und ihrem Schmelzwasser auseinandergehen und Grenzen sich gewöhnlich über gletscherbedeckte Gebirge hinwegziehen. Möglicherweise wird die Umweltzerstörung immer noch nicht bemerkt, doch das unablässige Schrumpfen der Gletscher zerstört – zumindest lokal – das natürliche Gleichgewicht, und einige Gletscher verschwinden ganz.

○ Ernsthafte Versuche werden unternommen, Eisberge in die Nähe von Küstenregionen zu schaffen, die an Wassermangel leiden. Dafür wird man bevorzugt die Gewässer der Antarktis heimsuchen, die ein riesiges Reservoir an großen, stabilen Plateau-Eisbergen bereithalten. Einige Eisberge werden vielleicht aus Grönland geholt und kleinere aus Alaska und Chile. Wo es sich anbietet, transportiert man sie entlang kalter Meeresströmungen. Gewaltige Probleme wird man überwinden müssen, um einen Eisberg oder sogar eine Kette von Eisbergen herbeizuschaffen und zu verankern (denn 90 Prozent des Eisbergs schwimmen unter Wasser). Wenn man dafür glücklich eine Lösung gefunden hat, sieht man sich der Schwierigkeit gegenüber, das Schmelzwasser aufzufangen und zu verteilen. Entweder könnte man das Schmelzwasser durch Röhren an Land pumpen oder das Eis stückweise abtragen. Einige Brocken könnten mit Hubschraubern zu kleinen Speicherbecken oder als Sehenswürdigkeit in kleine Teiche geflogen werden. Diesen Problemen wird man sich weiterhin widmen, denn Eisberge gibt es reichlich, sie gehören keinem, und sie enthalten das sauberste und weichste Wasser dieser Erde. Ihr Gletschereis wurde aus Schnee zusammengepreßt, der lange vor dem Auftreten von Luftverschmutzung und Fallout gefallen war. Sollte die Wasserknappheit sich noch verschlimmern, wird das wertvolle Schmelzwasser der Gletscher, das man jetzt verschwendet, dringend benötigt werden. Importierte und verankerte Eisberge könnten unter Wasser die örtlichen Lebensbedingungen verändern, Nebel und kalte Winde verursachen und der Überhitzung durch Atomkraftwerke entgegenwirken.

○ Die «Touristenerosion» nimmt zerstörerische Ausmaße an, da die Zahl der Besucher von historischen Stätten und besonders schönen Gegenden in der freien Natur ständig wächst. Der Ausdruck «Tourist» schließt hier die üblichen Feriengäste ein, aber ganz genauso die Forscher, Techniker, Ausbilder, Schüler usw., die naturwissenschaftliche Ausflüge und Expeditionen veranstalten und sich wie Touristen benehmen. Die «Erosion» schreitet dadurch voran, daß Touristen aus einer Laune heraus oder mit gezielter Absicht durch verschiedenste Mittel Dinge entfernen oder die Entfernung von Dingen verursachen. Dazu zählt, Stücke aus alten Denkmälern und Gebäuden herauszubrechen, Kunstgegenstände zu berühren, archäologische Stätten zu plündern, zarten Pflanzenbewuchs zu zertrampeln oder zu zerfahren, Pflanzen als «Andenken» auszugraben, biologische Proben zu sammeln, in Gesteinsformationen zu hacken oder zu meißeln, den Boden aufzureißen, um Unterkünfte zu errichten oder Zugangswege in die Wildnis zu schlagen, und vieles andere. Für sich genommen mag jede Tat unbedeutend erscheinen, doch zusammen werden die Auswirkungen – auch wenn sie nicht mit Zahlen zu fassen sind – erheblich sein.

○ Der internationale Handel wird in großem Umfang über den arktischen Ozean abgewickelt.

○ Die Menschen haben endlich begriffen, daß die meisten Wissenschaftler sehr viel weniger klug sind, als man ihnen bisher nachsagte; und daß die Klugheit der «dummen» Tiere (ob groß, ob klein) wesentlich größer ist, als bisher angenommen wurde. Das gleiche kann für ihre unterschiedlichen Fähigkeiten, sich untereinander zu verständigen, vorausgesagt werden.

Gute Aussichten mit dem Weltraumteleskop

SIR BERNARD LOVELL ist Gründer und Leiter der hochangesehenen Nuffield Radio Astronomy Laboratories an der Universität von Manchester in England. Professor Lovell erhielt zahlreiche Preise für seine bahnbrechende Arbeit auf dem Gebiet der Astronomie und hat zahlreiche populärwissenschaftliche und Fachbücher geschrieben.

Prognosen

1982–1992

○ Das wichtigste astronomische Ereignis in diesem Zeitraum wird die Errichtung eines Weltraumteleskops durch die amerikanische Raumfähre sein. Das für 1983 geplante Teleskop wird ohne die atmosphärischen Störungen arbeiten können, die die Effektivität der irdischen Teleskope einschränken. Wahrscheinlich wird es entscheidenden Einfluß auf die Entwicklung unseres Wissens über Aufbau, Entstehung und mögliches Schicksal des Universums nehmen.

○ Die Entwicklung des kombinierten Sojus-Saljut-Raumschiffes durch die Sowjetunion wird dazu führen, daß ständig bemannte

Raumschiffe die Erde umkreisen. Die Erde ständig umkreisende bemannte Raumfahrzeuge mit direkter Verbindung zur Bodenstation erfüllen wichtige militärische und friedliche Aufgaben.

○ Die Erforschung der Planeten wird weiterhin mit unbemannten Raumschiffen durchgeführt. Wichtige Stationen bei der Erweiterung unseres Wissens über die Entstehung des Sonnensystems und im besonderen über das Phänomen, daß der Planet Erde durch seine lebensfreundliche Atmosphäre in einmaliger Weise bevorzugt scheint, werden weitere Landungen von Meßinstrumenten auf Mars und Venus und genaue Untersuchungen mehrerer anderer Planeten sein.

1993–2030

○ Es ist wahrscheinlich, daß dieser Zeitraum eine beeindruckende Wiederbelebung bemannter Weltraumflüge zum Mond erleben wird und die erste Landung eines Menschen auf dem Planeten Mars. Man kann heute noch nicht voraussehen, ob diese planetarischen Entdeckungsreisen durch den Wettlauf zwischen USA und UdSSR vorangetrieben werden oder ob diese Abenteuer eine wahrhaft internationale Kräfteanspannung sein werden, an der alle Nationen beteiligt sind, die eine ausreichende Raumfahrttechnologie entwickeln konnten.

○ Es entsteht die Notwendigkeit, Forschungsstationen auf dem Mond und im Weltraum zu errichten, denn die Schwierigkeiten, gewisse astronomische Untersuchungen von der Erde aus durchzuführen, werden immer größer. Zum Beispiel kann die Zunahme des Kommunikationsvolumens für militärische und kommerzielle Zwecke die Nutzung der Radiowellen für die astronomische Forschung von der Erde aus verhindern.

○ Viele futuristische Weltraumkonzepte sind vorgestellt worden. Da die Weltbevölkerung sich verglichen mit heute um das Vier- bis Fünffache vergrößert haben wird, muß die Energienachfrage den Transport solarer Energie aus dem Weltraum vorangetrieben haben. Die riesige Anzahl der benötigten Raumschiffe wird den Nachthimmel in so großen Ausmaßen verändert haben, daß der größte Teil der von der Erde aus durchgeführten astronomischen Beobachtungen eingestellt werden muß. Beobachtungen werden von Raumstationen in der Erdumlaufbahn oder von Mondobservatorien aus durchgeführt – und wahrscheinlich werden sie bemannt sein.

○ Die wichtigsten astronomischen Probleme, denen wir uns heute gegenübersehen, werden gelöst sein. Doch, wie in diesem Jahrhundert schon einmal geschehen, wird ihre Lösung neue Bilder vom Universum entwerfen, die wir uns zur Zeit nicht vorstellen können. Der Mensch wird immer noch glauben, daß sich ihm mit dem nächsten Schritt das Geheimnis des Universums enthüllen wird. Zu diesem Zeitpunkt wird jedoch die Meinung, daß eine Einsicht in die Natur und in die Rolle, die der Mensch im Universum spielt, nur durch eine Verschmelzung aller Wissensarten erreicht werden kann, festen Fuß gefaßt haben.

Roboter schürfen auf Asteroiden

NIGEL CALDER war von 1956 bis 1966 Herausgeber der Zeitschrift *New Scientist* und hat seitdem zahlreiche wissenschaftliche Fernsehserien und Begleitbücher dazu für die BBC fertiggestellt. Calder erhielt 1972 den Kalinga-Preis, den die UNESCO für die Popularisierung von Wissenschaft vergibt. Er lebt in West Sussex, England.

Prognosen

1982–1987

○ Auf Grund akuter Nervosität und gewaltigen Mißtrauens unter den mit Atomwaffen ausgerüsteten Nationen und besonderen Gefahren in Mitteleuropa (eine deutsche Bombe?) und im Mittleren Osten (israelische und islamische Bomben) hängt der Ausbruch eines Atomkriegs am seidenen Faden. Falls es dazu kommt, wird der nukleare Weltkrieg fast sämtliche anderen Voraussagen in diesem Buch ad absurdum führen.

1987–1992

○ In vielen industrialisierten Ländern brechen «Arbeiteraufstände» aus, da die Arbeitslosigkeit auf Grund der Automation immense Ausmaße annimmt. Die Frauenbefreiung erlebt einen Rückschlag, während gleichzeitig das Interesse an Heim und Herd neu erwacht. Die «Button und Aufkleber»-Industrie blüht und gedeiht, da «überflüssige» Personen auf diese Weise ihre Identität demonstrieren. Glücksspiel ist die am weitesten verbreitete Freizeitbeschäftigung.

Bis 1992

○ Die Industrieländer bilden zwei Lager: auf der einen Seite jene (vielleicht Japan?), in denen die Trauer und Unruhe über den Verlust von Arbeitsplätzen zu repressiven Polizeistaaten geführt haben, und auf der anderen Seite jene (vielleicht Großbritannien?), in denen Arbeit noch nie sehr ernst genommen wurde, wo sich eine wohltuende neue Sozialordnung entwickeln konnte und die Menschen ein höchst vergnügliches Leben führen.

1992–1999

○ Die allmähliche Abschaffung der Farmbewirtschaftung wird durch einen starken Drang nach Selbstversorgung und intensiver und künstlicher Methoden der Nahrungsmittelproduktion eingeleitet. Menschensiedlungen gruppieren sich zu kompakten, ziemlich kleinen Einheiten, die Natur erhält viel fruchtbares Land zurück. Die erfolgreiche Nutzung von Solarchemie und Kernfusion befreit uns von der Sorge um ausreichende Energie.

Bis 2000

○ Zwei ungünstige Voraussagen. Die Suche nach außerirdischen Intelligenzen wird aufgegeben, denn da draußen scheint nichts dergleichen zu existieren. Die vielbeschworene Aufheizung der Erdatmosphäre durch das vom Menschen verursachte Kohlendioxid-«Treibhaus» bleibt aus. Statt dessen macht man sich wieder Sorgen über eine Abkühlung und eine drohende Eiszeit.

Bis 2010

○ Ein künstliches Hirn, das dem menschlichen in Komplexität und Programmvielfalt in nichts nachsteht, entpuppt sich als Träger bewußter Gedanken und Gefühle. Schwimmende Städte auf dem Meer tragen dazu bei, daß die Menschen gleichmäßiger verteilt werden, und dienen gewissermaßen als Trainingslager für ein Leben im Weltraum.

Bis 2020

○ Roboter und sich selbst vervielfältigende Maschinen schwärmen in den Weltraum aus, um auf dem Mond und Asteroiden zu schürfen und den Weltraum für menschliche Besiedlung vorzubereiten. Auf der Erde wird eine komplette Lebensgemeinschaft versiegelt, um die Probleme biologischer Isolation bei einer späteren Weltraumniederlassung zu ergründen.

Bis 2030

○ Die erste große Menschenkolonie existiert frei im All. Ihr möglicher Auftrag: der Bau eines Roboterraumschiffs, das zu einem anderen Stern fliegen soll. Durch Raketen mit Solar- und Kernfusionsantrieb ist der Transport innerhalb des Sonnensystems sehr einfach geworden. Die Kolonisation des Weltraums beginnt endlich auf einem viel sichereren Fundament als dem alten Space Shuttle.

Langsame Reise zu den Sternen

EDGAR MITCHELL war einer der Astronauten, die zur dritten Mondexpedition der NASA gehörten. Im Verlauf dieser Expedition widerfuhr Mitchell «eine beseligende Bewußtseinsveränderung». Auf Grund dieses Erlebnisses beschloß er, sich der Erforschung außersinnlicher Wahrnehmung zu widmen, und gründete das Institute of Noetic Sciences in San Francisco. Mitchell ist Direktor zweier Firmen für Computer-Software in West Palm Beach in Florida.

Prognosen

1982–1992

○ Im Jahrzehnt 1982–1992 wird wegen weltweiter drückender ökonomischer und soziopolitischer Probleme höchstwahrscheinlich wenig Augenmerk und Anstrengung – von einigen wichtigen Ausnahmen abgesehen – auf die bemannte Raumfahrt gerichtet. Die unbemannte Erforschung der Planeten geht mit geringem Aufwand weiter. Nur die Anwendung der Raumfahrt in Erdnähe – was besonders die Space Shuttles betrifft – kann als Beitrag zur Lösung des Energieproblems und anderer sozioökonomischer Probleme stärker betrieben werden. Dieses Jahrzehnt konzentriert sich mehr auf die Planung neuer Programme, als tatsächlich neue Forschungsziele und den Bau der notwendigen Geräte in Angriff zu nehmen.

1992

○ Bis 1992 und darüber hinaus werden sich viele ökonomische Probleme der vorangegangenen Dekade ihrer Lösung nähern, und die Erforschung des Weltraums wird durch Pläne für eine große Raumstation mit Laboratorien und Werkhallen, für Sonnenenergiestationen in der Erdumlaufbahn, zur Errichtung ständiger Forschungsstationen auf dem Mond, für eine bemannte Erforschung anderer Planeten des Sonnensystems und höchstwahrscheinlich durch mehrere bahnbrechende Erkenntnisse in der Physik und Biophysik neu belebt, was schließlich zu einer bemannten Forschungsreise zu den benachbarten Sternen in unserer Milchstraße führen wird.

Auf ins 21. Jahrhundert!

ARTHUR C. CLARKE, Verfasser von fast 50 Büchern, von denen an die 20 Millionen Exemplare in über 30 Sprachen gedruckt wurden, ist einer der am meisten gekauften Science-fiction-Autoren der Welt. Gleichzeitig ist er ein renommierter Wissenschaftler, der mit der Franklin Institute Gold Medal für seine bahnbrechende Arbeit an Nachrichtensatelliten ausgezeichnet wurde. Zu seinen mit Preisen ausgezeichneten Romanen gehören ‹*Rendezvous mit 31/439*› und ‹*2001: Odyssee im Weltraum*›. Clarke lebt in Sri Lanka.

Prognosen

Vor vielen Jahren habe ich geschrieben: «Es ist unmöglich, die Zukunft vorauszusehen, und alle dahingehenden Versuche, dies mit annähernder Genauigkeit zu bewerkstelligen, wirken innerhalb weniger Jahre lächerlich.»

Wenn man es genau nimmt, ist schon die Vorstellung, Voraussagen seien möglich, logischer Unsinn. Schließlich beinhaltet so etwas Aussagen über die Zukunft – und wie kann man gewichtige Aussagen über etwas machen, das gar nicht existiert? (Welche Farbe haben die Augen des Einhorns?) Das Beste, was man machen kann – und selbst das ist manchmal nur ein sehr ungenügendes Bestes –, ist, das ganze Spektrum der Möglichkeiten, das in der Zukunft liegt, zu umreißen und jedem Posten seinen Grad an Wahrscheinlichkeit zuzuordnen. Dies wäre keine *Voraussage,* sondern eine *Projektion* oder *Extrapolation;* zwischen beidem besteht ein gewaltiger Unterschied, den viele Menschen nur schwer begreifen. Lassen Sie es mich an einem Beispiel verdeutlichen.

Würde ich behaupten, die Bevölkerung der USA beliefe sich am 1. Januar des Jahres 2001 auf 236 453 328 Menschen, wäre das eine Voraussage – und sie wäre falsch (einen ganz unglaublichen Glückstreffer mal ausgeschlossen). Ein Statistiker jedoch könnte sagen, die Bevölkerungszahl der USA zu besagtem Zeitpunkt wird mit neunzigprozentiger Wahrscheinlichkeit zwischen 220 000 000 und 240 000 000 liegen. Das wäre eine *Extrapolation* – und wenn er sein Fach beherrscht, ist die Chance ziemlich groß, daß er recht behält. Er hätte sich die heutigen Geburts-, Todes-, Einwanderungs- und Auswanderungsraten angesehen, vernünftige Schätzungen über ihre zukünftige Höhe angestellt und ein wenig gerechnet. Aber diese Vorgehensweise setzt voraus, daß die Geschichte keine Überraschungen bereithält – was sie jedoch ständig tut. Die Einwohnerzahl der USA könnte im Jahr 2001 durchaus nur 2 Millionen betragen – nach einem Atomkrieg. Und falls Sie annehmen, im umgekehrten Fall könnte kein ähnlicher Irrtum unterlaufen, stellen Sie sich nur einmal folgende Science-fiction-Szene vor: Befiehlt der König (!), alle Menschen mit dem Namen Kennedy zu klonen, steigt die Einwohnerzahl in nur einem Jahr von 230 Millionen auf über 1 Milliarde!

Nachdem ich nun die Unmöglichkeit einer Voraussage bewiesen habe, lege ich hier meine Extrapolationen für die Bereiche vor, in denen ich meine, mit einiger Autorität sprechen zu können. Genauere Angaben habe ich nur für die nächsten fünf Jahre gemacht, alles andere würde eine nicht vorhandene Genauigkeit vorgaukeln.

Die meisten Themen sprechen für sich selbst, doch die beiden wichtigsten habe ich ausgespart: die Entdeckung außerirdischen Lebens und die Entdeckung außerirdischer Intelligenz. Beides könnte morgen passieren – oder erst in tausend Jahren. Wir verfügen über keine Anhaltspunkte, auf die wir auch nur eine Vermutung gründen könnten, geschweige denn eine vernünftige Extrapolation.

1985

○ Errichtung einer ständigen Raumstation, ähnlich wie Skylab, doch in höherer Umlaufbahn, besetzt mit fünf bis zehn Personen.
○ Elektronische Tutoren. Sie sind die gelehrten Nachfahren der elektronischen Spielzeuge von heute – vollständig tragbar, preiswert und in der Lage, programmierte Anweisungen für fast alle Gebiete und Schwierigkeitsgrade zu erteilen. Sie könnten eine Bildungsexplosion verursachen (besonders in den Entwicklungsländern), die die Menschheit aus dem Steinzeitalter herauskatapultiert.

1990

○ Rückkehr zum Mond.
○ Armbandtelefone. Dies wird durch den Bau von sehr großen Nachrichtensatelliten ermöglicht und hat eine sozioökonomische Revolution zur Folge, die so einschneidende Veränderungen mit sich bringt wie die Einführung des Telefons ein Jahrhundert zuvor.

1995

○ Eine Mondstation wird errichtet. Der Anfang planetarer Besiedelung – das Hauptthema des 21. Jahrhunderts.

2000

○ Fusionsenergie wirtschaftlich nutzbar. Die Ära billiger Energie bricht an.

2005

○ Bemannter Raumflug zum Mars.

2010

○ Städte im Weltall.

2020

○ Marsstation.

2030

○ Bemannte Erforschung des Sonnensystems. Roboter tasten sich zu den Sternen vor.

Einst waren wir nicht allein

GARRY HUNT ist Leiter des Laboratoriums für Planetary Atmospheres am University College, London. Als ständiger Mitarbeiter der BBC produzierte er 1980 eine Sendereihe über das Sonnensystem. Hunt arbeitete außerdem als Versuchsleiter für die NASA während der Voyager-Mission zu Jupiter und Saturn und der Viking-Mission zum Mars.

Prognosen

1986

○ Das Raumschiff Voyager erreicht Neptun, das entfernteste Ziel auf seiner Reise durch das äußere Sonnensystem. Die Bilder zeigen, daß dieser Planet – genau wie Jupiter und Uranus – von aus winzigen Teilchen bestehenden Ringen, die bis zu den Wolkengipfeln hinunterreichen, umgeben ist.

1990

○ Mehrere Jahre lang haben Männer und Frauen nun schon erfolgreich im Spacelab, einem Laboratorium, das sich außerhalb der Erdatmosphäre befindet, ohne die Einschränkungen der Erdanziehung gearbeitet. Plötzlich schlägt das Unglück zu, und die Raumstation wird beschädigt. Eine dramatische Rettungsaktion beginnt, in deren Verlauf ein Raumschiff von einem Space Shuttle aus gestartet wird, um die Wissenschaftler sicher zur Erde zurückzubringen. In diesem Jahrzehnt mußten schon ähnliche Einsätze durchgeführt werden, um ausgebrannte, auf die Erde zustürzende Raumfahrzeuge, wie zum Beispiel Tiros X, einen Wettersatelliten, abzulenken. So konnte man verhindern, daß Städte getroffen wurden.

1993–2030

○ Gegen Ende dieser Periode wird eine aufsehenerregende Mission zum Mars durchgeführt werden, bei der ein Raumfahrzeug zum Einsatz kommt, das sich auf der Oberfläche des Planeten fortbewegen kann und Materialproben zur weiteren wissenschaftlichen Untersuchung zurückbringen soll. Dieses Raumfahrzeug wird von der Erde aus gesteuert, und die Analyse der Proben von der Planetenoberfläche werden im Spacelab oberhalb der Erdatmosphäre durchgeführt, um eine denkbare Verseuchung unseres Planeten zu vermeiden. Proben aus dem Marsinnern, die in den polaren Gegenden und am Äquator gewonnen wurden, enthalten deutliche Hinweise darauf, daß der Planet in der Vergangenheit klimatische Zyklen durchlaufen hat, die zum Teil mit jenen auf der Erde in keiner Weise übereinstimmen. Das bedeutet, der Planet selbst nimmt größeren Einfluß auf seine Lebensbedingungen als äußere Faktoren wie zum Beispiel die Sonne. In den Marsproben, die aus mehreren Metern Tiefe gefördert wurden, entdeckt man den aufregendsten und erfreulichsten Fund aller Zeiten: die Versteinerung eines winzigen Lebewesens. Irgendwann einmal in der Vergangenheit existierte Leben auf dem Mars. Am Anfang der Geschichte unseres Sonnensystems waren wir nicht allein.
○ Seit den vierziger Jahren hat sich der Kohlendioxidgehalt der Erdatmosphäre langsam, aber stetig erhöht, so daß enorme klimatische Einbrüche für die Jahrhundertwende erwartet werden. Nachdem das Wetter jahrzehntelang sehr wechselhaft war, setzen Katastrophen ein, die dem erhöhten CO_2-Gehalt in der Atmosphäre

zugeschrieben werden können, und beeinflussen unser tägliches Leben. Das Polareis ist – verglichen mit 1970 – stark zusammengeschmolzen, die Meere haben sich gefüllt und überfluten niedrig gelegene Landstriche, wie die Küstengebiete der Niederlande und Floridas. London wird noch durch die Themse-Schleusen geschützt.

○ Internationale Gesetzgebung senkt den Kohleverbrauch, indem es die führenden Nationen anhält, in größerem Maßstab nukleare Elektrizitätswerke einzusetzen. Per Gesetzgebung wird auch versucht, bestimmte Länder davon abzuhalten, ihre riesigen Wälder am Äquator, die als «Filter» für das atmosphärische Kohlendioxid dienen, abzuholzen. Trotzdem wirken sich die Aktivitäten der Menschen immer schädlicher auf Wetter und Klima aus.

○ Nach einer Pause von fast 30 Jahren landen wieder Astronauten von der Erde auf dem Mond. Große Siedlungen werden in ausgewählten Gebieten errichtet. Vom Mond aus wird die Erdatmosphäre ständig überwacht. Mineralien werden vom Mond zur Erde gebracht und auf ihren Nutzwert für unsere rasch voraneilende Technologie untersucht.

○ Die gewaltigen Entwicklungen auf dem Gebiet der Nachrichtenübermittlung durch den Einsatz von Satellitenverbindungen haben die Notwendigkeit für Geschäftsreisen stark herabgesetzt. Es ist nicht mehr nötig, zu einem Zwei-Tage-Treffen von London nach Los Angeles zu fliegen. Nun sehen sich die Delegierten der Konferenzen auf riesigen Bildschirmen und übermitteln Daten und Bilder mittels Verbindungen, die fast ohne Zeitverschiebung arbeiten, und zwar zu einem Preis, der wesentlich niedriger liegt als die Kosten für Hin- und Rückflug.

Krieg der Roboter im All

BEN BOVA ist Herausgeber von *Omni,* einer der beliebtesten Zeitschriften über die Zukunft, und ehemaliger Herausgeber von *Analog,* einer der angesehensten Science-fiction-Zeitschriften. Er ist auch Autor von Science-fiction-Romanen.

Prognosen

1984

○ Die amerikanische Raumfähre transportiert ein ständiges Raumlabor in die Erdumlaufbahn.

1985

○ Die Raumfähre startet zu ihrem ersten nichtwissenschaftlichen Passagierflug. Unter den ersten Passagieren, die in die Erdumlaufbahn gebracht werden, befinden sich Prominente aus dem Showgeschäft, den Medien und der Politik.

1987

○ Sowjetische Kosmonauten landen auf dem Mond und errichten eine ständige Mondstation als Basis für wissenschaftliche Forschung, Bergbau und Erkundungen.

1988

○ USA und UdSSR starten erste Versuche mit Hochleistungslaserwaffen in der Erdumlaufbahn.

1989

○ Japan errichtet eine feste Raumstation in der Erdumlaufbahn.

1993

○ Das erste Modell eines Sonnenkraftwerks in der Erdumlaufbahn sendet erfolgreich Energie aus dem All zur Erde.

1997

○ Die USA und die UdSSR versuchen im All ein Netz aus laserbewaffneten Satelliten, die als ABM-Waffen dienen sollen, zu errichten, und entfesseln dabei einen geheimgehaltenen Krieg der Roboter.

2005

○ Die von einem Konsortium multinationaler Gesellschaften gebauten Sonnenkraftsatelliten senden mehr Energie zur Erde als die aus Öl, Kohle oder Uran gewonnene.

2015

○ Die erste richtige Raumkolonie wird in einer Umlaufbahn zwischen Mond und Erde errichtet.

2030

○ Die fünf Raumkolonien, die sich in einer Umlaufbahn zwischen der Erde und dem Mond befinden, erklären ihre Unabhängigkeit von allen irdischen Nationen und von ihrer eigenen Regierung.

Sowjets errichten erste Mondkolonie

TRUDY E. BELL arbeitet als Wissenschaftsjournalistin hauptsächlich auf den Gebieten Astronomie und Weltraum. Sie hat unter anderem sechseinhalb Jahre Erfahrung als Redaktionsmitglied von *Scientific American* und ein Jahr als Redakteurin von *Omni* hinter sich.

Prognosen

Bis 1985

○ Japan wird Sonden zur Venus und zum Halleyschen Kometen senden, ebenso Frankreich – hinter den USA und der UdSSR werden dies die beiden nächsten Nationen sein, die Raumschiffe über die Erdumlaufbahn hinaus ins All schicken.

Bis 1986

○ Die Volksrepublik China wird einen Astronauten in die Erdumlaufbahn schießen – und wird dadurch dritte Nation im bemannten Raumflug.

Bis 1987

○ Kommerzielle Unternehmen im All – besonders auf dem Gebiet der Nachrichtenübermittlung und der Überwachung der Bodenschätze – werden sich zu einem gewichtigen internationalen Markt ausgewachsen haben. Zu den Nationen, die ihre eigenen Satelliten in der Erdumlaufbahn unterhalten, gehören Indien, mehrere arabische Länder und Brasilien. Die Bundesrepublik Deutschland wird führend auf dem Gebiet der Weltraumfabrikation sein, während die USA sich bemühen müssen, den Anschluß nicht zu verpassen.

Bis 1990

○ Die UdSSR wird eine Mondkolonie zu wissenschaftlichen und militärischen Zwecken errichten – was die USA sehr beunruhigt.

Bis 1995

○ Die Vereinigten Staaten werden eine bescheidene Forschungsstation und ein Observatorium auf der erdabgewandten Seite des Mondes errichtet haben und mit Fabrikationsprozessen experimentieren, bei denen Mondmaterialien verarbeitet werden.

Bis 2000

○ In unserer Milchstraße konnten *keine* Anzeichen außerirdischen Lebens entdeckt werden. Die allgemeine Meinung über das Vorhandensein von Intelligenzen auf anderen Himmelskörpern wird in das entgegengesetzte Extrem fallen und davon ausgehen, daß wir die einzigen vernünftigen Wesen im Universum sind.

Bis 2010

○ Urlaub im All und Weltraumtourismus als ein Zweig der superteuren Abenteuerreisen (ähnlich wie die heutigen kommerziellen Ausflüge zum Nordpol) sind zu festen Einrichtungen geworden – mit enormer Nachfrage!

Erste Geburt im All

GERALD FEINBERG ist Professor für theoretische Physik an der Columbia University in New York.

Prognosen

1982–1992

○ Es stellt sich heraus, daß die Bedingungen auf dem Jupiter für verschiedene Arten unirdischen Lebens günstig sind.
○ Weitere Erkundungen der Marsoberfläche lösen die Fragen über mögliches Leben auf dem Mars, die die Vikingsonde noch unbeantwortet ließ.
○ Versuche mit Massenantrieb und Ionenraketen ebnen den Weg für eine großangelegte Erkundung des Sonnensystems.

Ca. 2000

○ Die erste Weltraumkolonie ist fertiggestellt und besiedelt. Diese Kolonie ist ein künstlicher, aus lunaren Materialien hergestellter Planetoid, der die notwendige Energie von der Sonne bezieht und somit erdunabhängig ist. Die ersten Kinder des Weltraums werden geboren.

1992–2030

○ Auf Titan, einem Mond des Saturn, wird Leben entdeckt.
○ Bemannte (und befraute) Expeditionen zum Mars, Titan und Ganymed (dem vierten Satelliten des Jupiter).
○ Sternwarten melden die Entdeckung von Planeten außerhalb unseres Sonnensystems.
○ Eine Million Menschen haben ihren ständigen Wohnsitz in Weltraumkolonien.

Frauen an der Spitze der Weltraumbesiedlung

GEORGE S. ROBINSON ist der erste Jurist der Welt, der einen Doktortitel für Weltraumrecht erhalten hat. In den letzten neun Jahren arbeitete er als Rechtsberater für die Smithsonian Institution. Außerdem war er Rechtsberater der Federal Aviation Administration und Experte für internationale Beziehungen bei der NASA.

Prognosen

1982–1992

○ Das Verteidigungsministerium der USA erhält eigene bemannte Stützpunkte im Weltraum. Dadurch verliert sich der zivile Charakter des Weltraumrechts und wird militärisch. Die Militarisierung des Weltraums wird die zivilen Bestrebungen der NASA wieder unter die Fittiche der Gerichtsbarkeit militärischer Behörden zwingen. Privatunternehmen werden sich an der Industrialisierung des Weltraums nur unter massivem militärischem Schutz beteiligen können.
○ Kanada, die USA und Mexiko werden sich an einer freiwilligen Neuordnung der nationalen Grenzen beteiligen. Diese neue Grenzziehung wird den Grundstein für die Führungsrolle des Westens bei der Industrialisierung des Weltraums legen. Die UdSSR wird die erste *ständige* Weltraumgemeinde mit den ersten *Dauer*bewohnern einrichten.
○ Am Erdäquator gelegene Länder werden sich als die herausragenden Nationen bei der routinemäßigen Industrialisierung des Weltraums erweisen.

Ab 1992

○ Die Gattung *Homo* wird sich zwar nicht ändern, doch Menschen, die hauptsächlich im Weltraum leben, werden als von der Art *Homo sapiens* verschiedene eigene Spezies anerkannt werden. Die für das Überleben der Raumsiedler notwendigen technischen Einrichtungen, verbunden mit einer künstlichen und fremdartigen Umgebung, werden bei den Raum-Menschen Wertvorstellungen und Verhaltensweisen begünstigen, die sich deutlich von denen der Erd-Menschen unterscheiden werden.
○ Im Laufe der Zeit vertieft sich unser Wissen vom menschlichen Verhalten beim einzelnen und in Gruppen, was dazu führt, daß sich die Prinzipien einer sozialen Ordnung eher auf die Wissenschaft als auf eine sich ständig wandelnde Moral und Ethik gründen. Um der menschlichen Zivilisation eine neue Überlebensethik zu geben, werden tolerantere philosophische und theologische Ansichten übernommen.

1993–2030

○ Die Menschen, die die Erde für einen ständigen oder langfristigen Aufenthalt im Weltraum verlassen (für Produktionsanlagen oder Erkundungsflüge in den tiefen Weltraum), werden überwiegend Frauen sein. Die Gesellschaftsordnung der Weltraumgemeinden wird eindeutig matriarchalisch ausgerichtet sein.
○ Aggressive, konkurrierende Theokratien werden sich in den ständig die Erde umkreisenden Weltraumgemeinden und Raumschiffbesatzungen bei Langzeitflügen bilden. Sexuelle Beziehungen in den Weltraumgemeinden werden zum Teil durch die relative Isolation und lang dauernde Trennung von Ehemännern und -frauen und Liebespaaren beeinflußt werden. Audiovisuelle Technik wird eine wichtige Rolle bei der Zusammenführung von Partnern spielen, und elektronische und pharmazeutische Hilfsmittel werden eine Selbstverständlichkeit sein. Die Lehren der Geschichte werden wiederholt . . . und wiederholt . . . und wiederholt.
○ In den Satellitengemeinden und Langzeitraumschiffen werden der eingeschränkte Raum und die Gewichtsbestimmungen das Anhäufen persönlicher Habseligkeiten verhindern. Folgerichtig wird das psychologische Äquivalent für materiellen Reichtum und Macht den Wert jener uralten, körperlosen Handelsware bekommen, die keinen physikalischen Raum einnimmt: Geheimnisse.

2030

○ Die erste Unabhängigkeitserklärung der Weltraumbürger von den Erdenbürgern wird verkündet.

Ab 2030

○ Direkte genetische Eingriffe werden es ermöglichen, menschliche Eigenschaften so vorherzubestimmen, wie sie für die betreffende Person bei ihrer Existenz im All optimal sind.

Prognose 2001

G. HARRY STINE hat sich auf den verschiedensten Gebieten betätigt, darunter Forschung und Entwicklung in der Industrie, Astronautik und seit 1952 auch Prognostik.

Mr. Stine war auch an der Operation Mondbasis beteiligt, einer Studie der U. S. Air Force (1957), und war Berater der Smithsonian Institution, des Institute for the Future und des Hudson Institute.

Prognosen

2001

○ Ich mache keine Voraussagen; falls Sie eine Zukunftsschau wollen, gehen Sie lieber zu einem Wahrsager. Eine Voraussage beinhaltet, daß ein Ereignis sich mit mehr als 99,999 Prozent Wahrscheinlichkeit in der Zukunft ereignen wird.

Ich erstelle Prognosen, und das ist ein Unterschied. Eine Prognose beinhaltet, daß die Wahrscheinlichkeit sehr groß ist, aber man nicht darauf wetten kann, daß sie auch tatsächlich eintrifft.

Eine kurzfristige Prognose für die nächsten zehn oder weniger Jahre ist *immer* zu optimistisch; eine langfristige Prognose für mehr als die nächsten zehn Jahre ist *immer* konservativ.

Meine Zukunftsprognosen beruhen auf Extrapolationen geschichtlicher Tendenzen. Dabei sind immer zwei Grundsätze zu berücksichtigen: a) eine einleuchtende und vernünftige Prognose wird *immer* zu konservativ ausfallen; b) je ausgefallener und phantastischer eine Prognose zum Zeitpunkt ihrer Erstellung erscheint, desto wahrscheinlicher wird sie eintreffen.

Mit den oben erwähnten Warnungen im Kopf kann ich eine generelle Prognose für das Jahr 2001 stellen:

Wir werden alles, was wir wollen, erreichen können, vorausgesetzt, wir sind bereit, den Preis dafür zu zahlen und alle Konsequenzen in Kauf zu nehmen.

Die folgenden Prognosen sind Prognosen von Dingen, die ich für die nächsten 21 Jahre erwarte. Auf Grund politischer und/oder ökonomischer Faktoren kann sich jedoch eine Abweichung von −5/+25 Jahren ergeben. Die angewandte Physik könnte u. a. folgende Neuerungen hervorbringen:

○ Einrichtung einer zentralen Datenbank, zu der die breite Öffentlichkeit von Büchereien, Unternehmen und Hausanschlüssen aus Zugang hat und die mit sehr großen Nachrichtensatelliten in geosynchroner Umlaufbahn arbeitet.

○ Weitverbreiteter Gebrauch neuer, hochbelastbarer Baumaterialien von geringem Gewicht, von denen viele im Weltraum hergestellt werden.

○ Dreidimensionales, holographisches Fernsehen für Wirtschaftskonferenzen und, im 21. Jahrhundert, für private Unterhaltung.

○ Revision der Theorien über Gravitation, die im 21. Jahrhundert zu neuen Transportmöglichkeiten führt, interstellares Reisen eingeschlossen.

○ Entwicklung und weitverbreiteter Einsatz von mikroelektronischen Modulen und Speichereinheiten für so alltägliche Zwecke wie richtige «Bildfenster» (d. h. Fenster, auf die elektronische Bilder, ähnlich dem Fernsehen, projiziert werden).

○ Entwicklung und Gebrauch der Lichtelektrolyse – bei der Wassermoleküle in Wasserstoff und Sauerstoff zerlegt werden – zur stark genutzten Energiequelle auf der Erde, was zu einer «Wasserstoffwirtschaft» führt.

○ Entwicklung und Einsatz photochemischer Energiequellen, bei denen Lichtenergie chemische Reaktionen, die große Energiemengen freisetzen, hervorruft, was die Otto- und Dieselmotoren bis zum 21. Jahrhundert aus fast allen Landfahrzeugen verdrängen wird.

○ Routinezugang zu erdnahen Umlaufbahnen mittels völlig wiederverwendbarer Weltraumfahrzeuge, die Nutzlasten für weniger als 10 Dollar je 0,5 kg um die Erde transportieren können.

○ Weltraumfabriken in einer Erdumlaufbahn produzieren unter den Bedingungen der Schwerelosigkeit neue Stoffe und Pharmaka.

○ Mindestens 20 Sonnenkraftsatelliten sind bis 2021 in geosynchroner Umlaufbahn in Betrieb, wobei jeder einzelne 10 Gigawatt (gleich 1 Milliarde Watt) Elektrizität produziert, die in die normalen Stromnetze der Erde eingespeist werden. Da die energieverschlingenden Produktionsanlagen in großem Umfang in den Weltraum umgesiedelt werden, kann fast die gesamte Durchschnittsmenge des irdischen Energiebedarfs von Sonnenkraftsatelliten gedeckt werden. Das ermöglicht die Schließung aller Atom- und Kohlekraftwerke, auf die dann lediglich bei Spitzenbelastung zurückgegriffen wird.

○ Das 21. Jahrhundert wird auf dem Gebiet der Biotechnologie einen ähnlichen Fortschritt erleben wie wir auf dem Gebiet der angewandten Physik im 20. Jahrhundert. Diese Entwicklung wird zwar erst um 2001 einsetzen, doch dann können wir folgende Neuerungen in der Biotechnologie erwarten:

○ Entwicklung von Abwehrstoffen, die gegen die meisten bakteriellen oder Viruserkrankungen, den Schnupfen eingeschlossen, schützen.

○ Überprüfung der Chromosomen, um schon wenige Wochen nach der Empfängnis Anomalien des heranwachsenden Menschen feststellen zu können, und im 21. Jahrhundert Erstellung von Genkarten *vor* der Empfängnis, um in der Lage zu sein, das bestmögliche Kind zu zeugen.

○ Kloning menschlicher Organe, was im 21. Jahrhundert zum Kloning von Ersatzorganen ausgedehnt wird.

○ Entwicklung von Chemikalien zur Bekämpfung spezifischer Insektengruppen ohne schädliche Neben- oder Nachwirkungen auf den Menschen oder andere Tierarten.

○ Chemikalien, die die Auffassungsgabe und die Lernfähigkeit beschleunigen, besonders bei geistig Behinderten.

○ Bedeutender Anteil der Mikrobenkulturen zur Sicherstellung des Weltnahrungsbedarfs.

○ Psychopharmaka zur gezielten Verhaltensänderung bei Menschen und Tieren.

○ Heilmittel für alle bekannten Krebsarten.

○ Äußerliche Reizung des Nervensystems durch elektronische Signale entwickelt sich zu einer direkten Kommunikation zwischen Mensch und Computer.

○ Computeranalyse und -kartographie des menschlichen Nervensystems erlaubt die direkte Programmierung und Fütterung des Computers durch einen Menschen.

○ Gentechnologie an Pflanzen erhöht auf wirtschaftliche Weise den Nährwertertrag pro Hektar um mindestens das Zehnfache.

○ Chemische Eingriffe in den menschlichen Alterungsprozeß verlängern die Lebenserwartung für die Hälfte der Bevölkerung im Jahr 2001 auf 150 Jahre und im Jahr 2050 auf 250 Jahre für Dreiviertel der Bevölkerung.

○ Neurochirurgie ist in der Lage, einzelne Nervenzellen zu reparieren und schließlich sogar zu regenerieren.

○ Elektronische Veränderung von Gehirnfunktionen führt zur Elektropsychiatrie (wobei das Gehirn elektromagnetischen Feldern ausgesetzt wird) und zur Abschaffung der heute noch praktizierten Elektroschocktherapie.

○ Das «Genetic Engineering», Genmanipulation zur Beseitigung von angeborenen Schäden eingeschlossen, entwickelt sich über das Forschungsstadium hinaus.

○ Eine breite Auswahl unterschiedlicher und wirksamer Verhütungsmittel und -methoden für beide Geschlechter, darunter die Pille für den «Morgen danach», steht zur Verfügung.

○ Es wird festgestellt, in welcher Weise sich starke elektromagnetische und elektrostatische Felder auf den Menschen auswirken.

○ Es werden ganz neue Arten von «Strahlung» oder «Aura» festgestellt, die von lebenden Organismen ausgehen und deren Fortpflanzung durchs All nicht durch die Lichtgeschwindigkeit begrenzt wird.

Die Entwicklung der Gesellschaftswissenschaften und der sozialen Einrichtungen wird, wie immer, hinter der Entwicklung der physikalischen und biologischen Technologie hinterherhinken. Da es jedoch absolut nötig ist, etwas Exaktheit in die Gesellschaftswissenschaften zu bringen und die menschliche Rasse auf dem Planeten Erde zu vereinen, werden wir die Reifung eines «Metagesetzes» erleben, ein System von Gesetzen, das die Beziehungen zwischen intelligenten Wesen aller Formen, die Menschen eingeschlossen, regelt und das auf dem Prinzip: «Verhalte dich so gegenüber anderen, wie sie es sich von dir wünschen» beruht.

Es wird eine aufregende Zukunft, und ich werde zusehen, daß ich so lange wie möglich dabeisein kann!

Individualverkehr im All

EWALD HEER ist Leiter von Forschungsprogrammen für Weltraummechanik im Jet Propulsion Laboratory des California Institute of Technology in Pasadena. Davor sammelte er Erfahrungen in Forschung und Design bei McDonnell Douglas, Hewitt Robbins und anderen Luft- und Raumfahrtkonzernen. Er arbeitete außerdem als Programmleiter der Abteilung für Mondforschung der NASA.

Prognosen

1990

○ Das Kommunikationssystem im All wird auf Lichtwellen beruhen, die von Hochleistungslasern mit vergleichsweise kleinen optischen Linsensystemen erzeugt werden. Dies wird die von Mikrowellen getragene Kommunikation, für die vergleichsweise große Antennen benötigt werden, ersetzen.

○ Direktübertragungen von Weltraumsatelliten zu Heimempfängern werden eingeführt.

○ Modellstücke (d. h. nach Wunsch gefertigte, «maßgeschneiderte» Dinge) können billig entworfen und hergestellt werden.

Durch Computeranalyse und Automatentechnik werden sie allgemein erschwinglich.

○ Allgemeine Verbreitung finden automatische und «selbstdenkende» Management- und Managementkontrollsysteme, die allgemeine Kreditabwicklung, Rechnungsprüfung und das Bankwesen eingeschlossen.

○ Haushaltscomputer werden überall eingesetzt, um den privaten Haushalt zu führen und den Kontakt mit der Außenwelt zu halten. Diese Heimgeräte können auch zum Übersetzen, zum Unterrichten, zur medizinischen Diagnose, zum Entwerfen und Analysieren und als geistiger Zuarbeiter benutzt werden.

1995

○ Durch ein weitverzweigtes Netz von Wettersatelliten und entsprechende Entwicklungen bei der Informationsverarbeitung werden langfristige Wettervorhersagen möglich.

2000

○ Die Bodenschätze und Energiequellen der Ozeane werden in großem Maßstab ausgebeutet. Offener und unterirdischer Bergbau unter Wasser wird mit Automatensystemen und ferngesteuerten Robotern durchgeführt.

○ Frachttransport im Weltraum wird von so hohem wirtschaftlichem Anreiz sein, daß Sonnenenergiespeichersysteme und industrielle Anlagen in großem Maßstab von privaten Firmen im All errichtet werden.

2010

○ Der Einsatz von Raketen für private und kommerzielle Zwecke wird sowohl technisch wie ökonomisch praktikabel.

2020–2030

○ Feste Mondstationen werden die lunaren Bodenschätze für kommerzielle und wissenschaftliche Zwecke ausbeuten. Diese Einrichtungen werden außerdem dazu benutzt werden, ferngelenkte Robotersysteme zur Erkundung und Ausbeutung von Bodenschätzen im Asteroidengürtel auszusenden.

Wie Tiere vor Erdbeben warnen könnten

Am 4. Februar 1975 wurde die Stadt Haiching in China von einem Erdbeben der Stärke 7,3 auf der nach oben offenen Richter-Skala heimgesucht. Obwohl die halbe Stadt zerstört wurde, gab es nur wenige Opfer zu beklagen. Glücklicherweise konnten die Einwohner vor dem Beben evakuiert werden, da in den vorausgegangenen Tagen bei den Tieren ein seltsames Verhalten beobachtet worden war. Schlangen hatten die Erdlöcher, in denen sie ihren Winterschlaf hielten, verlassen, obwohl sie auf der eisbedeckten Erdoberfläche erfrieren mußten; man hatte gesehen, wie sich die Pandas im Zoo der Stadt merkwürdig verhielten, und das Vieh in der Umgebung schien auch verstört. China, das äußerst häufig von Erdbeben betroffen wird, hat schon lange nach einer zuverlässigen Erdbebenwarnung gesucht. Die Hinweise häufen sich, daß Tiere als brauchbare Bebenanzeiger angesehen werden können. Eine Broschüre, die vom Erdbebenamt der chinesischen Regierung herausgegeben wurde, führt auf, wodurch ein Erdbeben sich ankündigen kann:

1. Rinder, Schafe oder Pferde weigern sich, in ihre Ställe zu gehen.
2. Ratten verlassen ihre Verstecke.
3. Hühner fliegen auf Bäume, und Schweine brechen aus ihren Koben aus.
4. Enten meiden das Wasser, und Hunde bellen ohne ersichtlichen Grund.
5. Schlangen kriechen aus ihren Überwinterungshöhlen hervor.
6. Tauben sind verängstigt und kehren nicht in ihre Nester zurück.
7. Kaninchen springen mit gespitzten Löffeln umher und stoßen gegen Hindernisse.
8. Fische springen aus dem Wasser, als ob sie sich fürchteten.

Wie haben sich Tiere in der Vergangenheit als Warnsystem für Erdbeben bewährt? Neben dem Haiching-Erdbeben sind folgende Warnungen durch Tiere beobachtet worden:

1. Talcahuano, Chile. Wie berichtet wird, verließen alle Hunde die Stadt, bevor im Jahr 1835 ein Erdbeben einsetzte.
2. Halbinsel Oga, Japan. Was man vorher noch nie gesehen hatte: 1939 warfen sich große Thunfische vor einem Erdbeben ans Ufer. Es wurde auch berichtet, daß Kraken an Land kamen und sich wie betrunken aufführten.
3. Alaska. 1964 verließen Kodiakbären ihre Überwinterungsplätze und begaben sich in die Berge, bevor ein schweres Erdbeben (8,4 auf der Richter-Skala) Alaska erschütterte.

4. Friaul, Italien. Stunden bevor Nordostitalien 1976 von einem Erdbeben (6,5 auf der Richter-Skala) in Trümmer gelegt wurde, schienen die Tiere dies schon vorauszuahnen. Hunde bellten ohne Unterbrechung, Rinder brüllten, Vögel versuchten aus ihren Käfigen auszubrechen, Katzen flohen ins Freie, und das Wild rannte in die Ebene.

Auf der ganzen Welt wird die Forschung fortgeführt, um unser Wissen über die Hilfe, die Tiere uns zur Verhinderung zukünftiger Erdbebenkatastrophen geben können, zu erweitern. *fb**

Störungsfall in der Klimakontrolle leitet neue Eiszeit ein

ROLAND CHAPLAIN, ehemals Direktor des Edgbaston Meteorological Observatory (des einzigen unabhängigen städtischen Zentrums für Wettervorhersage in Großbritannien), ist Meteorologe, Klimatologe und Futurologe. Er ist der Vorsitzende des Future Studies Centre in Leeds, England, das als Informations- und Kontaktstelle für Zukunftsalternativen fungiert.

Prognosen

1983

○ Schulen werden allmählich durch zentralisierte Sport-, Labor-, Werkstatt-, Theater- und Musikzentren auf der einen Seite und durch Lerngruppen und Hausunterricht auf der anderen Seite ersetzt. Das letztere setzt eine immer größere Anzahl gebildeter Arbeitsloser und Rentner voraus, die noch bei guter Gesundheit sind und unter Freizeitlangeweile leiden.

1987

○ Der Einheitssoziallohn wird für alle Menschen eingeführt, da die Arbeitslosigkeit in Europa und Nordamerika weiter angestiegen ist und zu erhöhter Kampfbereitschaft geführt hat, besonders unter jenen mit qualifizierter Ausbildung. Diese Entwicklung führt zu einem Wiederaufleben der Kleinindustrie, zu Gemüseanbau,

* Die vollständigen Namen der Verfasser der einzelnen Beiträge finden Sie im Mitarbeiterverzeichnis auf Seite 246.

Schaf-, Ziegen- und Kaninchenhaltung auf Privatgrundstücken, was zusammen mit steigenden Energiekosten die Rentabilität hochtechnisierter Agrarfabriken aushöhlt.

1988

○ Eine neue Machtgruppe in Südafrika, Israel, Pakistan, China oder einem anderen neuen Atomstaat startet einen begrenzten Atomangriff auf die UdSSR. Diese Gruppe braucht einen «Feind», um im eigenen Land an die Macht zu kommen, und kalkuliert ein, daß dieser «Feind» vor einem Vergeltungsschlag zurückschrecken wird. Die Rechnung geht auf, mit dem Ergebnis, daß Großmächte nun verstärkt für diese Art von Erpressung anfällig sind.

1990

○ Weltweiter Volksentscheid zur Abrüstung. Er enthält eine Fülle von Vorschlägen. Zum Beispiel:

1. Allmähliche Umstellung der Rüstungsindustrien aller Länder auf friedliche Produkte;
2. Umschulung der Soldaten auf Einsätze bei Hungersnöten, anderen Krisensituationen und Unterstützungsfunktionen bei speziellen Hilfsprogrammen für arme ländliche Gegenden und die verfallenden Zentren der Großstädte.

Diese sehr vernünftigen Vorschläge finden auf der ganzen Welt bei fast allen Wählern begeisterte Zustimmung.

1992

○ Ein Aufstand in einem Land des Warschauer Pakts wird durch ein neues Virus niedergeschlagen, das die Menschen vorübergehend kampfunfähig macht. Dies wäre vielleicht niemals an die Öffentlichkeit gelangt, wenn dieses Virus sich nicht mit bekannten Formen der Grippe verbunden und eine Großepidemie mit vielen Todesfällen in ganz Europa hervorgerufen hätte.

1995

○ Plötzlich nehmen die militanten Umweltschutzaktionen auf der ganzen Welt einen enormen Aufschwung, denn die Schnellen Brüter und die angeschlossenen Wiederaufbereitungsanlagen werden immer zahlreicher. Solche Aktionen wurden zuvor durch Überwachung und Infiltration bekannter Antiatomkraftorganisationen eingedämmt, doch durch die verbesserte Nachrichtentechnik können sich die Bürgerinitiativen schneller gegenseitig informieren, und das hat zur Folge, daß spontane Reaktionen rapide zunehmen.

1996

○ Die Arbeiter in den Atomkraftwerken und Wiederaufbereitungsanlagen verursachen eine Reihe größerer Störfälle, um gegen gefährliche Arbeitsbedingungen, die durch ein starkes Ansteigen von Krebstodesfällen unter den älteren Arbeitern bewiesen sind, zu protestieren. Dies zusammen mit Kosten, die die offiziellen Schätzungen um ein Vielfaches übersteigen, führt dazu, daß die Regierungen mehr Gewicht auf Energieerhaltung und die Nutzung erneuerbarer Energiequellen, wie Sonnenenergie aus dem All und Fusionskraft in kleinem Maßstab, legen müssen.
○ Als ein Ergebnis des Volksentscheids für Abrüstung aus dem Jahr 1990 werden Pläne vorangetrieben, ein neues System der Weltregierung einzuführen, das ein neues Gleichgewicht der internationalen Wirtschaftsordnung herstellen soll, um damit die Rohstoffe zu schonen, alle technologischen Neuerungen, die das Ökosystem bedrohen könnten, zu koordinieren, die Bodennutzung zu optimieren, die Kosten produktiver Weltraumforschung zu teilen und die restlichen Atomkraftwerke einer unabhängigen Weltbehörde zu unterstellen.

2000–2005

○ Nachdem durch die Weltregierung viele der Gründe für das Bestehen von Nationalstaaten in der Vergangenheit weggefallen sind, gruppieren die Menschen sich jetzt nach neuen Gesichtspunkten. Die verschiedenen Regionen der absterbenden Nationalstaaten erhalten die Unabhängigkeit in allen Belangen, die nicht die Entscheidungen der Weltregierung betreffen. Kulturelle und ethnische Vielfalt wird als Ausgleich zu notwendiger Konformität gefördert.

2020

○ Störfall bei der Klimakontrolle. Versuche, den oberen Schichten der Atmosphäre hohe Energien zuzuführen (um die Bewegungen von Wettersystemen unter Kontrolle zu bekommen, damit sie über Wüstenregionen abregnen), führen zu unvorhergesehenen Entwicklungen. Der westliche Windgürtel verlagert sich um 15 Grad nach Süden, wodurch ein breites Band östlicher Winde über Nordeuropa und -amerika nachrückt. Das führt zu heftigeren Schneefällen im Winter. Die Verantwortlichen wagen keinen neuen Eingriff, da sie eine Verletzung der Ozonschichten befürchten, und verursachen somit eine noch schlimmere weltweite Katastrophe. Innerhalb von drei Jahren setzt die neue Eiszeit ein.

Betroffene der nächsten Eiszeit

NIGEL CALDER, Autor des Buches *‹Die Wettermaschine›*, prophezeit eine neue Eiszeit und ermittelte, daß die folgenden 15 Nationen unter einer Eisdecke verschwinden werden. Darüber hinaus werden weite Gebiete von Dürren und ausgedehnter Vergletscherung heimgesucht werden. Calder rechnet mit dem Eintreten einer schweren Eiszeit innerhalb der nächsten hundert Jahre mit einer Wahrscheinlichkeit von «ungefähr 10 zu 1 dagegen», fügt jedoch hinzu, selbst das sei «ein sehr hohes Risiko für ein Ereignis, das mühelos zwei Milliarden Menschen dem Hungertod ausliefern kann».

1. Bhutan
2. Dänemark
3. Finnland
4. Grönland
5. Großbritannien
6. Irland
7. Island
8. Kanada
9. Liechtenstein
10. Nepal
11. Neuseeland
12. Norwegen
13. Schweden
14. Schweiz
15. Sikkim

Katastrophe im Atomkraftwerk

Der Kinderarzt BENJAMIN SPOCK schrieb einen Welt-Bestseller über Baby- und Kleinkinderpflege, der zur Bibel zweier Elterngenerationen wurde, schon 1946. Seit 1962 ist Dr. Spock politisch aktiv, zuerst als unerschütterlicher Gegner des Vietnamkrieges und jetzt als führende Persönlichkeit in der Antiatomkraftbewegung.

Prognosen

1982–2030

○ Eine große Katastrophe in einem Atomkraftwerk läßt die Menschen erschreckt fordern, daß alle Kraftwerke dieser Art auf der ganzen Welt abgeschaltet werden sollen. Dadurch entsteht große Verwirrung, denn die Welt wird dann sehr viel mehr auf Atomenergie angewiesen sein als heute.
○ Falls die USA und die UdSSR sich nicht auf eine wirkliche

Abrüstung einigen können, wird der Lebensstandard in den USA rapide sinken, mehrere Städte werden veröden, und sehr wahrscheinlich wird eine Atomkatastrophe durch politischen Leichtsinn, Wahnsinn oder Unfall ausgelöst.

Strahlungskriege und ausgedehnte Hungersnöte führen zu einer Abnahme der Weltbevölkerung

DAN HALACY, ehemaliger Senator des Staates Arizona, ist auch als Autor belletristischer Werke und populärwissenschaftlicher Bücher bekannt. Er ist leitendes Mitglied des Mitarbeiterstabes des Solar Energy Research Institute in Golden, Colorado.

Prognosen

Klima

Bis 1992 wird das Weltklima veränderlicher sein als bisher. Wir werden eiskalte Winter erleben und dann wieder für die Jahreszeit viel zu warmes Wetter haben. Unsere Vorstellung von einem «normalen» Klima wird erheblich erschüttert werden.

Bis 2030 wird jedem, der nicht in den Tropen lebt, trotz des so viel beschworenen «Treibhaus»-Effekts, der die Durchschnittstemperatur auf der Erde erhöhen soll, schmerzlich klargeworden sein, daß wir uns auf eine neue Eiszeit zubewegen. Alle Anzeichen sprechen für ein kaltes Klima, in dem die Gletscher wieder von den Polkappen aus vorrücken werden. Seit mehreren Jahrzehnten wird eine Tendenz zur Abkühlung gemessen; die letzten Winter fielen wesentlich kälter aus als üblich; und allgemein anerkannte Klimatheorien sagen, da der Neigungswinkel der Erdachse und die Umlaufbahn um die Sonne sich ändern, eine neue Eiszeit voraus. Der historische Ablauf mehrerer früherer Eiszeiten unterstützt diese astronomische Theorie.

Wie verwegen die Wissenschaftler und Ingenieure auch immer reden mögen, wir werden genausowenig in der Lage sein, das Klima zu ändern, wie wir heutzutage in der Lage sind, das Wetter zu kontrollieren. Daher wird sich diese Eiszeit zu einer Katastrophe für diejenigen auswirken, die auf den nördlicheren Breitengraden wohnen. Bittere Kälte und Mißernten werden uns in die Nähe des Äquators treiben. Die schrecklichen Schneestürme der späten siebziger Jahre werden uns mild erscheinen, wenn Schnee und Eis sich auftürmen und die Temperatur alle bisher gemessenen Tiefstpunkte unterschreitet. Brennstoffknappheit wird immer bedrohlicher, da wesentlich mehr geheizt werden muß, um die längeren, kälteren Winter lebend zu überstehen.

Vor der letzten Eiszeit flüchteten nur wenige Menschen. Die nächste wird eine Bedrohung für Milliarden, für die eine Flucht sehr schwierig werden dürfte, falls nicht ganz und gar unmöglich, da wir heutigen Menschen auf die Städte und ihre Dienstleistungen angewiesen sind.

Erdbeben

Erdbeben, die in vergangenen Jahrhunderten Hunderttausende von Menschen das Leben gekostet haben, werden in Zukunft bei weiterhin anwachsender Bevölkerung und der Tendenz der Menschen, sich in Städten, auf oder in der Nähe von Erdverwerfungen anzusiedeln, noch wesentlich höhere Verluste verursachen.

Es ist unausweichlich, daß bis 2030 starke Beben wieder so gefährdete Gegenden wie Griechenland, Türkei, Japan, China, Ecuador und viele andere erschüttern werden. In den USA ist Kalifornien *das* Erdbebengebiet, und wahrscheinlich werden künftige Erdbeben viele Menschenopfer fordern.

Bis zum Jahr 2030 werden ein oder zwei große Beben die dichtbesiedelten Gebiete von Los Angeles und San Francisco heimgesucht haben, wobei der Tribut an Menschenleben und Zerstörung das Zehnfache von dem betragen wird, was das schreckliche Beben von 1906 forderte. Die Wissenschaft wird keine besseren Methoden der Erdbebenverhütung gefunden haben als jene, die die Griechen und Chinesen schon lange vor Christi Geburt kannten. Versuche, den Druck der Verwerfungen mit kleinen kontrollierten Beben abzulassen, werden scheitern, und auch keine andere Methode wird zum Erfolg führen. Doch das schlimmste wird sein, daß selbst mit einer exakten Vorwarnung Evakuierungen kaum durchgeführt werden können und Tausende dem sicheren Tod überlassen werden müssen.

Umwelt

1992 wird die Vergiftung der Umwelt auch nicht schlimmer sein – Krieg einmal ausgenommen – als das, was wir heute ertragen müssen.

Der Bevölkerungszuwachs wird sich weiter verlangsamen; wir dämmen die Luftverschmutzung durch die Auto-Abgase ein, indem wir bessere Konstruktionen fahren; schützende Maßnahmen verbessern die Qualität der Luft und des Wassers oder halten sie wenigstens auf dem heutigen Stand. Doch Nordamerika, Europa, China und die UdSSR werden eine andere, schlimmere Form der Verschmutzung erleben.

Von allen Umweltbedrohungen ist der Atomkrieg die schlimmste, und bis 1992 werden Atomwaffen wieder einmal Zehntausende von Menschen getötet, die Erde verbrannt und sie, zusammen mit Luft und Wasser, vergiftet haben. Dies wird das Ergebnis eines russisch-amerikanischen Schlagabtausches sein. Doch zwischen 1992 und 2030 wird sich ein schlimmerer Zusammenstoß ereignen, bei dem fortgeschrittene Waffen eingesetzt werden, die bislang unbekannte Spreng-, Hitze- und Strahlungseffekte kombinieren, um auf einen Schlag Leben und Lebensraum zu vernichten.

Energie

Bis 1992 (30 Jahre nach dem katastrophalen Scheitern des ersten kommerziellen Brüters in Amerika) wird der Schnelle Brüter technisch tot sein. Selbst die älteren und sichereren Leichtwasserreaktoren werden, wie geplant, ihre 35- bis 40jährige Lebenszeit beenden, um nie wieder ersetzt zu werden. Wirtschaftliche Probleme, Brennstoffknappheit, Umweltschädigungen und die Furcht vor einer Atomwaffenflut werden dem kurzen Leben der Kernenergie ein Ende setzen. Fusionskraft? Sie wird nicht über die Laboratorien hinausgekommen sein, und neue bahnbrechende Fortschritte werden immer seltener verkündet.

Eine bedeutende Umorientierung im Energieverbrauch wird in vollem Gange sein: weg von den nichtersetzbaren, giftigen Rohstoffen hin zu den immer vorhandenen und stets sauberen Formen der Sonnenenergie. Sonnenenergie wird Haushalte und Industrie mit heißem Wasser versorgen; Heizen und Kühlen im Weltraum mittels Sonnenenergie wird selbstverständlich sein; ein beträchtlicher Anteil der Elektrizität wird durch eine Vielfalt von Sonnenkraftwerken erzeugt werden, Windkraftwerke, Hitzekraftwerke und Ocean-Thermal-Energy-Conversion-(OTEC-)Kraftwerke eingeschlossen. Gasohol, aus Getreide und anderer «Biomasse» gewonnener Alkohol zur Verlängerung der Benzinvorräte um 10 Prozent, wird an jeder Tankstelle zu kaufen sein.

Bis 2030 werden die USA und fast alle anderen Nationen der Sonne, dem Wind und dem Wasser die Hälfte ihres Energie- und Wärmebedarfs abzapfen. Die Welt wird fröhlich einer verbesserten Ausgabe der erneuerbaren Energiewirtschaft entgegengehen, die auf der Erde bis zur Entdeckung der Kohle als Brennstoff vorherrschte. Verseuchung durch Brennstoff wird fast nur noch ein Schrecken der Vergangenheit sein, und keine Nation wird zu den «Energiehabenichtsen» gehören.

Hunger

Der Hunger, genau wie die Armut, wird uns nicht verlassen. Auch 1992 wird es Hungrige und Verhungernde geben, doch mit dem zusätzlichen Elend von Versorgungsschwierigkeiten, die durch den Krieg und seine Folgen verursacht werden.

Bis 2030 werden Kriege und andere Ursachen des Hungers dazu geführt haben, daß zum erstenmal in der uns bekannten Geschichte der Menschheit die Bevölkerung abnimmt. Bittere Kälte und erfrorene Ernten werden auch ihr Teil dazu beitragen, so daß die seit langem vorausgesagte große Hungersnot uns schließlich doch noch eingeholt haben wird.

Drogen zur Bewußtseinssteuerung dem Trinkwasser beigemengt

THEODORE J. RUBIN hat als Ökonom im Staatsdienst und in der freien Wirtschaft gearbeitet, war Systemanalytiker in militärischen Fragen, Fachmann für Langzeitplanungen und Forscher auf dem Gebiet der internationalen Beziehungen. Noch vor kurzem war er Manager der Environmental Information Systems von General Electric und Manager des International Affairs Center in Santa Barbara, Kalifornien. Er ist Forscher und Berater und ein Avocado-Rancher.

Prognosen

1982–1992

○ Verstärkter Terrorismus gegen Persönlichkeiten aus Wirtschaft und Politik und gegen Privatpersonen in Ländern außerhalb der USA. Mitglieder radikaler Bewegungen organisieren Entführungen und Morde, um Aufmerksamkeit auf sich zu ziehen und Lösegeld zu erpressen und um Großmächte (besonders die Vereinigten Staaten) und ihre eigenen Regierungen lächerlich zu machen.
○ Fortdauer des Terrorismus und der instabilen Lage im Mittleren Osten, etwa im Iran, Libanon, Oman und Jemen, geschürt durch die konkurrierenden Strategien von Ost und West, Uneinigkeiten in der Ölpolitik, das Wiederaufleben des Islam und ungelöste Probleme zwischen Israel und den arabischen Nationen.
○ Fortdauer der Grenzstreitigkeiten zwischen China und Vietnam und der Meinungsverschiedenheiten über sowjetische Präsenz

und Einflußnahme in Südostasien über Ölvorkommen vor der Küste.
○ Möglicherweise militärische Maßnahme der USA gegen eine der ölfördernden Nationen in dem Versuch, gegen die rapide Erhöhung der Ölpreise vorzugehen, die wütende Bevölkerung zu beruhigen und ein günstiges Klima für ein hartes Programm der Brennstoffrationierung zu schaffen.

1993–2030

○ Ende der Ölpiraterie, da nach dem Jahr 2000 die alternativen Energiequellen in großem Maßstab eingesetzt werden können und die Ölvorräte erschöpft sind. Die Ölpotentaten erleiden das Schicksal der überholten europäischen Aristokratie des frühen 20. Jahrhunderts. Friede kehrt endlich im Mittleren Osten ein, nachdem innere Angelegenheiten gelöst werden konnten.
○ Die Entwicklung von Hochenergieverteidigungswaffen erschüttert die atomare Abschreckungsstrategie von Ost und West und rückt zum erstenmal seit dem Zweiten Weltkrieg nichtnukleare militärische Zusammenstöße zwischen Großmächten in den Bereich der Möglichkeiten.
○ Wachsender Einsatz von bewußtseins- und verhaltenssteuernden Chemikalien durch autoritäre Regierungen, um abweichende Meinungen, Unruhe und Aufruhr zu unterdrücken. Im Unterschied zu den heute in Krisensituationen angewendeten Chemikalien (z. B. Tränengas zur Kontrolle aufgebrachter Menschenmengen) werden diese Chemikalien unauffällig dem Wasser und der Nahrung zugesetzt.
○ Erstes Beispiel eines «Kriegs der Konzerne», bei dem riesige multinationale Zusammenschlüsse, die danach trachten, ihren weltweiten Absatz auszudehnen und zu festigen, sich der organisierten Spionage, des Terrorismus und der Einschüchterung von Konkurrenten bedienen. (Heutiges Beispiel ist der internationale Drogenhandel.)

Dunkle Wolken ziehen herauf

ANNE EHRLICH ist Biologin an der Stanford University. Zusammen mit ihrem Ehemann, Paul Ehrlich, hat sie sich auf die Probleme der Bevölkerungskontrolle und des Umweltschutzes spezialisiert.

Prognosen

1982–1992

○ Es ist zu erwarten, daß im nächsten Jahrzehnt die Schwierigkeiten, die Nahrungsmittelproduktion dem Wachstum der Bevölkerung entsprechend anzukurbeln, noch steigen werden. Zwischen 1970 und 1980 gab es drei Jahre, in denen der Weltgetreideertrag nicht nur die Erträge des jeweiligen Vorjahres nicht überstieg, sondern sogar einige Prozente darunter blieb. Ich erwarte ähnliche Mißerfolge, vielleicht sogar mehr als drei, während der angebrochenen Dekade, die noch gravierender ausfallen könnten.

○ In vielen Ländern wird die Geburtenrate wahrscheinlich weiter sinken, doch wird das Wachstum der Weltbevölkerung weiterhin an die 2 Prozent jährlich betragen – falls die unzureichende Nahrungsmittelproduktion nicht zu schweren Hungersnöten und einem Anstieg der Sterberate führt.

○ Die Zerstörung der Umwelt wird trotz verschärfter Kontrollen weiter fortschreiten, die hauptsächlich in entwickelten Ländern durchgeführt werden. Die Zerstörung der Natur wird mit der Ausdehnung der «Segnungen» des Fortschritts in den überentwickelten und weniger entwickelten Ländern und mit dem Anwachsen der Bevölkerung besonders in den weniger entwickelten Ländern zunehmen.

○ Die Probleme, genügend Rohstoffe zu beschaffen, werden sich häufen, wobei Öl das offensichtlichste Beispiel bietet. Die Kosten für Energie und Grundstoffe werden gewaltig ansteigen, ebenso wie für Nahrungsmittel und andere Artikel. Die Diskussion über die Rangfolge zukünftiger Energiequellen wird erhitzter – sanfte Energiearten (ersetzbare wie Sonnenenergie, Betonung auf Erhaltung) gegen harte Energiesorten (Atomkraft und hochgezüchtete synthetische Brennstoffe).

1993–2030

○ Innerhalb dieses längeren Zeitraums ist zu erwarten, daß die oben beschriebenen Schwierigkeiten und Trends zunehmen und sich verschärfen. Die Bevölkerung wird nicht mehr so schnell anwachsen, doch das Auftreten großer Hungersnöte kann für diese Zeit schon als fast sicher gelten. Die Sterberate kann zeitweise so hochschnellen, daß die Bevölkerungszahl stagniert oder sogar abnimmt. Die Nahrungsmittelproduktion aufrechtzuerhalten wird noch schwieriger sein; in vielen Gegenden werden Quantität und Qualität der Nahrungsmittel zurückgehen. Diese Probleme werden durch die Umweltzerstörung noch zugespitzt, da durch sie der landwirtschaftliche Ertrag vermindert wird, entweder durch absichtliche Klimaänderungen mit schädlichen Folgen oder durch Auslaugung des Bodens. Rohstoffprobleme wachsen ins Bedrohliche; Konkurrenz könnte zu einem Atomkrieg führen. Doch selbst wenn das vermieden werden kann, gestaltet sich das Leben des Durchschnittsmenschen nicht leichter oder angenehmer als heute.

Die Überlebenden beneiden die Toten

PAUL EHRLICH, der Gründer des Vereins für «Nullwachstum der Weltbevölkerung», hat zahlreiche schicksalhafte und umstrittene Voraussagen gemacht. 1968 sagte Ehrlich: «Wenn nicht sofort wirksame Maßnahmen zur Bevölkerungskontrolle ergriffen werden, kann allc Technologie, die die Menschen einsetzen mögen, das drohende Elend nicht aufhalten.» Professor Ehrlich, der einen Lehrstuhl für Bevölkerungsfragen an der Stanford University in Kalifornien innehat, warnt weiterhin unablässig vor den Folgen der Überbevölkerung.

Prognosen

Frühe achtziger Jahre:

○ Erregte Diskussion in den USA über Einwanderungsbestimmungen; der Kongreß verabschiedet einschränkende Gesetze.

Mitte der achtziger Jahre:

○ Zunehmende wirtschaftliche Probleme in den überentwickelten Ländern; die anhaltende Geldinflation geht Hand in Hand mit einer schlimmen Flaute im Produktionssektor.

Späte achtziger Jahre:

○ Schwere Hungersnöte in unterentwickelten Ländern.
○ Zum erstenmal drohen Terroristen einer ethnischen Minderheit mit der Zündung einer Atombombe, die sie auch tatsächlich besitzen.

Frühe neunziger Jahre:

○ In fast allen Ländern werden die Atomkraftwerke stillgelegt.

- Die internationalen Handelsbeziehungen brechen zusammen.
- Anhaltende und wiederkehrende Hungersnöte fast auf der ganzen Erde.
- Die durchschnittliche Lebenserwartung in den überentwickelten Ländern sinkt.
- Ausbruch des großen Atomkriegs (wenn wir Glück haben und er nicht schon früher ausbricht).
- Die Überlebenden beneiden die Toten.

Computer-Butler zu Ihren Diensten

Viele Menschen hätten gern (oder wenigstens stellen sie sich vor, sie hätten gern) einen Butler oder ein Zimmermädchen, der oder das ihnen den Eintritt in den neuen Tag erleichtern könnte. Ein Computer kann diese Rolle ziemlich gut ausfüllen. Genauer gesagt, ein bis mehrere Mikroprozessoren, mit einem beträchtlichen Gedächtnis, Programmierung und Zusatzgeräten versehen, sind durchaus in der Lage, manche Pflichten eines Butlers oder Zimmermädchens zufriedenstellend zu erfüllen. Die Zusatzgeräte sind dabei sicherlich die größte Herausforderung. Für diese Vorrichtung müssen viele Teile Ihrer Wohnung in Computeraußenstellen verwandelt werden, eine schwierige, doch durchaus praktikable Aufgabe, die für einen Menschen, der diese Art Beschäftigung liebt, sicherlich auch im Bereich des Möglichen liegt.

Ein phantastischer persönlicher Diener sollte schon am Abend den Plan aufstellen, nach dem er am folgenden Tag gedenkt, Ihre Bedürfnisse zu erfüllen, wobei er berücksichtigt, wie Sie sich fühlen und welchen Situationen Sie ausgesetzt sein werden. Falls Sie Ihren Computer dazu benutzen, Ihren täglichen Kalender zu führen, Ihren täglichen Arbeitsplan auf Grund früher eingegebener einmaliger oder regelmäßiger Aktivitäten auszuwerfen, verfügt Ihr Computer schon über einige Informationen, die er benötigt, um Ihrem Tag zu einem guten Start zu verhelfen. Sie können auch zusätzliche Informationen am Abend vorher eingeben. Typisch wäre zum Beispiel die Tatsache, daß Sie heute abend körperlich erschöpft sind und darum zusätzliche Energie in Ihrem Frühstück brauchen und daß Ihr üblicher Weg zur Arbeit durch eine Umleitung geändert wurde und Sie daher Ihren morgendlichen Ablauf 20 Minuten früher beginnen müssen. Ein Computer, der mit den Daten Ihres Biorhythmus gefüttert wurde, kann den nächsten Tag noch fundierter planen. Ihr Computer kann all diese Informationen zusammenstellen und Ihnen einen Tagesplan, einen Arbeitsplan und ein persönliches «Horoskop» zur Überprüfung (und Billigung oder Korrektur) am Abend zuvor vorlegen; oder Sie können sich einfach dafür entscheiden, dies als festen (Überraschungs-)Plan am nächsten Morgen entgegenzunehmen.

Während der Nacht könnten noch zusätzliche Daten gesammelt werden. Bettbewegungssensoren (die messen, ob Sie eine unruhige Nacht hatten) könnten entscheiden, ob Sie noch eine halbe Stunde mehr Schlaf brauchen. Wettersensoren für so variable Größen wie Temperatur, Windstärke und -richtung und relative Luftfeuchtigkeit könnten Daten ermitteln, die Ihrem Computer bei der Zusammenstellung Ihrer Kleidung und Ihres Frühstückmenüs wichtige Entscheidungshilfen an die Hand geben.

Bricht der Morgen dann endlich an, kann Ihr Computer wirklich zeigen, was er kann. Wenn Sie mögen, könnte er die passende Musik auswählen und spielen, entweder die, die Sie gern hören, oder eine, die Sie in die richtige Verfassung für die Aufgaben des Tages versetzt. Die Musik könnte allmählich lauter werden oder das Tempo ändern, falls Sie nicht schnell genug aufwachen. Vor dem Wecken könnte Ihr Computer, indem er die entsprechenden Schaltungen bedient, Ihre Schlafzimmerheizung aufdrehen, die Kaffeemaschine anstellen, das Licht anknipsen, das Badewasser einlaufen lassen oder die Dusche anstellen. Der Zentralheizung könnten Signale übermittelt werden, nach denen sie die Räume in der Ihren Ansprüchen entsprechenden Temperatur und Reihenfolge heizt. Ihr Computer könnte auch die passende Kleidung für Ihre geplanten Aktivitäten und das jeweilige Wetter auswählen, indem er Behälter an Ihrer Zimmerdecke entriegelt und die Kleidung auf Ihr Bett oder vor Ihren Ankleidespiegel fallen läßt.

Ein weiterer Service, mit dem Sie rechnen könnten, wäre Frühstück im Bett. Wie schon erwähnt, würde Ihr Menü auf die Bedingungen, denen Sie sich am jeweiligen Tag gegenübersehen, abgestimmt werden. Ihr Computer könnte die Menüs der vorangegangenen Tage speichern und für die gewünschte Abwechslung sorgen. Mikroprozessoren bedienen Mikrowellenherde, und einen Herd an Ihren Computer anzuschließen ist überhaupt kein Problem. Viele Verkaufsautomaten sind mit elektrisch gesteuerten Drehtellern ausgerüstet, die eine Auswahl von heißen und kalten Speisen ermöglichen. Diese oder ähnliche Steuerungen könnten Außenstellen Ihres Hauscomputers sein. Der Bau einer vereinfachten Ausgabe einer programmierbaren Speiseausgabemaschine dürfte nicht zu schwierig sein. Es gibt mehrere Möglichkeiten, das gewählte Essen von seinem Zubereitungsort zu Ihrem Bett zu transportieren. Eine elektrische Modelleisenbahn wäre eine ansprechende Lösungsmöglichkeit. Ein Frühstück-im-Bett-Computer könnte auch dazulernen. Ein Beispiel: Sie könnten Ihren Computer so programmieren, daß er, falls Sie die Hälfte Ihres Orangensaftes zwei Tage hintereinander wieder zurückgehen lassen (was der Computer durch eine Waage feststellt, die das Gewicht des «leeren» Geschirrs mißt), Ihnen am nächsten Tag nur 75 Prozent der üblichen Menge bringt.

Dieser Computerservice kann während des Tages fortgesetzt werden, doch hier beenden wir unsere Erläuterungen. Nun ist es an Ihnen, sich weiter zu überlegen – und es dann in die Tat umzusetzen – was Ihr Computer sonst noch alles für Sie tun kann.

(Aus: James White, ‹*Your Home Computer*›. Dymax, P. O. Box 310, Menlo Park, Kalifornien, 1977)

Panorama per Knopfdruck in Ihrem Öko-Haus

ROY MASON, ein Architekt, dessen Spezialgebiet energiebewahrende Gebäude sind, arbeitet zur Zeit an einer Siedlung für 45 Wohnungen in Columbia, Maryland, die Solar Village genannt wird. Seine bahnbrechenden Bemühungen, Energie optimal zu nutzen, reichen von Experimenten mit Hartschaum und unterirdischen Bauten bis hin zu Solar-Häusern und Wohnungscomputern, die den Energieverbrauch regulieren.

Prognosen

1983

○ Es gibt bodenintegrierte und unterirdische Wohnbauten, um Energie zu sparen.

1984

○ Ultraschnelle Transportsysteme haben viele Städte wieder zu neuem Leben erweckt und Innenstadt/Neustadt-Megastrukturen geschaffen, wo wir in ein und demselben Lebensraum arbeiten, wohnen und unsere Freizeit verbringen.

1988

○ Mit der Entwicklung energiebewußter Technologie, mit preiswertem Baumaterial und ökonomischen Bauweisen rückt das Öko-Haus in greifbare Nähe: eine erschwingliche Wohneinheit, die der Nachfahre des Wohnwagens ist und die sich ein Arbeiter mit durchschnittlichem Lohn leisten kann.

1989

○ Ein Ergebnis der Space Shuttle- und Weltraumforschung sind bemannte Mondstationen, deren Personal entweder unter oder auf der Oberfläche lebt.

1990

○ Zehn Prozent aller Wohnungen sind mit irgendeinem alternativen Energiesystem ausgerüstet, z. B. für Sonnen- oder Windenergie.

1992

○ Vierzig Prozent aller Haushalte sind mit irgendeiner Art von Heimcomputer ausgestattet (dem «Haushirn»), der Informationen, die Freizeitunterhaltung und das Energieversorgungssystem überwacht. Außerdem gibt es Telekommunikation, Telebanking und Teleshopping. Die Heimarbeit – mit dem Büro in der eigenen Wohnung – erlebt eine neue Blüte.

1996

○ Jetzt besteht die Möglichkeit, einen Zusatzraum oder eine komplette, eigenständige Wohneinheit, die Sie am Steckturm Ihrer bestehenden Wohnung ankoppeln können, zu kaufen.

2005

○ Großbild-Video-TV-Wände überziehen die Wohnungen mit einem Mediennetzwerk und schaffen die totale Videolandschaft. Per Knopfdruck wählt man das gewünschte Panorama und umgibt sich mit dem Grand Canyon, dem Tadsch Mahal oder anderen Bildern.

2010

○ Hängebrückenartige, zwischen zwei Pylonen gespannte Bauwerke werden über bestehende Städte und andere Gebiete gespannt und schaffen so zusätzlichen Wohnraum.

2015

○ Lebensräume reagieren mittels Biofeedback auf die jeweilige Stimmung des Bewohners, indem sich Licht, Klang und Farbgebung ändert – Zwischenwände aus plastischem Material wechseln ihre Umrisse und/oder ihre Oberfläche.

2020

○ Jetzt gibt es dreidimensionale holographische Environments mit Innen- und Außenraumprojektionen.

2022

○ Die langen Verkehrskorridore, die jetzt die Städte zerschneiden, werden mit einem einschienigen, kontinuierlichen Transportsystem und Gebäudeketten, deren Dächer als Autostraßen dienen, ausgestattet, um auf diese Weise mehr von der offenen Landschaft zu bewahren.

2025

○ Neue umschlossene Lebensräume, z. B. durch Kuppeln, ermöglichen es, Städte auf jetzt ungenutztem Land zu errichten, z. B. in Wüsten- oder arktischen Gegenden.

2030

○ Fortschritte in unserem Verständnis des Pflanzenwuchses und der Herstellung kristalliner Strukturen versetzen uns in die Lage, Gebäude zu züchten.

Die Sicherheitsgemeinde von morgen

MARVIN ADELSON ist Professor an der Hochschule für Architektur und Stadtplanung der Universität von Kalifornien, Los Angeles. Er leitet Seminare für Entscheidungsfindung, Futurologie, Programmierung in der Architektur und Gruppenprozesse während Planung, Entwurf und Ausführung. Dr. Adelson, der Gründungsmitglied des «Instituts für die Zukunft» ist, ist besonders an jenen Aspekten der Zukunft interessiert, die zumindest teilweise planbar sind, im Gegensatz zu jenen, die man nur vorhersagen kann.

Prognosen

1982–1992

○ Architekten werden mit Hilfe von Computern in der Lage sein, Gebäude mit einer großen Vielfalt von Funktionen zu entwerfen und vor der Ausführung zu testen. Darunter fallen Energiebewahrung, die Lebensweise eines jeden Bewohners, Ästhetik, Kosten und die Materialien, Bauteile und die notwendige detaillierte Bauausführung.
○ Wohlhabende Menschen wird es ins Zentrum der Städte ziehen. Die «Slums» werden sich in den Vorstädten entwickeln, während die heruntergewirtschafteten Cities neu belebt werden.
○ Einige der ärmeren Menschen werden durch Förderungsprogramme, bei denen man Besitzer einer Eigentumswohnung wird, indem man heruntergekommene Häuser und Wohnblocks renoviert, auch in der Innenstadt Wohnung finden. Das notwendige Wissen wird diesen «Neuen Pionieren» durch spezielle Schulungsprogramme und Rat und Hilfe von seiten der Handwerksbetriebe vermittelt.
○ Mobile Häuser und Fertighäuser gewinnen an Ansehen, besonders bei jungen Hausbesitzern und Rentnern. Es wird große Fortschritte bei der Ausführung und Wohnlichkeit geben. Durchaus denkbar, daß Ende der neunziger Jahre fachwerkartige Gerüste, die eine große Zahl solcher Wohneinheiten im Rahmen einer Raumvermietung aufnehmen können, üblich geworden sind.

1982–2000

○ Ein Großteil der Neuerungen auf dem Gebiet der Architektur und der Stadtplanung wird höchstwahrscheinlich in den Gebieten der Welt stattfinden, wo riesige Mengen Öldollars auf eine relative Unterentwicklung treffen, wodurch enorme Entfaltungsmöglichkeiten fürs Bauen entstehen, zumal dort die Vorstellungen noch nicht so festgefahren sind wie in den meisten entwickelten Gebieten. «Jahrhundert-Bauwerke», die Tourismus und Investitionen ankurbeln sollen, werden jegliche Vorstellung übertreffen. Unglücklicherweise wird sich die Verbindung von Übergangsarchitektur und Übergangsgesellschaft für die betroffenen Menschen nicht immer günstig auswirken.

1982–2030

○ Im Städtebau werden neue große Projekte in Angriff genommen, die bisher in Spezialzonen aufgegliederte Funktionen kombinieren. Für einige Gemeinden könnte das Einkaufszentrum oder

der «Sicherheitswohnpark» zum Kristallisationspunkt der Gemeinde werden. Letztere beherbergt ihr eigenes Schwimmbad, Sauna, Sicherheitstor (mit oder ohne Wächter), Vergnügungsareal und weitere Annehmlichkeiten. Interessant dabei ist, daß die Bewohner, egal ob sie Eigentümer oder Mieter sind, «Gebühren» an private Unternehmen für Dienstleistungen wie «Polizei», «Parks und Erholung» und anderes zahlen müssen, die früher durch Steuern beglichen wurden. Möglicherweise wird dieser Trend solche neuen Kommunen vor der Verschuldung bewahren.

○ Viele Menschen und Firmen werden die kalten nördlichen Städte verlassen und in den sonnigen Süden ziehen, aber vielleicht doch nicht ganz so viele, wie man erwartet hat. Der sparsame Verbrauch von Energie und das körperliche Wohlbefinden in warmen Gegenden muß gegen sehr hohe Kosten für Grund und Boden und stark ansteigende Lebenskosten aufgerechnet werden. Darüber hinaus werden sich die nördlichen Städte sehr anstrengen, um reizvoll zu bleiben. Vernünftige Planung und Entwicklung wird es den Städten im kälteren Klima ermöglichen, Annehmlichkeiten ohne übermäßige Besteuerung zur Verfügung zu stellen.

1993–2030

○ In vielen Gegenden werden Einzelhäuser so viel Energie durch Sonneneinwirkung erzeugen, daß sie überschüssige Elektrizität durch ihre Zähler ins Netz zurückleiten können, um diesen Überschuß wieder anzuzapfen, wenn das Sonnenlicht nicht ausreicht. Die Elektrizitätswerke werden aus diesem Handel Nutzen ziehen können, doch erst nach einigem Sträuben.

Weniger körperliche Liebe

SHERE HITE ist die Verfasserin des *‹Hite Reports›*, für den sie auch selbst die nötigen Nachforschungen geleistet hat. Dieser Report gilt als einer der zutreffendsten auf seinem Gebiet. Sie ist außerdem Leiterin der Hite Research International, die 1980 eine Untersuchung über männliche Sexualität und die Politik des Privatlebens fertigstellte. Shere Hite wird zu den 25 einflußreichsten Frauen Amerikas gezählt.

Prognosen

Bis 2000

○ Männer werden nicht mehr von ihrem «Geschlechtstrieb» wie von einem biologischen Phänomen sprechen. Männliche Sexualität wird sich gewaltig von dem unterscheiden, was wir heutzutage von ihr zu sehen bekommen. Männlichkeit wird nicht mehr automatisch mit Geschlechtsverkehr gleichgesetzt werden, und die Diskussion über Sex und Geschlechterrollen wird unter Männern offener geführt als heute.
○ Mittlerweile werden die Frauen viele neue Aktivitäten und Gefühle in ihre sexuellen Beziehungen integriert haben, die sich höchst wohltuend auswirken. Viele Frauen werden in der Lage sein, für sich selbst mit dem aufzuräumen, was jahrhundertelang ihrem Geschlechtsleben die sexistische Prägung gegeben hat.
○ Geburtenkontrolle wird seltener notwendig, denn der Koitus wird nicht mehr automatisch als das Ziel des Sex angesehen. Der Zeugungsakt verliert seine Bedeutung als kulturelles Symbol, und damit sinkt auch das Ansehen des Geschlechtsverkehrs. Dies macht die Menschen gelöster, so daß sie ihn unbeschwerter genießen können, wenn es sie danach verlangt. Im gleichen Zug wird die Sexualerziehung ihr Hauptaugenmerk nicht mehr auf die Fortpflanzung richten, sondern die Klitoris wird aufgewertet werden.
○ Frauen und Männer haben mehr Freude am Leben, und die Liebe zwischen Frau und Mann wird neu definiert.
○ Weil die Vorstellungen über Sex sich so stark im Umbruch befinden, verschwindet auch die Kontroverse Homo- oder Heterosexualität.
○ Bevor sich das oben Beschriebene durchsetzt, wird noch eine sehr heftige Gegenbewegung auf der Bildfläche erscheinen, die jedoch bald in sich zusammenfällt, da die Vorzüge des neuen Denkens jedem offensichtlich werden. Die Menschen beginnen zu ahnen, daß sie eine schönere und humanere Welt gestalten können.

Neue Methoden der Geburtenkontrolle

Für Frauen

1. Silastik-Implantationen

Stäbchen aus Silastik (silikonisiertes Gummi), die Progestogen enthalten (einen Stoff, der die gleichen Funktionen wie das körpereigene Hormon Progesteron erfüllt), wurden Frauen in Brasilien und

Chile, die sich als Versuchspersonen gemeldet hatten, unter die Haut gepflanzt. Die Stäbchen geben allmählich das Progestogen in den Blutkreislauf ab, wodurch der Eisprung verhindert und die Muttermundschleimhaut so verändert wird, daß das Sperma nicht eindringen kann. Bei den Versuchen zeigte sich, daß die Stäbchenimplantationen ihre Wirksamkeit sechs bis zehn Jahre lang bewahren. Diese Methode hat zwar unregelmäßige Menstruation, Zysten am Eierstock, Gewichtsveränderungen und Hautreizungen an der Implantationsstelle zur Folge, doch die Leber kann nicht, wie bei oralen Verhütungsmitteln, in Mitleidenschaft gezogen werden, da die chemische Substanz das Verdauungssystem umgeht. Trotzdem ist dieses Mittel noch nicht so sicher oder wirksam, wie es sein könnte, und es werden bis zur amtlichen Freigabe noch ausgedehnte Versuche nötig sein.

2. Intravaginaler Ring

Dieser Plastikring, der wie ein Pessar eingeführt wird, sondert kontinuierlich Progestogen ab, um eine Schwangerschaft zu verhindern. Der Ring soll zwischen den Perioden von den Frauen getragen werden und sechs Monate lang wirksam bleiben. Der größte Nachteil ist die erhöhte Gefahr einer Scheideninfektion, da der Ring ein Fremdkörper ist. Intravaginalringe, die sich jetzt im klinischen Teststadium befinden, könnten Mitte der achtziger Jahre erhältlich sein.

3. Regelmäßige Hormoninjektionen

Das auf Progesteronbasis hergestellte Medikament Depo-Provera, das in den USA nur für die Behandlung von Krebs befallener Gebärmutterschleimhaut zugelassen ist, wird in anderen Ländern als Verhütungsmittel benutzt, da es eine 99prozentige Sicherheit bietet. Das Medikament, das alle drei Monate verabreicht werden muß, wirkt auf mehrere Weisen. Es verhindert den Eisprung, verändert den Muttermundschleim so, daß das Sperma am Eindringen gehindert wird, und falls diese Maßnahmen versagen, veranlaßt es den Uterus, das befruchtete Ei abzustoßen. Doch Depo-Provera kann Muttermundkrebs verursachen, die regelmäßige Menstruation beeinträchtigen und die Blutung einschränken. In den USA hat man mit Tierversuchen begonnen, doch wird das Präparat frühestens 1990 auf dem Markt sein.

Eine vielversprechende, aber noch sehr in den Anfängen steckende Forschung befaßt sich mit Inhibin F, einem Stoff, der das FSH (follikelstimulierende Hormon) auszuschalten scheint. FSH ist ein Hormon, das zu Beginn des Menstruationszyklus von der

Hypophyse gebildet wird; ohne dies Hormon reifen die Eizellen nicht und lösen sich auch nicht aus dem Eierstock. Eine geringe Dosis, die der Frau am ersten Tag ihrer Periode verabreicht wird, könnte für die Verhütung des jeweiligen Monats ausreichen, und weil Inhibin F kein Steroid ist, hat es keine der Nebenwirkungen der Verhütungspillen. Das Medikament ist bei Rhesusaffen erfolgreich eingesetzt worden, doch müssen noch weitere Versuche mit Menschenaffen durchgeführt werden, bevor die Menschen selbst es anwenden können. Bis dahin werden noch mindestens zehn Jahre verstreichen.

4. Die Einmal-pro-Monat-Verhütung

Wissenschaftler haben daran gearbeitet, die «Am-Morgen-danach»-Pille zu verbessern. Es gibt sie zwar schon zu kaufen, doch hat sie drastische Nebenwirkungen. Diese Pille enthält riesige Mengen Östrogen, um den normalen weiblichen Fortpflanzungsmechanismus zu unterbrechen, und sie verursacht Übelkeit und Durchfall. Mediziner der Worcester Foundation of Experimental Biology in Shrewsbury, Massachusetts, entwickeln eine Alternative. Sie experimentieren mit F2 Alpha Analog, einer Variante des Prostaglandin, einer körpereigenen Substanz, die Kontraktionen der Gebärmutter hervorruft (wie bei den Wehen). Die Pille würde, wenn man sie am Ende des Menstruationszyklus einnimmt, den Progesteronspiegel im Körper senken, die Blutung einleiten (ohne heftige Kontraktionen) und auch eine Schwangerschaft unterbrechen. Bisher sind keine Nebenwirkungen bekannt, doch müssen noch Langzeittests durchgeführt werden, um toxische Auswirkungen zu überprüfen. Falls F2 Alpha Analog sich als unschädlich herausstellen sollte, könnte es in zehn Jahren auf den Markt kommen. Prostaglandine in Form von Vaginalzäpfchen, die einen Schwangerschaftsabbruch bis in die neunte Woche nach der Empfängnis bewirken können, sind vielleicht schon in nächster Zeit erhältlich.

Wissenschaftler der University of Texas und der University of Maryland sind dabei, LHRBI zu isolieren, was sich als ein weiteres postkoitales Verhütungsmittel erweisen könnte. LHRBI ist eine körpereigene Substanz, die die Bildung des LH (luteinisierendes Hormon), das für das Wachstum des befruchteten Eis unentbehrlich ist, blockiert. Die Experimente stecken noch in den ersten Anfängen, und es kann noch zwanzig Jahre dauern, bis dies Mittel auf den Markt kommt.

Auch Pflanzenderivate, die starke Gebärmutterkontraktionen hervorrufen, werden untersucht. Eine dieser Pflanzen ist das Zoapatle *(Montanoa tomentosa)*, das von mexikanischen Frauen schon seit Jahrhunderten benutzt wird, um die Menstruation einzuleiten.

5. LRH-Spray

In Schweden und New Orleans haben Forscher, die nach einem Weg suchten, um unfruchtbaren Frauen zu helfen, möglicherweise eine neue Verhütungsmethode entdeckt. LRH Analog, eine Variante des körpereigenen Hormons LRH, ersetzt das Hormon und kehrt seine Wirkung ins Gegenteil, so daß der Eisprung verhindert wird. Tägliches Inhalieren mit dem LRH-Analog-Zerstäuber erwies sich in Tests als hundertprozentig wirksam. Die Menstruation wird während des Gebrauchs zwar auch gestoppt, trotzdem gilt dieser Nasenspray, verglichen mit den oralen Verhütungsmitteln, bei kurzfristigem Gebrauch als unschädlicher, doch müssen die Langzeitwirkungen noch untersucht werden, bevor dieses Mittel in breitem Umfang eingesetzt werden kann.

6. Verhütungsserum

Mediziner haben bei Tieren erfolgreich Antikörper, die oft bei unfruchtbaren Frauen gefunden werden, einsetzen können, um eine Empfängnis zu verhüten. Da sich die Antikörper mit der schwammigen Oberfläche des Ovum verbinden, machen sie es dem Sperma unmöglich, in das Ei einzudringen und es zu befruchten. Diese Methode greift nicht in den Hormonhaushalt ein, und daher wird auch der Menstruationszyklus nicht beeinträchtigt. Nach mehreren Zyklen ist auch die vollständige Fruchtbarkeit wieder gewährleistet. Da jedoch die Möglichkeit allergischer Reaktionen besteht, müssen die Versuche noch über einige Jahre fortgeführt werden.

Immunisierung gegen die Produktion von HCG (menschliches Choriongonadotropin), einem Hormon, das den weiblichen Körper auf die Schwangerschaft vorbereitet, wurde mit Frauen in Indien und Schweden durchgeführt. Die Immunisierung soll das HCG daran hindern, die Eierstöcke zu erreichen, nachdem ein Ei befruchtet wurde. Dieser Prozeß scheint für Labortiere ungefährlich und umkehrbar zu sein, so daß wir gegen Ende der achtziger Jahre mit dem Impfstoff rechnen können.

Von einigen Prostituierten nimmt man an, daß sie durch den häufigen Kontakt mit Sperma gänzlich unfruchtbar sind. Ein Enzym, LDH, das sich auf der Oberfläche der Spermien befindet, führt tatsächlich zu Reaktionen bei weiblichen Enzymen. Als man weibliche Versuchstiere mit einer Variante des LDH impfte, verringerte sich ihre Fruchtbarkeit um 80 Prozent, was vollständig rückgängig gemacht werden konnte. Die Tierversuche haben zwar begonnen, doch muß die Wirksamkeit dieses Mittels noch verbessert werden, bevor damit Versuche an Menschen unternommen werden können.

7. Wirksamere Spermizide

Wissenschaftler des University of Illinois Medical Center in Chicago haben sich mit dem NPGB beschäftigt, einem Stoff, der das Enzym angreift, das dem Sperma ermöglicht, sich in das Ei hineinzubohren und es zu befruchten. In Tierversuchen entdeckten die Forscher, daß weniger Schwangerschaften auftraten, wenn man NPGB den Spermizidsalben hinzufügte. Selbst bei normalen Gleitsalben (wie Vaseline) zeigten sich größere Erfolge als bei unbehandelten Spermizidsalben. Fügt man normalen Cremes NPGB hinzu, haben sie eine Wirksamkeit von 70–80 Prozent – sind also genauso wirksam wie eine Spermizidsalbe. NPGB muß noch verbessert werden, bevor mit Menschenversuchen begonnen werden kann, denn es kann zu Komplikationen führen, wenn dieser Stoff in den Blutkreislauf gelangt. Vielleicht wird es 1985 auf dem Markt sein.

8. Collagenschwammpessar

Das Collagenschwammpessar, aus Naturschwamm hergestellt und mit Spermiziden getränkt, die zusätzliche Salben oder Schaum überflüssig machen, saugt das Sperma auf und greift es gleichzeitig an. Es ist weich, reizt die Schleimhäute nicht und ist einfacher zu benutzen als die herkömmlichen Pessare. Beim Einführen und Entfernen des Pessars tauchen jedoch noch Schwierigkeiten auf. Freiwillige weibliche Versuchspersonen klagten über unangenehmen Geruch und Verunreinigungen. Klinische Tests werden jetzt durchgeführt, und vielleicht wird das Collagenschwammpessar innerhalb von fünf Jahren zu kaufen sein.

9. Neue Pessare

Diese moderne Variante einer der ältesten Verhütungsmethoden hat nur die Größe eines Markstücks und wird aus gummiähnlichem Plastik hergestellt. Es wird mit einer dünnen Schleimschicht am Muttermund befestigt, der individuellen Größe jeder einzelnen Frau angepaßt. Es paßt sich der Ausdehnung und Verengung des Muttermundes während des Menstruationszyklus an. Es ist mit einem Ventil ausgestattet, das den Uterusausflüssen gestattet abzufließen, ohne daß das Sperma eindringen kann. Dieses preiswerte, hochwirksame Pessar, das frei von Nebenwirkungen ist, könnte Mitte der achtziger Jahre erhältlich sein.

10. Verbesserte Rhythmusmethode

Sowohl die Kalender- als auch die Temperaturmethode bieten nur eine achtzigprozentige Wirksamkeit, doch Mediziner der Weltgesundheitsorganisation haben an einer zuverlässigeren Methode gearbeitet – die auf Veränderungen des Muttermundschleims beruht –, um die fruchtbaren Tage von jedem einzelnen Zyklus exakt bestimmen zu können. Ein tamponähnliches Gerät, der Ovulimeter, mißt die chemischen Veränderungen des Schleims, wenn er nur kurz in die Vagina eingeführt wird. Meßgeräte für den Hausgebrauch könnten 1985 auf den Markt kommen.

Für Männer

1. Die Pille

Es ist sehr schwierig, eine Verhütungspille für Männer zu entwickeln, da man, um das Sperma wirkungslos zu machen, gefährlich hohe Hormongaben verabreichen muß und weil die Spermaproduktion kein zyklischer, sondern ein kontinuierlich stattfindender Prozeß ist. Doch vielleicht wird es Ende dieses Jahrhunderts die sichere «Pille für den Mann» geben. Nachdem chinesische Mediziner einen Zusammenhang zwischen dem Verzehr von Baumwollsamenöl und zunehmender Unfruchtbarkeit des Mannes festgestellt haben, waren sie in der Lage, eine zu 99,9 Prozent wirksame Pille herzustellen, die auf Gossypol, einer Substanz, die in der Baumwollpflanze enthalten ist, beruht. Vier Jahre lang haben chinesische Freiwillige die Pille regelmäßig eingenommen (einmal pro Tag während der ersten drei Monate, danach zweimal pro Woche). Sie klagten über geringfügige Blähungen, Verdauungsschwierigkeiten und Gewichtsschwankungen, doch die Spermaproduktion ging durch das Gossypol zurück. Die Freiwilligen hatten keine Probleme mit Impotenz oder vermindertem Sexualtrieb. Die Sterilität war ein Jahr nach der letzten Pilleneinnahme wieder verschwunden. Die chinesische und die Weltgesundheitsorganisation sind noch dabei, die Ergebnisse auszuwerten und die Langzeitwirkungen zu beobachten. Versuche, die in den USA vom Population Council durchgeführt wurden, haben ergeben, daß dieses Derivat sehr giftig ist. Wenn es jedoch gelingen sollte, Gossypol in ungefährlicher synthetischer Form herzustellen, oder wenn eine unschädliche Langzeitdosierung gefunden wird, könnte dieses Präparat schon Mitte der achtziger Jahre zu kaufen sein.

Das Hormonmedikament Danazol, das vor kurzem von der amerikanischen Food and Drug Administration für die Behandlung von Reizungen der Gebärmutterschleimhaut freigegeben wurde, hat sich in Versuchen als ein wirkungsvolles Verhütungsmittel für den Mann erwiesen, nachdem es ein oder zwei Monate eingenommen wurde. Wird Danazol ohne Beigaben eingenommen, blockiert es die Hormone LH (luteinisierendes Hormon) und FSH (follikelstimulierendes Hormon) und beeinflußt damit die Spermaproduktion. Aber es beeinträchtigt auch den Sexualtrieb, was man jetzt durch Testosteron aufzuheben versucht. Langzeitstudien werden nötig sein, um die exakte Dosierung zu bestimmen. Eine zu niedrige Dosis reduziert die Spermaproduktion nicht in dem erforderlichen Maß, und eine zu hohe kann zu Leberschäden führen.

2. Empfängnisverhütender Impfstoff

Im Harbor-UCLA Medical Center wurde nach fünf Forschungsjahren ein Impfstoff entwickelt, der das Hormon FSH neutralisiert und damit die Anzahl der Spermien so verringert, daß keine Empfängnis stattfinden kann. Da bei dieser Methode Antikörper gespritzt werden müssen, besteht die Gefahr allergischer Reaktionen. Der Impfstoff zielt jedoch ganz spezifisch auf die Spermaproduktion, so daß eigentlich keine Nebenwirkungen auftreten dürften. Die Methode ist schon patentiert worden, Versuche an männlichen Affen haben begonnen. Doch vor 1990 wird man mit diesem Impfstoff nicht rechnen können.

3. Hodenwärmer

Weil das Sperma kühler als 37° C sein muß, um fruchtbar zu bleiben, hängen die Hoden außerhalb des Körpers. Es genügt, die Temperatur nur um wenige Grade zu erhöhen, wenn man eine zeitweise Unfruchtbarkeit herstellen will, und zwar ohne Nebenwirkungen. Japanische Mediziner testen die Wirkung von heißen Bädern, und natürlich wurde auch schon ein «Hodensackwärmer» erfunden. Die Methode ist sehr wirksam, doch steht nicht zu erwarten, daß sie sich großer Beliebtheit erfreuen wird.

4. Ultraschall

Ultraschallwellen – die das menschliche Ohr nicht mehr hören kann – haben sich als kurzfristige Verhütungsmittel erwiesen, wenn man sie unmittelbar vor dem Geschlechtsverkehr auf die Hoden richtet. Zwar ist diese Methode völlig harmlos, doch ob Ultraschall für den Alltagsgebrauch eine praktikable Sache werden kann, das darf bezweifelt werden. *sd*

Die veränderte Rolle der Frau

CAROL CREALOCK lehrt Psychologie an der University of Western Ontario in Kanada. Ihr Spezialgebiet sind die Zukunftsaussichten für Frauen; sie lehrt die Fächer Sonderpädagogik und Frauenfragen.

Prognosen

1982–1992

○ Berufstätigen Frauen werden sich zwei Möglichkeiten der Mutterschaft bieten. Bei der ersten werden sich die Frauen dazu entschließen, im Alter von 20 bis 30 Jahren Kinder zu gebären, um dann, wenn das jüngste schulpflichtig wird, ins Berufsleben einzusteigen. Bei der zweiten bauen die Frauen sich im Alter von 20 bis 30 Jahren eine Karriere auf, um dann ein bis zwei Kinder zu bekommen, die ihre Karriere nur geringfügig oder gar nicht unterbrechen.

○ Die männliche Vorherrschaft wird abgebaut, und zwar nicht durch Konfrontation, sondern durch die allmähliche und stetige Teilnahme der Frauen an sämtlichen Aufgabenbereichen. Die heutigen Frauen werden die Wegbereiter sein, die den Widerstand beider Geschlechter gegen eine Rollenänderung brechen.

○ Die Frauen werden einen größeren Anteil an den wirtschaftlichen Möglichkeiten unserer Gesellschaft erhalten. Dies wird eintreten a) durch mehr direkte Beschäftigung in bestehenden Bereichen, b) durch größere staatliche Unterstützung und c) durch eine gewaltige Zunahme an Arbeitsplätzen im Bereich der Familienunterstützung, wie Tagesmütter (und -väter), Haushälter/-rinnen und Babysitter.

○ Frauen werden eine aktivere Rolle beim Aufbau tiefer zwischenmenschlicher Beziehungen spielen, doch verlieren sie die Sicherheit ihrer Rolle innerhalb der traditionellen Ehe. Mindestens die Hälfte aller Frauen wird die Ekstase und die Verzweiflung einer längeren Beziehung und ihr Ende erlebt haben.

○ Das Wissen über die Chancenungleichheit, unter der Frauen auf der ganzen Welt zu leiden haben, wird wesentlich leichter zu erlangen sein.

1993–2030

○ Von seiten der betroffenen Gruppen und Nationen werden mehr Forderungen gestellt und viel mehr unternommen, um diese Ungerechtigkeiten zu beseitigen.

○ Der Frage der Rollenverteilung auf alle Personen innerhalb einer Gesellschaft wird mehr Zeit und Kraft gewidmet. Androgyne oder auf bestimmte Situationen zugeschnittene Rollen werden für Frauen und Männer gleichermaßen annehmbar werden, und zwar mehr als eine geschlechtsspezifische Rollenverteilung.
○ Mehr Frauen werden sich an der Gemeinde- und Arbeitsplatzpolitik beteiligen. Im Zuge der Interessenverschiebung vom Haushalt zum Arbeitsplatz wird die Sorge um gute Bedingungen diese Beteiligung beeinflussen.
○ Fast alle Frauen werden das Wachsen und das Absterben einer wichtigen Beziehung erlebt haben.
○ Frauen werden weiterhin länger als Männer leben, doch werden sie mehr unter den körperlichen Beschwerden zu leiden haben, die mit der Belastung gesteigerter Verantwortung in Beruf und Privatleben zusammenhängen.

«Bisher waren Frauen nur die Echos der Männer. Unsere Gesetze und Verfassungen, unsere Überzeugungen und Glaubenssätze und die Gepflogenheiten des Zusammenlebens sind alle maskulinen Ursprungs. Die wahre Frau ist immer noch ein Traum der Zukunft.» (Elizabeth Cady Stanton, Führerin der amerikanischen Frauenbewegung, 1888)

Die kommende Revolution der Eßgewohnheiten

NATHAN PRITIKIN ist Gründer und Leiter des Longevity (Langlebigkeits-) Center und des Longevity Research Institute in Santa Monica, Kalifornien. Seine Fitness- und Diät-Bestseller haben Millionenauflagen erlebt.

Prognosen

1982–1992

○ Dieses Jahrzehnt wird eine Revolution der Eßgewohnheiten in den USA erleben, die sich auch in anderen entwickelten Ländern dieser Erde ausbreiten wird. Folgende Änderungen werden sich bei den Nahrungsmengen zeigen: pro Woche weniger als 1000 Gramm tierisches Eiweiß, das nicht mehr als 700 Milligramm Cholesterin enthält, der Fettanteil an der gesamten Kalorienmenge bleibt unter 10 Prozent; der gesamte Proteinanteil bleibt unter 15 Prozent der gesamten Kalorienmenge. Fast alle Nahrungsmittel werden nicht mehr verfeinert. Da die Menschen sehen werden, wie günstig sich diese Art der Diät auf andere auswirkt, die erst unter Alterungserscheinungen litten, um dann wieder zu ihrem normalen Leben zurückkehren zu können, werden sich immer mehr diesem Nahrungsstil anschließen. Bis 1985 wird sich die Hälfte der Bevölkerung zumindest nach einigen Grundsätzen dieser Diät ernähren. 1992 wird das ganze Land von diesem Diätprogramm erfaßt sein, und die Nahrungsmittelhersteller und Speiselokale werden in erster Linie diese Menschen als ihre Zielgruppe beliefern.

○ Gleichzeitig mit dem Ansteigen der Beliebtheit dieses Nahrungsstils werden proportional die Kosten auf dem Gesundheitssektor, extra für Krankenhausaufenthalte, Arztbetreuung und Arzneimittel, sinken. Ärzte werden eher Fachleute auf dem Gebiet des Vorbeugens von Alterskrankheiten sein als auf dem Gebiet ihrer Behandlung.

○ Aus dem Wechsel der Eßgewohnheiten werden sich bedeutende Auswirkungen auf die Wirtschaft ergeben, da die Ersparnisse bei den Ausgaben für Lebensmittel für Einzelpersonen und Familien bis zu 50 Prozent ausmachen werden. Die Kosten auf dem Gesundheitssektor werden sinken, und es wird Einsparungen beim Energieverbrauch geben, was sich aus dem Umschalten von energievergeudender Fleischproduktion zu energiesparender Pflanzenproduktion zur Deckung der Nachfrage für die veränderten Eßgewohnheiten ergibt. Auch auf dem Energiesektor werden die Ersparnisse bis zu 50 Prozent betragen. Der Staat wird dazu beitragen, den Nahrungsmittelherstellern die Umstellung, die sich aus dem verringerten Bedarf an Raffinerien, anderen Fabrikanlagen und der gesunkenen Nachfrage nach tierischen Nahrungsmitteln ergibt, zu erleichtern.

1993–2030

○ In einigen westlichen Ländern wird die Lebenserwartung die Hundertjahresmarke erreichen (im Jahr 2030 wird es zahlreiche Hundertjährige geben), da die Menschen sich allmählich gesunde Lebensgewohnheiten in bezug auf gesunde Ernährung, regelmäßigen Sport und den Verzicht auf Nikotin und Alkohol aneignen. Die ungesunde Diät früherer Jahrzehnte mit ihrem hohen Anteil an Cholesterin und Fetten wird bis zum Jahr 2000 schon lange einer Diät Platz gemacht haben, bei der die Menschen 80 Prozent der notwendigen Kalorien mit komplexen kohlehydrathaltigen Nahrungsmitteln – un- oder kaum behandelte Pflanzen – decken, der Fettanteil unter 10 Prozent und der Proteinanteil unter 15 Prozent der gesamten Kalorienmenge bleibt. Gleichzeitig mit dem Ansteigen der Zahl älterer Menschen in der Bevölkerung als Ergebnis dieser wohltuenden Änderungen der Lebensgewohnheiten wird sich bei den jungen Menschen eine steigende Tendenz bemerkbar machen, weniger Kinder zu bekommen, um die eigene Lebensqualität und die der Nachkommen zu verbessern. Bis 2030 wird sich diese Entwicklung in der Bevölkerung westlicher Länder in einer auffallenden Verschiebung der «Alterspyramide» zeigen.

○ Bis zum Jahr 2030 wird die Nachfrage nach gesünderen Nahrungsmitteln die Struktur unserer Nahrungsmittelherstellung völlig umgewandelt haben. Die Futterproduktion wird stark zurückgehen, im Gemüseanbau werden viele Kleinproduzenten den Markt mit örtlich gezogenem, feldgereiftem, chemikalienfreiem Gemüse beliefern. Bei widrigem Klima oder ungünstiger Bodenbeschaffenheit werden sich neue Formen des Pflanzenanbaus entwickelt haben, die örtliche Produktion für örtliche Nachfrage möglich machen, indem die für den Anbau günstige Zeit künstlich verlängert oder das Gemüse geschützt auf künstlichem Nährboden gezogen wird.

○ Die medizinische Versorgung und die Medizintechnologie werden bis zum Jahr 2030 ihren Charakter völlig geändert haben. Die Ärzte werden Gesundheitsschulen leiten, in denen die Grundsätze gesunden Lebens vermittelt werden. Medizintechnologie wird hauptsächlich darauf ausgerichtet sein, Erb- oder Geburtsfehler zu korrigieren, anstatt bei Notfällen eingesetzt zu werden, die durch Alterserkrankungen entstehen.

Kloning, Kryotechnik und Antialterungsdrogen

PAUL SEGALL ist Arzt und Leiter der biologischen Forschung für Trans Time Inc. in Berkeley, Kalifornien; er arbeitet als Forschungsphysiologe an der Universität von Kalifornien. Sein Spezialgebiet ist die Alterungsphysiologie, besonders die Veränderung des Alterungsprozesses bei Säugetieren. Dr. Segall ist Vizepräsident der Bay Area Cryonics Society.

Prognosen

1988

○ Durch nukleare Transplantation erfolgt das erste Kloning eines Menschen, «Empfängnis» außerhalb der Gebärmutter und Ersatzmutterschaft (wobei entweder ein Mensch sich als Ersatz zur Verfügung stellt oder eine künstliche Gebärmutter eingesetzt wird, ein Menschenaffe oder eine menschliche Gebärmutter, die unter Laborbedingungen existiert).

1989

○ Eine besondere Ernährung und neue medikamentöse Therapien, starke Wirkstoffe gegen Viruserkrankungen, Medikamente von geringer Toxizität, Krebsheilmittel und Ersatzorgane (z. B. künstliche Herzen) – das alles wird es vielen Menschen in den fortgeschrittenen Ländern ermöglichen, 90 oder 100 Jahre alt zu werden.

1990

○ Die Forschung entwickelt pharmakologische Verfahren, mit denen man den Alterungsprozeß bei Labortieren stoppen und zum Teil rückgängig machen kann.

1991

○ Das Verstehen des Sterbevorgangs zusammen mit fortgeschrittenen medizinischen Techniken (Computerüberwachung der inneren Organe, drastisches Absenken der Körpertemperatur, Fortschritte in der Gehirnchirurgie usw.) verlängern die Zeit, in der ein Mensch wiederbelebt werden kann, von fünf auf zehn Minuten. Mehr Menschen werden bei Operationen überleben, und die Todesfälle bei Unfällen und Herzversagen werden zurückgehen.

1992

○ Zum erstenmal kann ein eingefrorener und aufgetauter Mensch erfolgreich wiederbelebt werden. Nach einigen weiteren Jahren wird eine große Anzahl unheilbarer und hoffnungslos gealterter Menschen vor ihrem Tod eingefroren und zur Wiederbelebung «auf Eis gelegt» für den Fall, daß in zukünftigen Zeiten für ihre Krankheiten Heilmittel gefunden oder Methoden zur Umkehrung des Alterungsprozesses entwickelt werden.

2002

○ Menschliches Kloning wird ältere oder schwerverletzte Personen mit genetisch identischen Organen, Geweben und Zellen versorgen. Selbst große Verletzungen des Gehirngewebes kann man dann durch das Einpflanzen von Nervenzellen heilen, die aus Föten entnommen werden, welche durch Kloning aus körpereigenen Zellen des Patienten gezüchtet wurden.

2010

○ Antialterungsmedikamente, die den menschlichen Alterungsprozeß aufhalten und rückgängig machen, sind auf Rezept erhältlich.

2020

○ Geklonte Organe und Gewebe, Antialterungsdrogen, künstliche Systeme zur Lebenserhaltung, fortgeschrittene Wiederbelebungstechniken, Antikrebs- und Antiviruswirkstoffe und hochentwickelte Operationstechnologie, all dies zusammen wird bald Alter und Tod aus der modernen Gesellschaft verbannen.

2030

○ Computeranalyse menschlicher Chromosomen, gefolgt von ihrer künstlichen Herstellung und ihrem Einbau in die menschlichen Eizellen, die zuvor aus dem Körper entfernt wurden, wird es ermöglichen, menschliche Körper nach jedem gewünschten genetischen Programm zu schaffen. Fortgeschrittene Techniken in der Neurochirurgie werden dann dafür sorgen, daß der Klient Teile seines ursprünglichen Körpers gegen verbesserte, maßgeschneiderte Ausgaben des gleichen Modells eintauschen kann.

2034

○ Ein gründlicheres Verständnis der körperlichen Vorgänge im Gehirn und seinem Gedächtnisspeicher wird im Laufe des nächsten Jahrhunderts viele Neuerungen nach sich ziehen. Dieses Verstehen zusammen mit verbesserten Wiederbelebungstechniken und dem Einsatz von Klonen wird dazu führen, daß man ein Individuum, das mehrere Stunden tot war, wiederherstellen kann: mit intaktem Gedächtnis und unveränderter Persönlichkeit! Eine Verfeinerung dieser Techniken wird schließlich zur Wiederbelebung derjenigen Menschen führen, die in den siebziger und achtziger Jahren unseres Jahrhunderts mit fehlerhaften Techniken eingefroren wurden.

Auf dem Weg zu einer Gesellschaft der Unsterblichen

Die folgenden Prognosen sind die Zusammenfassung einer Studie von 31 Diplomanden der Zukunftsforschung an der University of Houston in Clear Lake City, Texas. Die Studenten haben zuerst

Texte über die zur Zeit laufende Unsterblichkeitsforschung gelesen und diskutiert. Auf dieser Grundlage entwarfen sie «Drehbücher», in denen die Auswirkungen, die eine Antialterungspille auf die Gesellschaft haben könnte, beschrieben werden.

Ein Jahr nach Einführung der Antialterungspille

Persönlichkeit: Die Reaktionen auf die Antialterungspille sind extrem weit gestreut. Die meisten Menschen sind erfreut und einige euphorisch. Doch eine bedeutende Minderheit ist bestürzt und verwirrt, besonders jene, die tief religiös sind.

Familienleben: Die Scheidungsrate steigt, denn Ehepaare schrecken davor zurück, eine Ewigkeit miteinander zu verbringen, gleichzeitig steigt jedoch auch die Geburtenrate. Da Eltern nun mit Einschränkungen bei Neugeburten rechnen, beschließen sie, jetzt Kinder zu bekommen.

Bildungswesen: Lehrer verlieren die Orientierung, als ihnen klar wird, daß ihre traditionelle Zielgruppe aus Kindern und Jugendlichen sich ändern wird.

Freizeit: Gefährliche Sportarten wie Autorennen und Boxen verlieren an Teilnehmern.

Arbeitsplätze und Wirtschaft: Das Wirtschaftsgefüge droht aufzuweichen. Einige Arbeitnehmer verlassen ihre Stellungen, andere klammern sich an ihren Arbeitsplatz. Es wird nur wenig neu eingestellt, die Arbeitslosenquote steigt auf 8 Prozent.

Regierung: Die Regierung hat schnell die Verteilung (jedoch nicht die Produktion) der Antialterungspille übernommen. Die größeren Probleme sind erkannt, und die Diskussion darüber hat schon begonnen: Sollen Gewohnheitsverbrecher oder Geisteskranke oder vielleicht sogar Haustiere die Pille bekommen? Wie soll man die Geburtenbeschränkung durchführen? Wie sollen Fragen der Beschäftigung und Pensionierung gelöst werden?

Internationales: Blitzartig wird die Pille über die ganze Welt verbreitet, nur in einigen kommunistischen Staaten nicht, wo sie von vornherein abgelehnt wird.

Geistliches: Die alteingesessenen Religionen führen eine Kampagne gegen die Pille. Nach einem kurzzeitigen Anstieg der Kirchenbesucher beginnt ein stetiger Rückgang.

Zehn Jahre nach Einführung der Antialterungspille

Persönlichkeit: Nachdem nun fast jeder die Antialterungspille nimmt, ähneln die Erwachsenen dieser Gesellschaft den Jugendlichen der Vorpillezeit. Sie sind ruhelos, introvertiert, fühlen sich nicht wohl in ihrer Haut und sind auf der Suche nach Sinn und Zweck und Gleichgesinnten. Selbstmorde sind nichts Besonderes mehr, und ihre Zahl erreicht eine Höhe, die sie nie wieder erreichen wird.

Familienleben: Die Scheidungsrate steigt. Die Ehe wird zur seltenen Erscheinung, sehr viel weniger klar umrissene Gruppenbildungen tauchen auf. Da die Anzahl der Kinder pro Familie durch staatliche Propaganda (jedoch noch nicht per Gesetz) eingeschränkt wird, bewirkt die sinkende Kinderzahl, daß dem einzelnen Kind große Aufmerksamkeit und viel Zuwendung zuteil wird.

Bildungswesen: Das Schulsystem bekommt einen neuen Inhalt. Der Schwerpunkt verlagert sich von Kindern auf Erwachsene und von Ausbildungsgängen, die mit einem Titel abschließen, zu Kursen, die sich mit dem beruflichen Fortkommen und Freizeitbeschäftigungen befassen.

Freizeit: Kampfsportarten sterben aus und werden von aufregenden, aber ungefährlichen Betätigungen abgelöst. Reisen nehmen gewaltig zu.

Arbeitsplätze und Wirtschaft: Die Konjunktur flaut ab. Der Produktionsprozeß wird mehr und mehr automatisiert, da die Arbeitskräfte immer schwieriger zu lenken sind.

Regierung: Das öffentliche Vertrauen in die Regierung nimmt nicht ab. Das größte Problem besteht darin, die harten Entscheidungen darüber, wer die Pille *nicht* bekommt, durchzusetzen. Die Regierung hat per Gesetzesbeschluß alle Rentenpläne annulliert und beginnt, in einigen Bereichen die Verantwortung für den Arbeitsmarkt zu übernehmen.

Internationales: Bewaffnete Auseinandersetzungen zwischen Nationen nehmen stetig ab. Nicht nur, daß keiner mehr für sein Land sterben will, es dämmert auch allmählich das Bewußtsein darüber, daß die jetzt lebenden Menschen eine Ewigkeit zusammenbleiben werden.

Geistliches: Organisierte Religionen sind weitgehend in Ungnade gefallen und aufgelöst. Sekten, die sich dem Selbst oder der Natur widmen, ziehen Mitglieder an.

20 Jahre nach Einführung der Antialterungspille

Persönlichkeit: Die düsteren Gefilde von Unzufriedenheit und Verzweiflung existieren zwar noch, doch im großen und ganzen haben die Spannungen sich gelegt. Konkurrenzdenken und Waghalsigkeit sind selten geworden.

Familienleben: Das Ende der Familie ist in Sicht, da weniger als 25 Prozent der Bevölkerung verheiratet sind. Fließende Gruppen zwischen 12 und 30 Erwachsenen werden beliebter. Die wenigen vorhandenen Kinder werden gehegt und gepflegt.

Bildungswesen: Fortlaufende Ausbildung mit Kursen, die allen offenstehen, ist die bei weitem verbreitetste Form. Neue Informationen und Erkenntnisse werden rascher als je zuvor verbreitet, da das Leben eines Gelehrten vielen reizvoll erscheint.

Freizeit: Während die Jagd nach dem Nervenkitzel immer mehr abnimmt, erreicht der Konsum erholsamer Drogen neue Höhen. Tabus gegen jedwede Art körperlicher Intimität sind verschwunden. Da sie in Hülle und Fülle über freie Zeit verfügen können, widmen die Menschen sich in noch größerem Umfang dem Reisen, Spielen, der Kunst und ähnlichen Dingen.

Arbeitsplätze und Wirtschaft: Das Bruttosozialprodukt steigt jetzt jährlich um weniger als 1 Prozent. Der Produktionsprozeß ist mittlerweile so automatisiert, daß nur noch acht Monate im Jahr mit zehn Stunden pro Woche gearbeitet wird, danach gibt es vier Monate Ferien.

Regierung: Die väterlich-behütende Regierung erfreut sich weiterhin großer Beliebtheit. Die Entscheidung, der Antialterungspille ein geburtenregelndes Mittel zuzufügen, wird erfolgreich durchgesetzt. Die Verwaltung des Arbeitsmarktes ist mittlerweile – nach Auflösung des Verteidigungsministeriums – die Hauptaufgabe der Regierung.

Internationales: Verstärkte Zusammenarbeit, vermehrtes Reisen und eine bessere Verteilung des Wohlstands verwischen die Unterschiede zwischen den Nationen. Neue, übernationale Zusammenschlüsse auf Regierungsebene werden gebildet.

Geistliches: Die Verehrung der Natur erreicht fast religiöse Ausmaße.

50 Jahre nach Einführung der Antialterungspille

Persönlichkeit: Die Menschen bleiben zwar sicherheitsbewußt und vorsichtig, ihre Innenschau läßt jedoch allmählich nach. Im allgemeinen sind sie duldsam, zufrieden und in Maßen neugierig.

Familienleben: Die Familie ist offiziell verschwunden. Gleichberechtigtes Miteinander ist die verbreitetste Lebensweise, in der Beziehungen zwar intensiv, jedoch kurzlebig und nicht besitzergreifend sind.

Bildungswesen: Die Ausbildung wird nicht nur vom Staat finanziert, sondern auch direkt von ihm durchgeführt. Die Qualität von Lehre und Lernen erreicht neue Höhen.

Freizeit: Die Unterschiede zwischen Freizeit und Ausbildung und Freizeit und Arbeit verwischen sich immer mehr. Die meisten Menschen empfinden jede dieser Aktivitäten als angenehm und lehrreich.

Arbeitsplätze und Wirtschaft: Die Automation ist so ausgereift, daß sie aus der Produktion ins Management übergreift. Computer verwalten fast alle Gebiete der Wirtschaft. Die Arbeitnehmer verrichten keinc eintönige Arbeit mehr, sondern sammeln neue Kenntnisse, die zu verbesserten Produkten führen sollen.

Regierung: Mit der Entwicklung von Computersystemen, die in der Lage sind, Regierungsämter zu verwalten, sind die meisten Regierungsaufgaben Routine geworden. Ihr Vorhandensein wird immer unauffälliger.

Internationales: Es existiert eine gut geführte Weltgemeinde.

Geistliches: Die Natur wird weiterhin verehrt, doch wendet sich das Interesse wieder mehr dem gesamten Universum zu, dessen Entstehung und Entwicklung endlich verstanden wird.

Ganzheitliche Medizin – ein neuer Weg zur Gesundheit

Kaum jemand würde die beispiellosen Fortschritte bestreiten, die die Medizintechnologie möglich gemacht hat. Wir haben den unglaublichen Rückgang der Säuglingssterblichkeit, die Einführung lebensrettender Neuerungen in der Unfallmedizin und die faktische Ausrottung fast aller Infektionskrankheiten erlebt, die einst ganze Zivilisationen dezimierten. Trotzdem sind die meisten Menschen nicht wirklich gesünder. Herzkrankheiten, Krebs, Schlaganfälle, Arthritis und eine Fülle weiterer stressabhängiger Zivilisationskrankheiten sprechen auch auf die besten Behandlungsmethoden, die die westliche Medizin bereithält, nicht an.

Außerdem hat die Spezialisierung in der Medizin und die Abhängigkeit von technischem Gerät zu einer weitverbreiteten Entpersönlichung innerhalb unserer Gesundheitsversorgung geführt. Die Folge davon war, daß das Vertrauensverhältnis, das einst die Arzt-Patienten-Beziehung auszeichnete, immer mehr zerbröckelte. Viele Betroffene glauben, daß die moderne Medizin eher für die Bequemlichkeit der Ärzte sorgen als den unterschiedlichen Bedürfnissen der Patienten dienen soll. Sie ärgern sich auch über die patriarchalische Art, mit der die Ärzte die Hauptverantwortung für Diagnose und Behandlung übernehmen und ihre Klienten damit zwingen, sich passiv in die «Patientenrolle» einzufügen.

Doch innerhalb der Ärzteschaft rückt allmählich ein neuer Standpunkt ins Blickfeld, der sich durch eine ganzheitliche oder «holistische» Vorgehensweise auszeichnet. Die holistische Medizin betont die psychosozialen Aspekte des Heilungsprozesses und legt den Schwerpunkt auf die Erhaltung der Gesundheit und nicht auf die Behandlung von Krankheiten. Da der Patient als hauptverantwortlich für seine Gesundheit angesehen wird, bekommen viele nichtsomatische Krankheitsfaktoren größeres Gewicht, darunter die Unfähigkeit, mit Stress fertig zu werden, Verlust oder Veränderung, Familienprobleme oder Arbeitssituation, Überzeugungen und Erwartungen, selbstzerstörerische Zwangsgewohnheiten und andere Dinge, die mit dem Lebensstil zusammenhängen. Das Hauptgewicht wird auf die Krankheitsverhütung gelegt und auf die Entwicklung einer Schulung zur Selbsthilfe für den Betroffenen. Vom holistischen Standpunkt aus ist Krankheit eine Folge von geistigen, emotionalen und sozialen Faktoren im Gegensatz zu den in erster Linie körperlichen; in der holistischen Behandlung werden alternative Methoden wie Akupunktur, Biofeedback, Hypnose, Ernährungstherapie und andere unkonventionelle Techniken bevorzugt.

Unglücklicherweise ist die Ganzheitsmedizin eine Modeerscheinung geworden, und man muß die Bedeutung des Wortes «holistisch» (= ganzheitlich) schon sehr mißverstanden haben, wenn man zum Beispiel von «holistischer Schocktherapie per Elektrokonvulsion» redet. Obwohl die Grundlage der holistischen Medizin die Behandlung des *ganzen* Menschen ist, wird sie häufig in ähnlicher Weise wie die Schulmedizin angewendet – das heißt, die Betonung liegt auf der Technik. Ein solcher «holistischer» Mediziner wird also nicht mehr diese und jene Tabletten verschreiben, um die Symptome zu bekämpfen, sondern zwei Biofeedback-Sitzungen empfehlen. Oder vier Akupunkturbehandlungen. Oder drei Massagesitzungen. Oder zehn Vitamine. Was fehlt, ist ein gründliches Verständnis der Botschaft, die aus den Krankheitssymptomen spricht, und der notwendigen Änderungen, die der Patient an seinen Überzeugungen und Gewohnheiten vornehmen muß. Außerdem mißachten einige der Ganzheitsärzte die bedeutenden Beiträge, die die konventionelle Medizin bereithält, und so können aus kleineren Problemen, die leicht zu diagnostizieren und frühzeitig mit herkömmlichen Methoden der Medizin zu behandeln wären, schnell große werden.

Die optimale Gesundheitsversorgung der Zukunft wird dann erreicht sein, wenn die Therapeuten in der Lage sind, die Vorzüge der traditionellen und der holistischen Vorgehensweise zu nutzen. Dies ist der Standpunkt, den die Vertreter der sogenannten «integralen Medizin» einnehmen. Während die integrale Medizin die Aufklärung, Gesundheitserhaltung und Krankheitsverhütung betont, nimmt sie eine vielschichtige Haltung gegenüber der Krankheit ein und erkennt das komplexe Zusammenwirken von körperlichen, geistigen, emotionalen, sozialen, religiösen und umweltbedingten Einflüssen. Unter den angewendeten Therapien finden sich Medikamente, chirurgische Eingriffe und/oder eine Vielzahl alternativer Techniken, je nach den einzigartigen Bedürfnissen des individuellen Patienten/Klienten. Weder Arzt noch Patient trägt allein die Verantwortung für die Gesundheit, sondern das Heilungsteam, in dem Ärzte, Patienten und Familienmitglieder gleich wichtige Rollen spielen. Die Hauptarbeit des Arztes besteht darin, die Bedeutung der Symptome zu erforschen, eine exakte Diagnose zu erstellen, die verschiedenen Behandlungsmöglichkeiten zu besprechen und sehr ausführlich die Gründe für einen bestimmten Vorschlag zu erklären. Darüber hinaus muß der Arzt zum Vermitteln von Information, für Rat und Unterstützung während des Behandlungsverlaufs verfügbar sein.

Die Verantwortung des Patienten liegt darin, den Arzt mit aufrichtigen Informationen zu versorgen, so daß die Diagnose so genau wie möglich ausfallen kann. Wird eine bestimmte Therapie verschrieben, sollte der Patient sie gründlich mit seinem Arzt durchsprechen, so daß sichergestellt wird, daß er sie vollständig versteht und damit einverstanden ist. Dann sollte er das Behandlungsprogramm peinlich genau durchführen und seinen Arzt über die Fortschritte unterrichten. Wann immer es möglich ist, sollte der Patient die verfügbaren Lernmittel nutzen und sich in Selbsthilfetechniken üben, um sein eigenes Selbstheilungspotential zu erhöhen.

Ein typisches Beispiel: Ein Mann leidet seit über zehn Jahren an unerträglichen Gesichtsschmerzen. Nach zahllosen Besuchen bei seinem Internisten, Neurologen, Orthopäden, HNO-Arzt, Zahnarzt und Kieferorthopäden erhielt er Medikamente, Spritzen, Salben, Klammern und Schienen, doch nichts half. Noch vor ein paar Jahren hätte sein Arzt gesagt: «Wir können nichts mehr für Sie tun. Sie werden lernen müssen, damit zu leben.» Doch in vielleicht nicht allzu ferner Zukunft wird er an ein Zentrum für Integralmedizin, dessen Belegschaft aus Therapeuten aller Disziplinen besteht, überwiesen werden.

Dies Team betrachtet den Patienten nicht als Problemfall, sondern als eine Herausforderung. Nach einer sorgfältigen Überprüfung seiner Krankengeschichte und einer gründlichen Untersuchung kommt das Team zu dem Ergebnis, daß die Ursache der Beschwerden nicht körperlicher Art ist. Auf eine freundliche und unterstützende Weise hilft das Team dabei, daß dieser Mann selbst erkennt, wieviel von seinem Unwohlsein damit zusammenhängt, daß er mit seinem Beruf unzufrieden ist und sich von der Familie überfordert fühlt. Der Mann nimmt an einem Kursus für Biofeedback-Therapie teil, was ihm dabei hilft, seine Gesichtsmuskeln zu entspannen. Mit der Hilfe eines Berufsberaters geht er daran, seine Arbeitssituation zu durchleuchten, und mit seinen Familienmitgliedern besucht er einen Stressmanagement-Kurs. Zur Linderung der Symptome (Gesichtsschmerzen) werden mehrere Akupunkturbehandlungen empfohlen. Damit er nachts besser schlafen kann, wird er mit ergänzenden Nährstoffen versorgt. Mit Hilfe «gelenkter Tagträume» bekommt der Mann eine Ahnung davon, was für Kräfte in ihm schlummern und wie Gefühle von Hoffnungslosigkeit und Hilflosigkeit zu seinen Gesichtsschmerzen beigetragen haben. Die Prognose bei diesem Patienten ist günstig, denn auf lange Sicht lernt er, sich selbst zu helfen.

Hans und Barbara Roth – nennen wir die Modellfamilie mal so – und ihre drei Kinder werden auch einen Tag in einem Zentrum für Integralmedizin verbringen. Die Roths haben zur Zeit zwar keine körperlichen Beschwerden, sie werden jedoch eine umfassende Reihe von Untersuchungen und Einschätzungen durchlaufen, die von einem Gesundheitsteam durchgeführt wird, das nicht auf die Behandlung von Krankheiten spezialisiert ist, sondern auf die Unterstützung der Klienten bei ihrem Bemühen, ihren Gesundheitszustand zu erhalten und weiter zu verbessern.

Die Roths werden von ihrem persönlichen Gesundheitsberater begrüßt, welcher mit Hilfe eines computergespeicherten Datensystems den gegenwärtigen Gesundheitszustand der Familie überprüft. Jedes Familienmitglied wird daraufhin von einem Arzt mit den entsprechenden Fachkenntnissen und, wenn es erforderlich scheint, besonderen Diagnoseverfahren (z. B. Röntgen-, Ultraschalluntersuchungen und Belastungstests) unterzogen.

Die Roths konsultieren außerdem einen Ernährungsspezialisten, der die Zusammenstellung ihres Speiseplans analysiert, und einen Bewegungsspezialisten, der das tägliche Turnprogramm mit der Familie bespricht. Schließlich überprüft ein Team aus Spezialisten, die für geistige Gesundheit zuständig sind, die psychosozialen Aspekte ihres Lebens wie Zufriedenheit mit Arbeit/Schule, Belastungen in der Familie, Lebensgewohnheiten, den Konsum von Genußmitteln und die Auswirkung von Veränderungen der Lebenssituation. Am Ende des Tages treffen die Roths sich wieder mit ihrem Gesundheitsberater, der ihren momentanen Gesundheitszustand zusammenfaßt, hervorstechende Gesundheitsbedrohungen markiert und bestimmte, der Familie zugängliche Möglichkeiten empfiehlt, mit denen sie ihr Allgemeinbefinden verbessern kann.

Die Krankenversicherung der Roths ersetzt die gesamten Kosten der Untersuchungen, denn ihr ist klar, daß es leichter (und billiger) ist, schwere Erkrankungen zu verhüten als sie zu heilen. Darüber hinaus finanziert die Krankenkasse Aufklärungsaktionen, die für frühe Behandlung, Vorbeugung und Gesundheitspflege eintreten.

Die Zukunftsvorstellung eines Zentrums für Integralmedizin wirkt zwar sehr idealisiert, doch ist sie gar nicht so weit hergeholt. Gegenwärtig wird bereits im Zentrum für Integralmedizin im kalifornischen Pacific Palisades ein Modellprogramm getestet. In Zukunft werden ähnliche Programme sicherlich weit verbreitet sein.

deb

Leibesübung: die Rettung unserer Kultur

JACK LA LANNE ist Amerikas bekanntester Sportlehrer. Mit zahlreichen Büchern, Fernsehsendungen und Trainingskursen hat er seine Botschaft von angemessener Ernährung und regelmäßigem Sport verbreitet. Nach LaLannes Schätzung hat er mit Slogans wie: «Ten seconds on the lips and a lifetime on the hips» (Zehn Sekunden lang Lust, ein Leben lang Last) dazu beigetragen, daß amerikanische Frauen während der letzten 25 Jahre pro Tag eine Tonne Fett verloren haben.

Prognosen

1982–1992

○ Ich sage voraus, daß Präventivmedizin *die* Sache der nächsten zehn Jahre sein wird; daß 99 Prozent der Ärzte auf angemessene und ausgleichende Ernährung Wert legen werden. Außerdem sage ich voraus, daß Erkrankungen wie Herzinfarkt, Schlaganfall und Krebs gewaltig abnehmen werden – meiner Meinung nach um 50 Prozent. Ich sage auch voraus, daß Sport, statt passiv zu sein, kraftvoll und heftig ausgeführt werden wird; man wird die Muskeln während kurzer Übungsperioden bis an die Grenze ihrer Leistungsfähigkeit belasten. Es wird eine Frage des guten Rufs werden, daß jeder Mann, jede Frau und jedes Kind drei- oder viermal die Woche so kräftig trainiert, als wolle er/sie/es an der Olympiade teilnehmen. Außerdem sage ich voraus: Falls wir tatsächlich eine Fitnessbewegung mit allen «Schikanen» (Ernährungsumstellung, Ausgleichssport, Gymnastik und innere Sportlichkeit) auf die Beine stellen sollten, werden wir alle etwas gemeinsam haben, das die Schranken von Hautfarbe, Bildung und Herkunft überwindet. Uns wird das gemeinsame Ziel vereinen, körperlich gut in Form zu sein, sowohl um seiner selbst willen als auch, um als Einzelperson und als Nation zu überleben.

1993–2030

Es wird ein Gesetz verabschiedet, nach dem der wahllose Gebrauch von Zucker, weißem Mehl, Salz, synthetischen Farben, Aromen und allen Nahrungszusätzen verboten wird. Ich glaube auch, daß der Gesetzgeber die Landwirte daran hindern wird, weiterhin so ausgiebigen Gebrauch von Kunstdüngern zu machen. Ich sage voraus, daß die Lebenserwartung des Menschen sich um mindestens zehn bis fünfzehn Jahre steigern wird, denn in den letzten acht Jahren hat sich die Zahl der Menschen, die über 100 Jahre alt geworden sind, um 400 Prozent erhöht. Die Entwicklung der nächsten zehn Jahre wird sich weiter fortsetzen und wird sich in der Dekade danach noch steigern – wie bei einer Lawine: immer größer und immer schneller . . . und noch schneller . . . noch schneller. Der Mensch wird besser werden, als er je zuvor in seiner Geschichte gewesen ist: geistig, moralisch, ethisch, in jeder Hinsicht.

«Wieviel Erde braucht der Mensch?» Zur Ernährung der gesamten Weltbevölkerung (4,5 Milliarden Menschen) genügen:

1. genau 15 246 319 km² Land, wenn man es einfach so weiterbewirtschaftet, wie es in den verschiedenen Gegenden der Welt heutzutage üblich ist (die Zahl entspricht der z. Zt. landwirtschaftlich genutzten Fläche)

oder

2. rund 12–13 Millionen km² (10–20 Prozent weniger Fläche als jetzt), genauso bestellt wie bisher, doch unter Vermeidung von 70–90 Prozent der nach der Ernte entstehenden Verluste

oder

3. rund 7,5 Millionen km², indem man die gesamte Getreideernte der Welt den Menschen statt den Tieren zukommen läßt und das Getreide zügig verteilt (49 Prozent der z. Zt. genutzten Fläche)

oder

4. rund 6,6 Millionen km², wenn man sie nach chinesischen Anbaumethoden bestellt (43 Prozent der z. Zt. genutzten Fläche)

oder

5. rund 1,8 Millionen km², wenn man sie nach nordamerikanischen Anbaumethoden bestellt und sich vegetarisch ernährt (11 Prozent der z. Zt. genutzten Fläche)

oder

6. die südliche Hälfte des Sudan, nachdem man das Gebiet entwässert, die nötige Infrastruktur entwickelt und die viehzüchtenden Nomaden der Region zu seßhaften Bauern gemacht hätte (oder Bauern aus anderen Gebieten angesiedelt hätte)

oder

7. rund 600 000 km² Treibhäuser, nach nordamerikanischen Anbaumethoden mit drei Ernten im Jahr bewirtschaftet (3,9 Prozent der z. Zt. genutzten Fläche)

oder

8. rund 500 000–1 Million km², nach der biodynamischen Intensivanbaumethode bewirtschaftet (3,3–6 Prozent der z. Zt. genutzten Fläche)

oder

9. rund 61 000 km² unter Ausnutzung der Hydrokultur (4 Prozent der z. Zt. genutzten Fläche)

oder

10. rund 55 000 km² Algenkulturen (0,35 Prozent der z. Zt. genutzten Fläche).

(Quelle: Medard Gabel, ‹*Ho Ping: Food for Everyone*›. 1979)

Künstliche Organe und Ersatzteile

PIERRE GALLETTI, Professor für Biologie und Medizin an der Brown University, ist einer der führenden Experten und Befürworter der Entwicklung und Benutzung künstlicher Organe. Er arbeitet an der Herstellung einer künstlichen Leber, Lunge und Bauchspeicheldrüse sowie an einer Verbesserung der künstlichen Blutgefäße.

Prognosen

1985

○ Ersatzmedizin, d. h. Behandlungsformen, die auf dem Austausch fehlerhafter Körperteile mit Implantationen oder Transplantationen (im Gegensatz zur Behandlung mit Medikamenten) beruhen, wird einen beträchtlichen Anteil der medizinischen Behandlungen und Kosten ausmachen.

1990

○ Verbraucherorganisationen, die die lebenrettenden Ersatzteile prüfen, werden sichtbaren Einfluß auf die Planung der medizinischen Versorgung sowohl auf örtlicher als auch auf nationaler Ebene ausüben.

○ Es wird ziemlich viele Personen geben, die mit einem Ersatzorgan leben, und die Öffentlichkeit wird die Vorstellung akzeptieren, daß es nötig sein kann, Patienten mit mehr als einem Ersatzteil auszurüsten, damit ihre Körper so normal wie möglich funktionieren können.
○ Eine eingepflanzte, programmierbare Pumpe, die durch Telemetrie gesteuert wird, versorgt Diabetiker automatisch mit der nach Mahlzeiten, Sportübungen und anderen Aktivitäten jeweils erforderlichen Insulinmenge.
○ Menschen, deren Herz von einem mechanischen Gerät unterstützt wird, um das Blut durch den Körper zu pumpen, werden diese Geräte eingepflanzt bekommen und den dazugehörigen Batterieantrieb am Gürtel tragen.

1995

○ Eine künstliche Hilfslunge, die in den Brust- oder Bauchraum eingepflanzt wird, versorgt das Blut von Patienten mit lebensbedrohlicher chronischer Atemnot mit zusätzlichem Sauerstoff.
○ Dialyse-Patienten werden das nötige Gerät in ihrem Körper tragen und die überschüssige Flüssigkeit sowie Stoffwechselschlacken über die normalen Kanäle (z. B. die Blase) ausscheiden.

2000

○ Menschen, die durch Ersatzteile am Leben gehalten werden, bilden vielleicht schon 1 Prozent der amerikanischen Bevölkerung.

2010

○ Es existiert ein offener Markt für gebrauchte und renovierte Körperersatzteile.

Gedankengesteuerte Prothesen

W. ROSS ADEY ist Abteilungsleiter für Forschung und Entwicklung am Jerry L. Pettis Memorial Veterans' Hospital in Loma Linda, Kalifornien, er war zuvor Professor für Anatomie und Physiologie an der University of California in Los Angeles.

Prognosen

1990

○ Menschen, die einen gefährlichen Beruf ausüben oder von deren Leistung das Leben anderer abhängt (z. B. Piloten, Busfahrer usw.), werden mit über Radiotelemetrie gesteuerten Körperfunktionsmonitoren ausgestattet. Auf gleiche Weise werden Menschen versorgt, die mit chronischen Krankheiten zu Hause im Bett liegen müssen.
○ Optimierung der Wirkung therapeutischer Mittel, z. B. Medikamente, Hormone und Immunstoffe, durch ihre Kombination mit Mikrowellenfeldern, die auf niedrigen Frequenzen aufgebaut werden.
○ Weltweite medizinische Beratungsnetze; weltweite medizinische Datenbanken, darunter Informationen über Lagerungsorte und Verfügbarkeit seltener therapeutischer Stoffe, und Gewebe- und Organbanken.

1995

○ Gedankengesteuerte Prothesen für Amputierte und gedankengesteuerte persönliche Fortbewegungssysteme für Arm-und-Bein-Gelähmte.
○ Vollautomatische (führerlose) Passagierflugzeuge, die mit elektronischen Leitsystemen, die entweder vom Innern des Flugzeugs oder von einer Bodenstation aus gesteuert werden, ausgerüstet sind.
○ Langfristige, auf einzelne Gebiete und Jahreszeiten zugeschnittene Steuerung des Wetters durch Umwandlungen der Ionosphäre und lokale Wettersteuerung durch Manipulation der Troposphäre, der Stratosphäre und anderer erdnaher Luftschichten.

2000

○ Entwicklung von Techniken zur Wiederherstellung des Rückenmarks, bei denen hormonell bedingte Wachstumsfaktoren mit Niedrigfrequenz-Mikrowellenfeldern kombiniert werden.

2005

○ Entwicklung einer direkten Gehirn-Computer-Verbindung, um das geistige Fassungsvermögen des Menschen zu erhöhen. Diese Verbindungen werden auf Gehirnwellenmustern (EEG) und anderen Signalen des Gehirns beruhen.
○ Energieübertragung durch nationale und internationale Netze

unter Einsatz von Mikrowellen- und Lasersystemen, die die Energie von irdischen Sonnenkraftwerken beziehen.

2010

○ Verhaltenssteuerung durch Ausstrahlung modulierter Mikrowellen- und anderer elektromagnetischer Felder, z. B. in Klassenräumen, um die Aufmerksamkeit zu erhöhen, oder in der Psychiatrie bei Patienten und geistig Behinderten, um die Stimmungen zu steuern.

Biofeedback: das neueste Allheilmittel der Medizin

Wie würde es Ihnen gefallen, mit einem optimalen Blutdruck zu leben, ohne Pillen nehmen oder ohne auch nur ein Pfund abnehmen zu müssen? Wie würde es Ihnen gefallen, ganz nach Wunsch Ihre Hände zu wärmen, ohne Handschuhe anzuziehen, oder den Schmerz im Rücken zu beseitigen oder die Kopfschmerzen, die Menstruationskrämpfe oder die Arthritisschmerzen loszuwerden – oder sogar einen Tumor zu veranlassen, auf die Therapie anzusprechen?

Lächerlich? Nicht unbedingt. Einige Experten sind der Ansicht, man kann – schon heute – einige oder alle dieser Fata-Morgana-Wirkungen erzielen. Alles, was man dazu braucht, ist ein kurzer Biofeedback-Kurs, eine Lernmethode, die immer mehr an Ansehen gewinnt, bei der Meßinstrumente dem Patienten durch Rückmeldung ermöglichen, eine noch nie zuvor erlebte Kontrolle über seinen eigenen Körper zu gewinnen.

Man kann es auf die verschiedenste Weise verwenden, doch hier ein ziemlich typisches Beispiel. Nehmen wir an, Sie wollen Ihren chronischen, auf Verspannung beruhenden Kopfschmerz loswerden, und alle mehr oder minder vagen Ermahnungen Ihres Arztes – «Entspannen Sie sich!» – haben überhaupt nicht geholfen. Ein Techniker in einem Biofeedbackzentrum ist da schon genauer. Er beginnt damit, indem er Sie bittet, sich hinzulegen und Ihre Augen zu schließen, während er (ohne Ihnen Schmerzen zuzufügen) einige Elektroden, die mit einer Leitflüssigkeit überzogen sind, auf Ihrer Stirn befestigt. Sofort hören Sie, daß die Elektroden, die an einen Elektromyographen – ein Gerät, das Muskelan- und -entspannung anzeigt – angeschlossen sind, einen hohen Jaulton aussenden. Das, erklärt Ihnen der Techniker, ist das Geräusch, das Ihnen sagt, daß Ihre Stirnmuskeln völlig angespannt sind. Wenn Sie entspannen, wird der Ton tiefer werden. Sie versuchen, Ihre Muskeln schlaff werden zu lassen. Der Jaulton bleibt, wie er war. Vielleicht hilft der Techniker Ihnen, indem er vorschlägt, daß Sie sich etwas Beruhigendes und Angenehmes vorstellen – ein Sonnenbad an einem einsamen Strand, einen Spaziergang über eine Wiese voller Blumen. Oder vielleicht bittet er Sie, sich bildhaft vorzustellen, daß Ihre Stirnmuskeln ganz weich, locker und nachgiebig werden. Vielleicht schlägt er Ihnen einen Schlüsselsatz vor: «Alles wird weich, alles wird ruhig.»

Sie versuchen weiter – und die Tonhöhe verändert sich! Sie verliert ein wenig an Höhe, pendelt sich ein und sinkt bis zu einem tiefen Summen. Das bedeutet, Sie haben Ihre Muskeln entspannt! Wie? Das wissen Sie nicht, aber das ist auch nicht so wichtig, denn Ihre Kopfschmerzen verziehen sich, und darauf kam es ja an. Wenn Sie schnell lernen, können sie nach einigen Trainingsstunden, in denen Sie wie durch Zauberei Jaultöne in Summen verwandeln, diesen geheimnisvollen Prozeß jederzeit, an jedem Ort ohne den Kontrollton, der Ihnen bisher sagte, daß es Ihnen gelungen ist, wiederholen. Von diesem Zeitpunkt an können Sie hoffen, Ihre Kopfschmerzen, wann immer sie sich ankündigen, im Keim zu ersticken, abzuschwächen oder es gar nicht erst soweit kommen zu lassen.

Kurz gesagt, obwohl Sie nicht wissen, was Sie da getan haben oder warum es überhaupt funktioniert, haben Sie gelernt, Ihren Schmerz zu steuern, indem Sie den körperlichen Zustand, der damit einhergeht, verändern.

Diese Methode ist noch nicht einmal neu, denn alles Lernen beruht auf irgendeiner Art von Feedback (Rückmeldung). Wenn eine Mutter zum Beispiel ihr Kind umarmt, nachdem es seine ersten Gehversuche gemacht hat, signalisiert sie dem Baby ihre Zustimmung, was für das Kind bedeutet, daß es sein Verhalten wiederholen soll. Auch der Gebrauch von Geräten, die ihr Feedback in Form von Jaultönen, Summen, Klingeln, Schnarren oder dem Aufleuchten von Farben signalisieren, ist keine neue Erfindung.

Neu dabei ist nur, daß diese Lernmethode medizinisch genutzt und bei den verschiedensten Gesundheitsproblemen eingesetzt wird mit dem Ziel, den Patienten Kontrolle über ihre Körperprozesse zu ermöglichen, darunter auch solche, die man bisher für völlig unbeeinflußbar gehalten hat. Heute werden Biofeedbacktechniken – entweder als Standardbehandlung von «Schulmedizinern» oder in der sogenannten alternativen Medizin – schon in vielen Fällen eingesetzt, besonders in Amerika. Während viele Mitglieder des Medizin-Establishments diese Methode immer noch als unwissenschaftlich beargwöhnen, melden andere erstaunliche Erfolge.

Den weitesten Gebrauch findet Biofeedback in der Rehabilitationsmedizin, wo es benutzt wird, damit Hirnverletzte verlorengegangene oder eingeschränkte Muskelfunktionen wieder zurückgewinnen. Eine aufsehenerregende Besserung wurde im Emory University Medical Center in Atlanta bei der Behandlung eines achtzehnjährigen Mädchens erzielt, die an «erworbener Gehirnlähmung» litt, die sie sich bei einem Autounfall im Alter von zehn Jahren zugezogen hatte. Als das Mädchen nach Emory kam, konnte es nicht normal laufen. Jedesmal, wenn sie versuchte, ihre Ferse auf den Boden aufzusetzen, wurden ihre Wadenmuskeln von Krämpfen geschüttelt. Ihre Familie wollte schon die Sehnen des Mädchens operativ verlängern lassen, als ihnen Biofeedback als letzte präoperative Maßnahme vorgeschlagen wurde.

In Emory befestigten Techniker Elektroden, die an einen Elektromyographen angeschlossen waren, an den Waden des Mädchens. Bei jedem Gehversuch signalisierte ein Läuten das Einsetzen der Muskelkrämpfe. Jedesmal, wenn es ihm gelang, die Krämpfe zu verhindern, hörte das Läuten auf. Nach drei intensiven Trainingssitzungen konnte die junge Frau die Krämpfe willentlich unterbinden, so gehen, daß ihre Fersen den Boden berührten, und eine kostspielige, schmerzhafte Operation umgehen.

Patienten, die einen Gehirnschlag erlitten und ihre Selbstwahrnehmung – das Gefühl für die räumliche Stellung und Bewegung des eigenen Körpers – verloren haben, benutzen Biofeedback, um ein «künstliches» Körperbewußtsein zu erlernen. Wenn eine Klingel ertönt oder ein Licht aufblinkt, wissen diese Patienten, daß sie den Kopf, den Arm oder das Bein falsch bewegt haben, und können ihren Fehler korrigieren. Patienten mit einem verrenkten Hals, teilweiser Lähmung und anderen Schäden, die durch Gehirnverletzungen hervorgerufen wurden, haben erfolgreich EMGs und elektronische Transduktoren (die Veränderungen in Gelenkwinkeln, der Körperhaltung, Bewegung und Druck anzeigen) benutzt, um normalere Bewegungsabläufe zu erreichen. Eine kürzlich erstellte Studie weist nach, daß 67 Prozent der Patienten einer Gruppe von Schlaganfallgeschädigten in der Lage waren, nach fünf Wochen Biofeedbacktraining auf kurze Beinschienen zu verzichten. Trotzdem warnen Experten wie Dr. John Basmajian in Hamilton, Ontario, davor, allzu viel zu erwarten. Obwohl einige Lernpatienten, wie das Mädchen in Emory, aufsehenerregende Fortschritte erzielen, scheitern andere wiederum völlig. Der typische Patient erzielt bescheidene bis mittlere Fortschritte. «Biofeedback», erklärt Dr. Basmajian, «hängt von der Schulung der Restfähigkeiten des Gehirns nach einer Verletzung ab. Wir können alte Bahnen wieder gangbar machen oder latente Bahnen aufdecken. Doch zerstörte Nervenbahnen können wir natürlich nicht mehr nutzen.»

Rehabilitation ist derjenige Teil der Medizin, in dem Biofeedback am leichtesten von der herrschenden Schulmedizin akzeptiert werden kann. Doch unter Laien ist seine bekannteste Funktion, daß es

Entspannung der willkürlichen Muskulatur herbeiführen kann, besonders jener, die mit stressbedingten Kopfschmerzen, Kreuzschmerzen, Menstruationsbeschwerden, Arthritis und Bindegewebsentzündungen zusammenhängen. Viele Patienten mit chronischen Schmerzen versuchen Biofeedback erst nach Jahren kostspieliger Untersuchungen, Medikamentierung, Akupunktur und anderen Therapieformen, wenn sie auf Grund ihres Zustands tief deprimiert sind. Vielleicht haben skeptische Ärzte ihnen gesagt, daß Biofeedback «nur ein neues Placebo» ist oder daß «man sich die Erleichterung nur einbildet», doch für die meisten von ihnen sind die Meinungen anderer unerheblich, und sie verlangen keine Labortests, um Erfolg oder Mißerfolg von Methoden auszuwerten, die sie in Biofeedback- oder Schmerzbekämpfungszentren (von denen die meisten übrigens von Ärzten betrieben werden) lernen. Für den Patienten bedeutet Erfolg, daß er bei Bedarf seinen Schmerz ohne Medikamente unter Kontrolle bringen kann.

Auch für Probleme des autonomen (unwillkürlichen oder vegetativen) Nervensystems, besonders bei hohem Blutdruck und Migräne, ist Biofeedback gefragt. Anders als bei den Stresskopfschmerzen wird Migräne durch ein Anschwellen der Blutgefäße, die das Gehirn versorgen, hervorgerufen. Das Training ist darauf ausgerichtet, dem Patienten bei der Schmerzbekämpfung zu helfen, indem man auf das klassische Anzeichen der Migräne achtet, die kalten Hände, die andeuten, daß sich die Blutgefäße in den Extremitäten zusammenziehen. Bei einer Technik, die autogenes Feedbacktraining genannt wurde, lernen die Patienten, den Schmerz noch rechtzeitig abzuwenden, indem sie ihre Hände innerhalb der Anlaufzeit wieder erwärmen. Während der Patient versucht, seine Hauttemperatur zu erhöhen, unterstützt der Therapeut ihn mit bildhaften Vorstellungen: «warme Handschuhe» oder «am Lagerfeuer sitzen». Gelingt dies, wird der Kopfschmerz gewöhnlich abgewendet. Diese Methode ist mit beträchtlichem Erfolg eingesetzt worden.

Eine andere Methode zur Bekämpfung der Migräne wird von Dr. R. Edward Berman, einem Psychologen am Center for Behavioral Psychiatry and Psychology in Birmingham, Michigan, benutzt. Sandra R., eine 35jährige Hausfrau, die schon 20 Jahre lang an Migräne leidet und deren Anfälle mit der Zeit immer häufiger und heftiger wurden, ist eine typische Patientin. Sandras Leben wurde von dem Schmerz und der Übelkeit, die ihre Kopfschmerzen verursachten, bestimmt – fast sogar zerstört. Bevor sie zum Zentrum kam, hatte sie sich allen möglichen neurologischen Untersuchungen unterzogen, hatte vier Ärzte konsultiert – die ihr alle mit Bedauern versicherten, daß sie keine organische Ursache finden konnten – und drei Monate lang Psychotherapie versucht, was ihr Leiden auch nicht lindern konnte. Eine Zeitlang halfen starke Schmerzmittel, die jedoch schon lange keine Wirkung mehr zeigten.

In einer psychologischen Untersuchung wurde festgestellt, daß Sandra eine Perfektionistin ist, der es schwerfällt, sich gehenzulassen. Wenn man sie bat, ihre Symptome zu beschreiben, neigte sie dazu, sich zu verspannen, so als ob ein weiterer Anfall im Anzug sei.

Das erste, was Sandra braucht, sagt Berman, «ist die Überzeugung, die Verantwortung für ihren Gesundheitszustand mitzuübernehmen. Danach werden die Geräte eingesetzt, um dem Patienten die Wechselbeziehung zwischen Geist und Körper aufzuzeigen.» Sandra wird erklärt, daß verstärkte Schweißabsonderung auf ein Ansteigen ihrer Angst hinweist. Mit einer Technik, die galvanisches Hautreaktions-Feedback genannt wird, lernt sie die Schweißmenge, die ihre Hände absondern, zu steuern. Während der nächsten drei Monate erhält sie elf Trainingssitzungen, mit begleitender Psychotherapie, und wenn sie entlassen wird, ist aus ihrer Verzweiflung begründete Hoffnung geworden, daß sie ihre Migräneanfälle unter Kontrolle halten kann.

Gleichermaßen faszinierend ist die Biofeedbackarbeit, die mit Krebspatienten durchgeführt wird. Krebs bedeutet nicht nur das Auftauchen und Wachsen anormaler Zellen, sondern auch ein Versagen des Immun- oder Abwehrsystems des Patienten, die eindringenden Zellen zu zerstören. Forscher, die nach der Theorie handeln, daß Gefühle die Wirksamkeit der Abwehrkräfte beeinflussen können, suchen nach Möglichkeiten der Krebsbekämpfung, indem sie die geistigen Kräfte mobilisieren. «In unserem Zentrum», sagt Dr. Carl Simonton, Röntgenarzt und Krebsspezialist am Cancer Counseling and Research Center in Fort Worth, Texas, «helfen wir dem Patienten bei der Stärkung seines Lebenswillens und der Kraft seines Geistes, um ihm Kontrolle über seine Körperreaktionen zu vermitteln. Häufig kann er dadurch sein Leben verlängern und manchmal sogar retten.»

Dr. Simontons Team setzt Techniken zur Entspannung und die gezielte Visualisierung bildlicher Vorstellungen zusammen mit anderen Therapieformen wie Bestrahlung ein, benutzt jedoch keine Geräte. Simontons Mitarbeiter erklären, daß das Feedback für den Patienten in der Tatsache besteht, daß seine Krankheit zurückgeht. Als erstes wird dem Patienten beigebracht, seinen Körper zu entspannen. Dann stellt er sich seinen Tumor zum Beispiel als einen Haufen rohes Hackfleisch vor. Als nächstes ruft er die weißen Blutkörperchen als weiße angreifende Fische zur Verteidigung vor sein inneres Auge und läßt sie das Krebsgeschwür auffressen. Schließlich sieht er die Bestrahlung, die er erhält, als Energiekügelchen, die ebenfalls den Tumor angreifen.

Der Gesundheitszustand der Patienten, die diese Methode benutzen, bessert sich wesentlich häufiger als im Normalfall. Es scheint, als sei ihr Abwehrsystem besonders wirksam bei der Bekämpfung von Krebs geworden. Vor viereinhalb Jahren begann

Dr. Simontons Team, Protokolle über Krebspatienten, die alle als unheilbar galten und von denen keiner mehr als ein Jahr zu leben hatte, anzulegen, die eine Biofeedbackschulung erhalten hatten. Die Gruppe war schließlich auf 159 Personen angewachsen. Von diesen 159 waren 1979 noch immer 63 nach durchschnittlich 24 Monaten am Leben. Diejenigen, die gestorben waren, hatten noch durchschnittlich 20 Monate gelebt.

Im Kinderkrankenhaus in Boston benutzen Kinder, die an Gehirnlähmung leiden, Biofeedback auf verschiedenste Weise. Gehirnlähmung kann eine ganze Reihe von Symptomen und Störungen am sensorischen und/oder neuromuskulären Apparat hervorrufen. Dr. Sheldon R. Simon, Leiter des Labors für Haltungsanalyse, erzielt die besten Resultate mit Kindern, die älter als sechs Jahre sind und eingegrenzte Probleme haben – beispielsweise nur mit einer Extremität. «Wir setzen Biofeedback ein», sagt Dr. Simon, «wenn wir das Problem des betreffenden Kindes ziemlich genau eingrenzen und uns darauf konzentrieren können.» Die Behandlung, die stark auf den Einzelfall zugeschnitten wird, schließt gewöhnlich mit ein, daß das Kind mit Musik belohnt wird, wenn ein EMG anzeigt, daß es etwas gut gemacht hat. Wenn ein Kind, das ein Bein nachzieht, anfängt, es beim Gehen anzuheben, löst ein druckempfindliches Gerät im Schuh des Kindes einen Schwall von Glückwunschmusik aus, sobald der Fuß sich vom Boden löst. Die Musik spielt, solange der Fuß über der Erde schwebt; sobald er den Boden wieder berührt, schaltet sich die Musik aus. Jedesmal wenn das Kind den Fuß hebt, wird es belohnt, bis – so hofft man – ein guter Gang Belohnung genug ist.

Die Zukunft des Biofeedback ist nur von unserer wissenschaftlich trainierten Vorstellungskraft abhängig. Zum Beispiel haben einige Männer gelernt, die Temperatur ihres Hodensacks um mehrere Grade zu erhöhen. Daraus ergibt sich die Möglichkeit, daß viele lernen können, die Temperatur so weit zu erhöhen, daß die Spermien als Verhütungsmaßnahme abgetötet werden. Wenn Menschen ihren Blutdruck regulieren können, dann können sie vielleicht auch ihre Blutzufuhr steuern, so daß ein Krebskranker seinen Tumor austrocknen kann, oder ein Patient, der an einer Entzündung leidet, könnte seine weißen Blutkörperchen dem Eindringling mit größerer Wirksamkeit entgegenschicken. Wenn Migränepatienten einen Anfall abwenden können, indem sie auf die ersten Anzeichen achten, könnten Epileptiker, deren Anfällen auch eine «Aura» vorausgeht, lernen, ihre Gehirnwellen zu steuern, um die elektrischen Stürme zu verhindern, die einen Anfall auslösen. Und diejenigen Patienten, die nur so lange gute Resultate erzielen, solange sie Biofeedbackgeräte benutzen, aber allein nicht zurechtkommen, brauchen vielleicht in Zukunft deswegen nicht unbedingt in die Klinik zu gehen. Berman sagt: «Unsere Geräte werden immer ausgefeilter, verläßlicher und einfacher. Ich kann mir durchaus vorstellen, daß bei größerer Verbreitung und preiswerterer Herstellung die Menschen Biofeedback in ihren eigenen vier Wänden benutzen werden.»

Gleichzeitig mit den Anwendungsmöglichkeiten des Biofeedback dehnt sich auch das Ausbildungsangebot aus, um Spezialisten und Techniker heranzuziehen.

Dr. Basmajian sagt: «Vor Jahren wußten die Forscher schon, daß es Menschen gibt, die willentlich weinen können. Doch sie erkannten das Ausmaß der geistigen Fähigkeiten nicht, diese unwillkürlichen Funktionen zu steuern. Mit Biofeedback können wir Patienten schulen, mit ihren inneren Reserven sich selbst zu helfen. Innerhalb gewisser Grenzen können Patienten sich selbst heilen. Vielleicht die Hälfte aller Krankheiten, unter denen wir leiden, kann durch Selbststeuerung geheilt werden.»

(Aus: Linda Stern Rubin in *Family Health,* März 1979)

Ärzte, Diabetiker und neue Medikamente

LOUIS LASAGNA ist Professor für Pharmakologie und Toxikologie an der medizinischen Fakultät der Universität von Rochester im Staat New York.

Prognosen

1982–1992

○ Besonders zur Bekämpfung starker und chronischer Schmerzen werden Stoffe entwickelt, die Derivate oder Verwandte der natürlich vorhandenen Gehirnpeptide sind und Schmerzen wesentlich erfolgreicher eindämmen können als die zur Zeit verfügbaren Mittel. Diese neuen Stoffe ahmen die körpereigenen Schmerzlinderungsmechanismen nach.
○ Künstliche Bauchspeicheldrüsen können Diabetikern, vor allem jungen Diabetikern, deren Bauchspeicheldrüsen kaum arbeiten, eingepflanzt werden. Dies führt zu einer völligen Umwälzung bei der Behandlung der Zuckerkrankheit.
○ Mindestens eine neue Sorte wirksamer Medikamente zur Bekämpfung von Depressionen wird entdeckt werden.
○ Durch empirisches Be- und Überarbeiten der verschiedensten Kombinationen älterer und neuerer Krebsmittel wird die Lebens-

dauer eines Patienten, der Krebs in fortgeschrittenem Stadium hat, erheblich verlängert.

○ Der Einsatz der Bypass-Chirurgie an verstopften Herzkranzgefäßen wird stark ansteigen, und auch die Anzahl der Herztransplantationen wird noch etwas zunehmen.

1993–2030

○ Hormone des Hypothalamus oder Abwandlungen natürlich vorhandener Hormone werden zur Behandlung von sehr häufigen Krankheiten eingesetzt, z. B. bei der Zuckerkrankheit und bei Überfunktion der Schilddrüse. Es könnte auch sein, daß sich auf diese Weise neue Wege der Empfängnisverhütung ergeben.

○ Prostaglandine, ähnlich wie die eben erwähnten Hypothalamus-Hormone, werden helfen, Nierenkrankheiten, Bluthochdruck und Asthma in den Griff zu bekommen.

○ Die medizinische Betreuung wird immer mehr von Menschen in Heilberufen übernommen, die nicht zur Ärzteschaft gehören.

○ Bakterien werden durch Gen-Transplantation in Substanzen zur Bekämpfung von Krankheiten verwandelt.

Laser-Zahnheilkunde

R. F. BOEHM ist Professor für Maschinenbaukunde an der Universität von Utah in Salt Lake City. Er ist Experte auf dem Gebiet der Wärmeprozesse in der Zahnheilkunde. Boehm entwickelt eine Methode, bei der Laserstrahlen benutzt werden, um Zähne mit einem Überzug zu versehen, der sie auf Dauer vor Zahnverfall schützt.

Prognosen

1982–1992

○ Das Grundlagenwissen über die Ursachen des Zahnverfalls wird zum größten Teil zugänglich sein. Es wird sich zeigen, daß dabei sowohl Umweltbedingungen als auch Vererbung eine wichtige Rolle spielen.

○ In großangelegten klinischen Untersuchungen wird nachgewiesen werden, daß man einige Impfstoffe in der Kariesbekämpfung wirkungsvoll einsetzen kann.

○ Kronen, die aus einem dem Zahnschmelz ähnlichen Material hergestellt sind, können mit Hilfe von Laserstrahlen in Zahnkliniken erfolgreich lebenden Zähnen «aufgeschweißt» werden. Dies wird den Weg zu einer erfolgreichen, dauerhaften, vorbeugenden Behandlung des menschlichen Gebisses ebnen.

○ Man wird einfache Techniken zur Verstärkung der Fluoraufnahme durch menschliche Zähne aufzeigen, zusammen mit einer bedeutend gesteigerten Wirksamkeit der Fluorbehandlungen.

1993–2020

○ Bei 95 Prozent aller Menschen, die sich der eben erwähnten vorbeugenden Kariesbehandlung unterziehen, wird die Karies ausgerottet sein.

○ Schüler werden an vorbeugenden Behandlungen teilnehmen – ähnlich den heutigen Schutzimpfungen –, sobald sie ihre bleibenden zweiten Zähne bekommen haben.

Konzerne setzen sich durch: das Firmenparadies

WILLIAM OUCHI ist Professor für Management an der Universität von Kalifornien in Los Angeles. Ouchi forscht auf den Gebieten Arbeitsorganisation und Arbeitskontrolle.

Prognosen

1993–2030

○ Ich sehe eine ganze Reihe grundlegender Veränderungen in der Arbeitsplatzorganisation voraus. Diese Veränderungen ergeben sich aus einem Reifeprozeß unserer Gesellschaft, bei dem entweder der Sinn für das Ganze und für Solidarität wächst oder ein Zerfall in gleichermaßen mißtrauische Untergruppen einsetzt, die untereinander auf ausreichenden Sicherheitsabstand achten.

1. Berufsgemeinden

Der Ort, an dem wir arbeiten, wird zunehmend zu dem Ort, an dem wir leben, und zwar in dem Sinn, daß aus beruflicher Zusammenarbeit Freundschaften entstehen. Mobilität ist ein traditioneller Faktor unseres Lebensstils, und genau diese Mobilität hat ständig unsere traditionellen Quellen emotionalen Rückhalts wie auch der Selbstdisziplin untergraben. Früher entsprang diese Stabilität den

Primärbeziehungen, die sich in der erweiterten Familie, der Kirche, Nachbarschaft, dem Verein und in Kindheitsfreundschaften entwickelten. Im Verlauf der Zerstörung dieser ursprünglichen Quellen ist unsere Gesellschaft ohne Gefühl für die Gemeinschaft und ohne den Rückhalt einer Gemeinschaft ins Schwanken gekommen. Während der nächsten 50 Jahre werden viele Firmen und Regierungsämter ihre Rolle als primäre gesellschaftliche Kraft akzeptieren und eine lebenslange Zugehörigkeit zu einer Firma unterstützen, wie sie heute in Japan üblich ist und die den Menschen gestattet, auf wenigstens einem Sektor ihres Lebens tragfähige Bindungen zu entwickeln.

2. Ein neuer Individualismus

Die herrschende Betonung der Selbstsicherheit wird eine neue Färbung erhalten, andernfalls erleben wir ein stetiges Absinken der Produktivität und unserer Fähigkeit, als Nation zu handeln. Die Art der Selbstsicherheit, die aus dem Berufsethos des Handwerkers und Bauern herrührt, ist in einer Industriegesellschaft fehl am Platz. Es lehnt das Abhängigsein von anderen ab, es fordert eindeutige Verantwortlichkeit des einzelnen, und es verlangt Belohnung für Einzelleistungen. Der Erfolg des Industrialismus hängt jedoch von dem Grad der Zusammenarbeit ab, den Menschen in komplexen und voneinander abhängigen Herstellungs- und Dienstleistungsabläufen erreichen können. Wenn wir verstehen lernen, welche Kraft dem einzelnen aus der Zugehörigkeit zu seinem Team zufließt, und wenn wir erreichen, anderen so weit zu vertrauen, daß wir uns auf sie verlassen, dann werden wir besser für die zunehmend miteinander verwobenen Anforderungen moderner Technologie gerüstet sein.

3. Verbesserte Sozialgesetzgebung für Arbeitnehmer

Der Trend zu beruflichem Zusammengehörigkeitsgefühl wird durch neue Gesetze, die zunehmend die Belange der Arbeitnehmer in breitem Umfang schützen, beschleunigt. Die Wähler werden erkennen, daß genauso, wie einst profitgierige Unternehmen Luft und Wasser ungestraft verschmutzten, bis sie den Preis dafür zahlen mußten, die großen Umweltverschmutzer nicht aufhören werden, die Menschen zu verseuchen, bis die Verursacher für die Kosten der Rehabilitation aufkommen müssen. Ein Forschungsprojekt, das von Professor Chris Argyris von der Harvard University angeregt wurde, hat aufgezeigt, daß Personen, die unter sehr entfremdenden Bedingungen arbeiten, insgesamt in allen Lebensbereichen schlechter zurechtkommen. Der Konzern trägt diese Kosten nicht; höchstens trägt er die Kosten verminderter Produktivität, bis er diesen

Arbeitnehmer entläßt. Eine Firma, die in dieser Weise mit ihren Beschäftigten umspringt, wird sich mit der Zeit einen schlechten Ruf einhandeln und unter steigenden Schwierigkeiten zu leiden haben, Arbeitskräfte einzustellen. Doch nicht ganz so offensichtliche Missetäter können in unserer Massengesellschaft sehr lange unentdeckt bleiben. Die Wähler werden das Eingreifen der Regierung bei solchen Verstößen fordern.

4. Trendwende zur Humanisierung der Arbeitswelt

In der Organisation der Hand- und Büroarbeit wird es zu einer einschneidenden Wende kommen, bei der die Arbeitnehmer zu Teams zusammengefaßt werden, die die meiste Zeit selbständig arbeiten. Die Arbeitnehmer werden ermuntert, unter sich zu entscheiden, wer welche Maschinen bedienen soll, wie der Arbeitsablauf sein soll und welcher neue Stellenbewerber in die Gruppe aufgenommen werden soll. Die Auswirkungen sind eine viel freiere Selbstbestimmung der Arbeitnehmer über ihre Zeit und Tätigkeiten, eine bessere Arbeitsmoral und eine gesteigerte Produktivität.

Diese neuen Organisationsformen werden sehr schnell aus dem Experimentierstadium herauskommen und in den allgemeinen Gebrauch übergehen. Unser Zuwachs an Wohlstand wird nicht länger in erster Linie von neuen technischen Erfindungen herrühren, die Kapitalinvestitionen erhöhen und damit die Produktivität steigern. Statt dessen wird in Zukunft ein vertieftes Verständnis für Organisationsformen und Menschenführung im Vordergrund stehen, die eine wesentlich größere Auswirkung auf die Produktivität haben als Maschinen. Mit unserer wirtschaftlichen Produktivität wird es nur dann wieder aufwärtsgehen, wenn der Umgang mit dem arbeitenden Menschen wesentlich verbessert wird.

5. Mehr Arbeitskräfte in weniger, aber größeren Konzernen

Der Trend zur Konzentration in großen wirtschaftlichen Gruppierungen wird sich weiter verstärken und vielleicht noch beschleunigen. Auch hier ist der große Erfolg der japanischen Nachkriegswirtschaft aufschlußreich. In Japan unterstützt die Regierung Firmenvergrößerungen und ihre enge Verbindung mit anderen Firmen. Diese Industriekonzentration war ein Faktor des Erfolgs der japanischen Wirtschaft.

Das amerikanische Justizministerium hat mit seinen Antitrust-Maßnahmen, wann immer es konnte, eine solche Zusammenballung verhindert, und zwar mit der Begründung, daß es bei zu großer Konzentration für neue Firmen schwierig wird, wettbewerbsfähig zu sein, daß Ineffizienz um sich greifen wird und am Ende der

Verbraucher immer mehr bezahlen muß für Güter und Dienstleistungen von großen, leistungsschwachen Produzenten, die sich nicht mehr anstrengen müssen.

Zwei neue Argumente können jedoch die Haltung des Justizministeriums einschneidend beeinflussen. Als erstes ist erwiesen, daß man nur vier oder fünf Kontrahenten für jenen heftigen Wettbewerb braucht, der Preise niedrig und Qualität hoch hält; die Konkurrenz einer großen Anzahl von Anbietern führt gewöhnlich nicht zu einer Verbesserung der Lage. Zweitens beweist ein Forschungsprojekt, das von Professor Oliver Williamson von der University of Pennsylvania in die Wege geleitet wurde, daß eine Firma mit zwei Betrieben häufig wirkungsvoller arbeiten kann, als wenn jeder Betrieb eine Firma für sich allein wäre. Dies bedeutet, daß eine Wettbewerbswirtschaft effektiver wird, wenn Zusammenschlüsse erlaubt sind und kleinere Firmen von größeren übernommen werden können. Die Ergebnisse der laufenden Forschung könnten eine große Wende in der amerikanischen Antitrust-Politik einleiten und das Wachstum großer Konzerne eher fördern als unterbinden.

Falls diese Wende eintritt, wird jeder – Manager, Akademiker und Arbeiter – in großen Firmen arbeiten wollen. Jeder wichtigere Wirtschaftsbereich wird von einigen wenigen großen Firmen beherrscht werden, die miteinander konkurrieren. Kleine Firmen werden auf jene Randbereiche beschränkt bleiben, wo die Beschäftigungslage unsicher ist und die Löhne niedrig sind. Es wird schwierig sein, in diesen großen Firmen eine Stellung zu bekommen, die hauptsächlich von der qualifizierten Ausbildung des Bewerbers abhängt. Die großen Konzerne werden dazu neigen, nur junge Anfänger einzustellen und die Fortbildung selbst zu organisieren, so daß Menschen, die ihre Berufslaufbahn in kleinen Unternehmen beginnen, später keine Chance mehr haben, in größere überzuwechseln. Auch die höhere Bildung würde sich durch einen solchen Wechsel sehr verändern. Wenn wir eine Wirtschaft haben, die von großen Konzernen bestimmt wird, von denen jeder die lebenslange Anstellung praktiziert, werden diese Mammutunternehmen eigene technische und wissenschaftliche Fortbildungsprogramme, die auf die speziellen Bedürfnisse der Unternehmensgruppe zugeschnitten sind, für ihr Personal einrichten. Heutzutage verlassen sich die meisten Unternehmen darauf, daß wir selbst für unsere Ausbildung bezahlen, bevor wir eingestellt werden, zum einen, weil die Kosten für eine firmenspezifische Ausbildung als zu hoch angesehen werden, zum andern, weil sich die Arbeitnehmer ohne weiteres in einer anderen Firma einen besseren Job suchen können, nachdem die Konkurrenz ihre Ausbildung bezahlt hat. Doch wenn alle größeren Firmen nur auf der untersten Stufe Neueinstellungen vornehmen, kann ein ausgebildeter Arbeitnehmer seinen Arbeitgeber nicht einfach zugunsten einer anderen Firma verlassen (da ja keine erfahrenen Leute eingestellt werden), und so wird die Ausbildung von den Schulen auf die Konzerne übergehen.

Automatische Autobahnen und Flitterwochen auf dem Mond

JOHN P. THOMAS ist Leiter der Tourismusuntersuchungen am Hudson Institute, einer gemeinnützigen Einrichtung für Zukunftsforschung.

Prognosen

1982–1992

1. Luftverkehr

Zwischen 1982 und 1985 werden leistungsfähigere Unterschalldüsenflugzeuge gebaut, die 500 Passagiere befördern können. Ungefähr 1990 befördert die zweite Generation der Ultraschalldüsenflugzeuge 300 Passagiere bei einer Geschwindigkeit von 3220 km/h. Ab 1990 befördern schwere Unterschallflugzeuge 500 bis 1000 Passagiere über eine Distanz von 16 000 km (z. B. Peking–London). Senkrechtstarter, wie Hubschrauber, und Flugzeuge mit kurzer Start- und Landestrecke, die nicht auf Flughäfen angewiesen sind, bewältigen den Stadt-Vorstadt- und City-Verkehr schon Ende der achtziger Jahre.

2. Automobile

Leichter und etwas kleiner als heute. Obwohl wir weiterhin hauptsächlich Otto- und Dieselmotoren benutzen, sind sie leistungsfähiger durch die Entwicklung einer elektronischen Zündung, neuer Brennstoffsysteme und besserer Kraftübertragung, besserer Reifen und Bremsen usw. Die Kosten steigen durch teureres Material, Elektronik und gesetzlich vorgeschriebene Sicherheitseinbauten. Elektrische Stadtautos sind zwischen 1985 und 1986 wahrscheinlich.

3. Treibstoffe

1985 ist Gasohol weit verbreitet. Alkohol ist 1985 auf Landmaschinen und andere Spezialfahrzeuge beschränkt. Ungefähr 1990 werden synthetische Treibstoffe (aus Schieferöl, Kohle usw.) begrenzt verwendet. Elektrizität wird begrenzt in Städten eingesetzt. In den achtziger Jahren wird mit Wasserstoff als Treibstoff experimentiert.

4. Autobahnen

1990 gibt es die ersten automatisierten Autobahnen im Experimentierstadium. Alle Fahrzeuge, die diese Straßen benutzen, werden zentral gesteuert, was eine größere Verkehrsdichte und -geschwindigkeit ermöglicht.

5. Öffentliches Verkehrswesen

Schwungradbusse für den Einsatz in der Stadt. Das Schwungrad wird mit hohen Geschwindigkeiten (10 000 U/min) und hoher Energie betrieben, um die Busse anzutreiben. Der Bremsvorgang leitet Energie zurück ins Schwungrad. Ungefähr alle drei Minuten werden die Räder mit Elektrizität über einen Stromabnehmer wieder auf Geschwindigkeit gebracht; 60 bis 90 Sekunden dauert eine Wiederaufladung. Ungefähr 1990 ist der Busverkehr frei von umweltverschmutzenden Faktoren. Hochgeschwindigkeitszüge (320 km/h) verkehren zwischen Ballungsräumen.

6. Reiseverkehr

Reservierungen über Heimcomputer für alles, was zu einer Reise gehört, zwischen 1985 und 1990. Fahrkarten werden überflüssig. Das Gepäck wird bei der Ankunft am Flughafen direkt vom Auto aus aufgegeben; die Kreditkarte fungiert als Schlüssel für den Warteraum. Sitzplätze werden bei der Reservierung zugeteilt. Gepäck wird ins Zielhotel gebracht und im reservierten Zimmer bereitgestellt. Reisen wird sehr einfach und viel nervenschonender sein. Internationale Reisen angenehmer durch Vereinfachungen oder Wegfall der Zollformalitäten und beschleunigte Passagier- und Gepäckabfertigung.

2000 und danach

1. Luftverkehr

Die dritte Generation von Ultraschalldüsenflugzeugen befördert bei einer Geschwindigkeit von 4000–5000 km/h 500 Passagiere über eine Entfernung von 16 000 km. Um 2020 tauchen Überschalltransportflugzeuge auf, die 200 Passagiere mit 9650 km/h befördern können. Ungefähr im Jahr 2000 setzen sich private Senkrechtstarter als Ergänzung zum Auto durch und ersetzen es vielleicht

2020 zum größten Teil. Zu hohe Kosten und andere Gründe könnten bis zum Jahr 2000 dem Privatbesitz an Fahrzeugen ein Ende bereiten. Vielleicht ist Ende dieses Jahrhunderts Leasing das Übliche.

2. Treibstoffe

Für Oberflächen- und Luftfahrzeuge, die nicht mit Elektrizität betrieben werden, ist Wasserstoff der Haupttreibstoff. Er ist unerschöpflich und sauber, sein Einsatz *die* Lösung des Energieproblems, und außerdem bringt er keine Umweltverschmutzung mit sich. Wasserstoff wird in großem Umfang auch für den Betrieb von Elektrizitätskraftwerken benutzt.

3. Reiseverkehr

Weltraumreisen zum Mond, zu Raumstationen und anderen Planeten wird für spätere Raumfähren selbstverständlich. Flitterwochen auf dem Mond oder auf interplanetarischen Urlaubsparadiesen sind vielleicht schon Anfang des nächsten Jahrhunderts die große Mode.

4. Öffentliches Verkehrswesen

Transkontinentale und interkontinentale Untergrundbahnen, die eine sehr hohe Beförderungskapazität (200 Fahrgäste pro Minute) haben und höchste Geschwindigkeiten (22 500 km/h) erreichen. Solche Systeme, die in Vakuumröhren installiert und elektromagnetisch angetrieben, in der Schwebe gehalten und gebremst werden, würden einen preiswerten transkontinentalen und interkontinentalen Berufsverkehr ermöglichen.

5. Autobahnen

Automatische Autobahnen sind weit verbreitet. Pkw, Lkw und andere Fahrzeuge begeben sich auf eine Auffahrtrampe, füttern ihren Zielort in den zentralen Autobahncomputer, werden automatisch in den Verkehrsstrom eingeschleust und zur Ausfahrtrampe dirigiert, die ihrem Bestimmungsort am nächsten liegen. Dann übernimmt der Fahrer. Die benötigte Energie wird von der Autobahn geliefert. Die heutigen Staus werden dann der Vergangenheit angehören, da solche Autobahnen eine wesentlich gesteigerte Verkehrsdichte und höhere Geschwindigkeiten verkraften können. Autounfälle kommen auf solchen Autobahnen nicht vor. Auf Zufahrtsstraßen und innerstädtischen Hauptverkehrsadern, besonders für den Berufsverkehr sehr nützlich.

Automobile und Treibstoffe der Zukunft

Automobile

1. Typ: Gasturbine

Vorzüge: Die reibungsarme, gleichmäßige Drehbewegung der Gasturbine ermöglicht – im Gegensatz zur Auf-und-ab-Bewegung der Kolben beim Standardautomotor von heute – einen glatteren, langlebigeren, praktisch wartungsfreien Betrieb. Außerdem ist sie eine einfachere Maschine mit wesentlich weniger beweglichen Teilen, sie ist leichter, weniger umweltbelastend und potentiell in der Lage, den Treibstoff um ein Drittel besser auszuwerten. Außer mit Benzin kann sie mit allen möglichen anderen Treibstoffen angetrieben werden – was es so gibt vom Parfum bis zum Pflanzenfett.

Vorgeschichte: Das Prinzip der Turbine, ein Propeller, durch den mit großem Druck ein Gas- oder Flüssigkeitsstrom gestoßen wird, ist schon seit Jahrhunderten bekannt. 1791 hat John Barber aus England einen Gasturbinenmotor patentieren lassen, der mit erhitzten, sich ausdehnenden Gasen betrieben wurde, doch erfolgreiche, kommerziell nutzbare Konstruktionen konnten erst im 20. Jahrhundert gebaut werden, als das Material entwickelt war, das der entstehenden hohen Betriebstemperatur widerstehen konnte. Während der letzten Jahrzehnte sind Versuche mit Turbo-Maschinen bei Lastwagen, Bussen und Autos unternommen worden.

Heutiger Entwicklungsstand: In den frühen sechziger Jahren baute Chrysler 50 Gasturbinenautos und übergab sie der Öffentlichkeit für Probefahrten. Obwohl das Fahrerecho positiv ausfiel, vereitelten Probleme, die damals auftraten und bis heute nicht gelöst werden konnten, die hochgeschraubten Produktionserwartungen. Der Apparat ist bei hohen Geschwindigkeiten am leistungsfähigsten, doch Autos müssen häufig mit niedrigen Geschwindigkeiten gefahren werden, was zu erhöhtem Treibstoffverbrauch führt. Der mit der Maschine verbundene hohe Geräuschpegel und die sehr heißen Auspuffgase sind lösbare Probleme, erhöhen jedoch die Kosten. Das Allerwichtigste bleibt die stetige hohe Betriebstemperatur, die zur Zeit noch extrem teures Material verlangt, was die Produktionskosten in die Höhe treibt. Neue Entwicklungen mit hitzebeständiger, preiswerter Keramik könnten der Gasturbine zum Durchbruch verhelfen.

Wann: 1985–1995

2. Typ: Dampfauto

Vorzüge: Da der Brennstoff für das Dampfauto in einer abgetrennten Kammer («externer Verbrennungsmotor») verbrannt wird, kann fast alles benutzt werden – sogar feste Brennstoffe, wie Kohle oder Holz, wenn es absolut notwendig sein sollte. Der Brennstoff wird kontinuierlich unter Druck verbrannt, was eine hohe Auswertung und damit wiederum geringere Umweltbelastung zur Folge hat. Ein hochentwickelter, optimal eingestellter Motor würde hauptsächlich harmlosen Wasserdampf, der unschädlich ist, ausstoßen und Kohlendioxid, was heute zwar noch kein Problem ist, aber in Zukunft eins werden kann. Das Dampfauto ist bei niedrigen Geschwindigkeiten leistungsstark, was Kupplung und Getriebe überflüssig macht. Im Leerlauf oder bei Geschwindigkeitsverringerung verbraucht er fast überhaupt keinen Brennstoff. Die Fahrt selbst ist weich und leise.

Vorgeschichte: Die erste pferdelose Kutsche mit Eigenantrieb scheint von Dampf angetrieben worden zu sein. 1769 entwarf und konstruierte der französische Offizier N. J. Cugnot ein dampfbetriebenes Gefährt, das vier Passagiere mit der berauschenden Geschwindigkeit von 3,6 km/h befördern konnte. Über hundert Jahre lang war Dampf die wesentliche Antriebskraft für Eisenbahnen und Schiffe. Seit der Jahrhundertwende bis Mitte der zwanziger Jahre lagen dampfgetriebene Wagen und Busse Kopf an Kopf mit Benzin- und Elektrizitätsautos in einem Rennen um die Vorherrschaft. 1906 war der Stanley-Dampfwagen das schnellste Automobil der Welt mit einer Höchstgeschwindigkeit von 205 km/h. Doch die Dampfautos und Elektrokarren hatten das Nachsehen gegenüber den preiswerteren und zuverlässigeren Verbrennungsmotoren. Die heutigen Probleme mit der Ölversorgung und Luftverschmutzung haben das Interesse an diesen und anderen Alternativen zum Benzinmotor neu belebt.

Heutiger Entwicklungsstand: In letzter Zeit sind viele Versuchsmodelle gebaut worden. Alle sind aus mehreren getrennten Einheiten zusammengesetzt, daher sind sie komplex, kostspielig und voller Betriebsprobleme, zum Beispiel schlechte Verbrennungswerte, die noch beseitigt werden müssen.

Wann: 1990–2000

3. Typ: Elektrokraftwagen (EKW)

Vorzüge: Der EKW benutzt gespeicherte Elektrizität als Antriebsenergie, was einen schnellen Start, leisen, zuverlässigen Betrieb, Haltbarkeit und keinen Energieverbrauch im Leerlauf bedeutet. Dieser Ansatz ist auch deshalb interessant, weil Batterien an Energiequellen aufgeladen werden können, die ansonsten heutzutage für den Verkehr nicht verwendbar sind, wie Atom- und Sonnenenergie und Wasserkraftelektrizität. Der EKW ist umweltfreundlich: Das stimmt zwar für das Fahrzeug selbst. Die Frage ist nur, ob man die Umweltprobleme dabei nicht einfach auf die Elektrizitätsgewinnung verlagert.

Vorgeschichte: Der elektrische Wagen war der erste, der die Meile in einer Minute zurücklegte. Sein Ursprung kann bis in die Zeit um 1800 zurückverfolgt werden. Damals erfand Alessandro Volta ein Gerät, das einen stetigen elektrischen Strom erzeugen konnte; das war seine galvanische Säule, ein Vorläufer unserer heutigen vollständig wiederaufladbaren Naßzellen-Batterie. Der erste EKW wurde vor langen Zeiten im Jahr 1839 von dem Schotten Robert Anderson ein halbes Jahrhundert vor einem vergleichbaren benzingetriebenen Wagen gebaut. Gegen Ende des 19. und bis weit hinein ins 20. Jahrhundert wurden Tausende von EKWs gebaut und benutzt. Doch wie das Dampfauto, verlor auch der EKW gegenüber den benzingetriebenen Wagen schnell an Boden.

Heutiger Entwicklungsstand: Der EKW blieb von 1930 bis 1960 in der Versenkung. Zwei Krisen erweckten ihn zu neuem Leben – Umweltverschmutzung in den sechziger und Treibstoffengpässe in den siebziger Jahren. Zur Zeit stellen Dutzende von Firmen sowohl komplette EKWs und Transformatoren her, die bei einer Geschwindigkeit von 50 bis 80 km/h eine Strecke von 80 bis 113 km (je schneller das Tempo, um so kürzer die Distanz) schaffen, wonach der EKW sechs bis acht Stunden lang außer Betrieb ist, während seine Batterien wieder aufgeladen werden. (Schneller Austausch der gesamten Anlage gegen aufgeladene «Batterien» ist zu einem künftigen Zeitpunkt eine wahrscheinliche Entwicklung, falls keine zufriedenstellende 10-Minuten-Aufladung erfunden werden kann.) Bei den heutigen Modellen machen allein die ein bis zwei Dutzend benötigten Blei-Säure-Batterien die Hälfte des Gewichts aus. Die meisten EKWs sind klein und leicht und können sich leider nur unter Gefahr zwischen die heutigen Autos in den schnellen Verkehr begeben. Zusammengefaßt heißt das, die heutigen Modelle zeigen weniger Leistung zu höheren Kosten. Hinzu kommt, daß die Batterien alle zwei bis drei Jahre zu einem Preis von über DM 2000 ersetzt werden müssen. Trotzdem erlischt das Interesse an den EKWs wegen ihrer einzigartigen Vorzüge nicht. Neue Batterien, die jetzt noch im Versuchsstadium sind, sollen Geschwindigkeit und Reichweite der heutigen EKWs mehr als verdoppeln.

Wann: 1985–2000. Die amerikanischen Behörden schätzen, daß Ende des Jahrhunderts drei bis vier Millionen EKWs auf den Straßen rollen.

Treibstoffe der Zukunft

Hintergrund: Niemand kann den genauen Zeitpunkt bestimmen, an dem unsere Ölreserven aufgebraucht sein werden. Es wird nicht so bald sein, und es wird nicht alles auf einmal passieren – aber der

Tag wird kommen. Wir sollten uns entschieden darauf vorbereiten. Selbst das Dampfauto und die Gasturbine funktionieren nur mit irgendeinem brennbaren Material. Der einzige Treibstoff, der heute nicht aus Öl gewonnen wird, ist Äthanol, ein Alkohol, der aus erneuerbaren Quellen wie Getreide, Zuckerrohr, Zuckerrüben und fast allen Pflanzen, die Stärke enthalten, gewonnen werden kann. Auch aus Kohle, von der es noch genügend Reserven gibt, kann er hergestellt werden. Die heutige Forschung sieht noch eine Reihe weiterer Möglichkeiten.

1. Typ: Synthetische Treibstoffe

Die Umwandlung von Kohle und Schieferöl in synthetisches Rohöl ist eine der vielversprechendsten Möglichkeiten, denn die Vorkommen sind reichlich, und die Technologie für die Umwandlung ist schon vorhanden. Ein weiterer Grund ist, daß synthetisches Benzin (obwohl es einen höheren Reinheitsgrad hat) dem natürlichen Rohöl gleicht, was den Vertrieb und die Nutzung vereinfacht. Doch die Förderung ist kostspielig, erfordert eine gewaltige Ausrüstung und zieht eigene Umweltprobleme nach sich. Jedes aus Schiefer gewonnene Barrel Öl macht es zum Beispiel erforderlich, 1,5 Tonnen Gestein abzubauen und zu bearbeiten, außerdem benötigt man riesige Wassermengen. Mehrere Versuchsanlagen sind in den USA gebaut worden, und ein Programm zur weiteren Entwicklung dieses Wegs ist Teil des Energieprogramms der amerikanischen Regierung. Vielleicht können neue Förderungsprozesse entwickelt werden, die die Umwelt weniger belasten.

Wann: 1985–1995

2. Typ: Methan

Ein weiterer Treibstoff, der aus Kohle hergestellt werden kann, ist Methan, ein Gas. Zwar ist der Verbrennungsprozeß sauberer, und es hat eine höhere Energiedichte auf Massenbasis als Benzin, doch, wie bei allen anderen gasförmigen Treibstoffen auch, bringt die Aufbewahrung im Fahrzeug und die begrenzte Energieleistung Probleme mit sich, die die kraftfahrzeugtechnische Ausnutzung von Methangas einschränken. Es gibt jedoch Beispiele für die Anwendung gasförmiger Brennstoffe; Erdgas und Propan werden seit einigen Jahren für Antriebszwecke genutzt. Methan kommt außerdem als Abfallprodukt in Kohlebergwerken vor, auch kann es aus verschiedenen landwirtschaftlichen und sonstigen Abfallprodukten hergestellt werden.

Wann: 1990–2000

3. Typ: Wasserstoff

Schließlich gibt es noch Wasserstoff, ebenfalls ein Gas, das sich vielleicht als der ideale Brennstoff herausstellen wird. In seiner flüssigen Form hat es die zweieinhalbfache Energiedichte von Benzin und erzeugt hauptsächlich Wasser als Rückstand. Doch seine Aufbewahrung, besonders im Auto, bringt riesige Probleme mit sich. Einige Gase, wie Propan, verflüssigen sich schnell unter Druck. Um Wasserstoff zu verflüssigen, benötigt man eine Temperatur von über –250° C! Zur Zeit braucht man zur Unterbringung einer bestimmten Menge von Wasserstoff einen fast doppelt so schweren thermosflaschenähnlichen Tank. Eine Alternative, an der jetzt gearbeitet wird, ist die Lagerung des Wasserstoffs als Metallhybrid. Dies geschieht in einer Art Kiste mit Metallschwammstruktur, die selbst schon ungefähr 140 kg wiegt und 50 Prozent mehr Platz einnimmt als ein Benzintank mit entsprechendem Fassungsvermögen. Vielleicht findet man noch eine bessere Methode. Als Gas kann Wasserstoff durch die heutigen Erdgasrohre, wenn dieser Brennstoff aufgebraucht ist, transportiert werden. Doch das wichtigste ist vielleicht, daß Wasserstoff aus Wasser gewonnen wird, wovon es faktisch unbegrenzte Vorräte gibt. Atom- oder Sonnenkraft könnte die für das Zerlegen des Wassers in seine Bestandteile Sauerstoff und Wasserstoff notwendige hohe Energie liefern. Oder vielleicht wird eine Art photosynthetischer Prozeß entwickelt, der diese Arbeit leicht und billig erledigt.

Wann: 2000 und danach.

ABER . . . bis dahin haben wir vielleicht schon Autos, die direkt von Sonnen- oder Atomenergie oder Schwarzen Löchern oder Antimaterie oder . . . angetrieben werden.

hh

Robotik

ALAN THOMPSON ist Herausgeber der Zeitschrift *Robotics Age*, die vierteljährlich erscheint und sich der Robotikwissenschaft widmet. Thompson promovierte am Massachusetts Institute of Technology in Physik und Mathematik. Vor Gründung von *Robotics Age* war Thompson ein Mitglied des NASA Robotics Research Program des California Institute of Technology.

Prognosen

Es ist äußerst schwierig, technische Entwicklungen auf ein bestimmtes Datum festzulegen, denn die Variablen, die den Fortschritt beeinflussen, sind zahlreich. Die Menge der verfügbaren Forschungsgelder, wechselnde ökonomische Sachzwänge und besonders die unberechenbaren Geistesblitze auf seiten des einzelnen Forschers sind allesamt wichtige Faktoren für jeden Erfolg. Darum werde ich meine Ausführungen an bestimmten Stellen mit einer Schätzung über den Grad an Forschungsbemühungen hinterlegen, der nötig sein wird, um spezielle Ergebnisse zu erhalten.

Eine leicht zu stellende Prognose ist, daß die frühen achtziger Jahre einen starken Zuwachs an Robotern im Freizeitbereich erleben werden. Als direkte Auswirkung der heutigen Mikrocomputer-Revolution werden die Menschen entdecken, daß es viel lohnender ist, selbst mit Robotern zu experimentieren als nur die Computerspiele zu bedienen. Dieses Interesse wird von einer wachsenden Anzahl von Bausätzen für Roboter und verwandten Produkten befriedigt werden, wobei das technische Wissen des Berufsforschers auf den Amateur übergehen wird, wie es schon bei den Mikrocomputern geschehen ist.

Die frühen Hobby-Roboter werden zwar in erster Linie Spielzeug sein, neue technische Ergebnisse können jedoch schnell übernommen werden und zu immer raffinierteren Fähigkeiten der Heimroboter führen. Der Preiswettbewerb bei intelligenten Robotern wird die Entwicklung von Robotern fördern, die Arbeiten im Haushalt erledigen können. Mitte der achtziger Jahre sollten selbstgebaute Roboter in der Lage sein, Papierkörbe zu leeren, staubzusaugen u. ä. Doch serienmäßig hergestellte Robotergeräte für den technisch nicht interessierten Verbraucher werden wahrscheinlich erst sehr viel später auf den Markt kommen.

Die Forschung auf dem Gebiet der Robotik und «künstlichen Intelligenz» wird Mitte der achtziger Jahre einen gewaltigen Aufschwung nehmen. Computerprogramme, die auf bestimmte Bereiche spezialisiert sind, werden routinemäßig von medizinischen, juristischen und anderen Berufsgruppen eingesetzt. Diese Computer kommunizieren mit ihren Benutzern in ausgedrucktem Englisch oder anderen Sprachen. Nach weiteren Bemühungen könnten Entwicklungen in spezialisierten Techniken und Computerhardware zu Forschungsrobotern führen, die über ein ausreichendes Sehvermögen verfügen, um verschiedene Fertigungs- und Haushaltsarbeiten zu erledigen, die bisher nicht automatisiert werden konnten. Es ist möglich, daß Ende der achtziger Jahre Roboter mit ihren Besitzern in normalen gesprochenen Sätzen kommunizieren können (ohne Pausen zwischen den einzelnen Wörtern).

In der Industrie werden die Roboter weiterhin Menschen bei

gefährlichen, stumpfsinnigen oder aus anderen Gründen unbeliebten Arbeiten ersetzen. Ende der achtziger Jahre werden fast alle Montage- und Fließbandarbeiten von Robotern ausgeführt. Die durch Roboter gesteigerte Produktivität wird sich als inflationshemmender Faktor unserer Wirtschaft erweisen. Entgegen den üblichen Vorstellungen wird sich die verstärkte Automation jedoch nicht in Arbeitslosigkeit niederschlagen. Sinkende Produktionskosten werden auf vielen Gebieten eine ständige Expansion und eine Steigerung des Lebensstandards erlauben (unter der Voraussetzung, daß die Wirtschaft sich weiterhin frei entfaltet und auf diese Veränderungen reagieren kann).

Im Zeitabschnitt zwischen 1995 und der Jahrhundertwende wird der Roboter vielleicht zu einem alltäglichen Gebrauchsgegenstand ausgereift sein. Zusätzlich zu seiner Verwendung als Diener wird der Haushaltsroboter an andere Computer angeschlossen sein, die über gewaltige informationsverarbeitende Möglichkeiten verfügen und auch als praktisch unerschöpfliche Informationsquelle zur Verfügung stehen.

Die Erschließung des Weltraums auf der Suche nach Bodenschätzen und Lebensraum wird durch den Einsatz von Robotern ermöglicht. Industrieanlagen im Erdorbit, die hauptsächlich von Robotern errichtet werden, bieten zahllose neue Möglichkeiten und versorgen die Erde mit faktisch unbegrenzter Sonnenenergie. Schließlich werden sogar «sich selbst reproduzierende» Roboterfabriken zu anderen Planeten geschickt, um dort eine eigenständige Wirtschaft zu errichten, bevor der erste menschliche Siedler seinen Fuß auf den Planeten setzt. Diese Anlagen werden aus Robotern bestehen, die erstens sich selbst reproduzieren können und zweitens in der Lage sind, Automaten zu bauen, die die für menschliches Leben notwendigen Materialien und Lebensräume herstellen können, wobei die auf dem Planeten vorhandenen Baustoffe benutzt werden.

Die Aussicht auf das Erscheinen intelligenter Maschinen beschwört unweigerlich das beliebte Thema der Science-fiction herauf, daß der menschliche Erfinder und Konstrukteur die Kontrolle über sein denkfähig gewordenes, mechanisches Produkt verliert, was meist katastrophale Folgen nach sich zieht. Um es einmal klarzustellen: Keine denkbaren «Robotikgesetze» können die Bedrohung durch Roboter ausschließen, die ursprünglich als Waffen programmiert wurden. (Das beste Beispiel sind die Cruise Missiles.) Es muß jedoch darauf hingewiesen werden: Wenn ein Roboter oder Computer mit der menschlichen vergleichbare, schöpferische Intelligenz (statt ausschließlich programmiertes Verhalten, das Teile menschlicher Intelligenz nachahmt, zu wiederholen) erreicht, dann hat eine solche Maschine immer noch keine Möglichkeit, sich auf Werte zu beziehen, die nicht in ihrem Programm enthalten sind.

Eine intelligente Maschine ist eben kein Vernunftwesen: Menschen anzugreifen oder zu beschützen muß man ihr zuerst einprogrammieren. Und da ist die Möglichkeit des Mißbrauchs schon naheliegend und aus diesem Grund der Einbau von angemessenen Sicherheitsvorkehrungen unbedingt notwendig.

Ein neues Kapitel im Verlagswesen

JOHN CHAMPLAIN GARDNER war einer der begabtesten und originellsten Schriftsteller Amerikas. Seine bekanntesten Romane sind *‹Oktoberlicht›* und *‹Der Ruhestörer oder Gespräche mit dem Sonnenmann›*. Er ist 1982 gestorben.

Seit Jahren schon wird der Tod des Romans und der Literatur im allgemeinen vorausgesagt, weil, so sagt man, die Kunst des Schreibens vom Fernsehen und ähnlichem verdrängt wird. Aber das stimmt nicht. Es wird immer Menschen geben, die besonders die Musik lieben, andere, die besonders die bildenden Künste lieben, und wieder andere, die das Kegeln lieben. Und da Film und Fernsehen sich von geschriebenen Geschichten völlig unterscheiden – sie sind anders aufgebaut und werden auf eine ganz eigene, völlig andere Weise genossen –, wird die Literatur lebendig bleiben, solange es menschliche Wesen gibt. Was ganz sicherlich innerhalb der nächsten Generation geschehen wird, ist, daß die Menschen, die lieber Filme anschauen als Bücher lesen, viel mehr Möglichkeiten dazu haben werden. Es wird Videokassetten geben, mit denen man sich – wie heute eine Schallplattensammlung – dann eine eigene Videothek anlegen kann. Noch in den achtziger Jahren wird die Video-Disc- und Kassettenindustrie rasch anwachsen, und die Buchverlage werden gezwungen sein, sich ihr wahres und naturgemäßes Publikum, eben das lesende Publikum, heranzuziehen, es auf eine vollkommen neuartige Weise aufzuspüren und es mit neuartigen Vertriebsmethoden zu erreichen.

Eine Folge wird nach meiner Einschätzung ein Boom der von Kindern geschriebenen Kinderliteratur sein. In den achtziger Jahren werden diese Kinderautoren Verleger finden, und obwohl der größte Teil ihrer Leserschaft andere Kinder sein werden, nehmen auch die Erwachsenen ihr Werk allmählich ernst. Die zahllosen Kinderbuchwissenschaftler, die die Kinderliteratur erforschen, werden feststellen, daß Kinderautoren eine eigene Art von Genie besitzen und lohnende Studienobjekte abgeben, nicht nur weil es interessante Kinder, sondern ernst zu nehmende Schriftsteller sind. Auf diese Weise werden Kinder allmählich als vollgültige Menschen anerkannt, und ihre Ideen und ihre Klagen werden Teil der allgemeinen sozialen Kultur.

Der heutige Aufschwung der Frauenliteratur wird sich fortsetzen, und das Interesse der Verleger an Minderheiten wird bedeutend zunehmen. Bei so viel spezialisierter Literatur wird das Verlagswesen auch immer spezialisierter werden. Neue Buchgemeinschaften werden hier aushelfen: Buchklubs, die nicht nur Bestseller, sondern alle Arten von Büchern anbieten – häufig Bücher, die auf Subskriptionsbasis hergestellt werden: Anstatt riesige Auflagen zu drucken, für die dann Lagerkosten gezahlt werden müssen, verkaufen die Verlage Subskriptionen über Zeitschriften u. ä., stellen die Druckplatten her und produzieren computergesteuert die erforderlichen Exemplare. Ergebnis: ein reichhaltigeres Angebot, aus dem man auswählen kann.

Doch zu alledem gibt es auch eine düstere Seite. Während mehr und mehr Bücher von Kleinverlagen herausgebracht werden, verschärft sich die Konkurrenz zwischen denjenigen Verlagen, die nur am Profit interessiert sind und immer mehr dazu übergehen, Pseudobücher auf den Markt zu werfen, das heißt Bücher, die von Spezialistenteams auf Grund von Marktuntersuchungen verfaßt werden. So wie schon die Plattenindustrie Pseudorockgruppen, wie die Monkees, erfand, um wirklichen Gruppen, wie den Beatles, Konkurrenz zu machen, werden die Buchverleger Pseudoschriftsteller erfinden, das heißt Teamschreiberprodukte ohne dauernden Wert. Doch bis zum Jahr 2000 wird dieses Geschäft völlig ruiniert sein. Die Pseudobücher werden von Film und Fernsehen aus dem Feld geschlagen worden sein, da sie von Anfang an gar nicht für wirkliche Leser bestimmt waren, und die wirklichen Leser mögen zuerst darauf hereinfallen, doch schließlich werden sie dagegen rebellieren.

Doch der größte Aufschwung, den das Verlagswesen zwischen heute und dem Jahr 2000 erleben wird, ereignet sich auf dem Gebiet der Science-fiction oder der Spekulativen Fiktion – Wissenschaft, Fantasy usw. Kinder, Frauen und Minderheiten werden dabei eine große Rolle spielen, hauptsächlich wird der Wechsel durch das steigende Ansehen dieser Gattung hervorgerufen. Zur Zeit gibt es eine ganze Reihe ernst zu nehmender Künstler, nicht nur irgendwelche Schreiberlinge, die sich der spekulativen Literatur verschrieben haben. Doch gelten sie immer als zweitrangig. Ein Grundgesetz der amerikanischen Literatur war aber schon immer die Höherentwicklung von primitiven Formen in ernste Kunstgattungen. (Man braucht sich nur einmal die Entwicklung der Jazzmusik vor Augen führen, die als niedrige Form ihren Ursprung nahm und heute in den ernsthaften amerikanischen Kompositionen dominiert.)

All diesem liegt die Tatsache zugrunde, daß große Verlage sich nicht mit Literatur abgeben können, die unter einer Verkaufsziffer von 10 000 Exemplaren pro Auflage bleibt, wohingegen Kleinverlage schon mit 3000 bis 10 000 verkauften Exemplaren Profit machen (unter anderem entstehen weit weniger Lagerkosten). So bleiben die kleinen Verlage in unserer sich ständig wandelnden Welt überlebensfähig, wie Darwin sagen würde, während die großen Verlage durch ihre eigene Masse immer schwerfälliger werden. Die besten Autoren der Kleinverlage werden bei den Großverlagen unterkommen und weite Verbreitung finden, doch die kommerziellen Auswahlkriterien, die die großen Verlage eine Literaturart wählen lassen und die andere nicht, werden keine Gültigkeit mehr haben. Die Auswahl wird zum großen Teil von kleinen Verlagen getroffen werden, und das kann der Literatur nur guttun.

Future Pop

CHARLIE GILLETT ist der Verfasser des Buches ‹*The Sound of the City*› (ebenso deutsch), einer Geschichte der Popmusik von 1950 bis 1970. Er ist Miteigentümer einer kleinen Plattenfirma.

Prognosen

1982–1992

Der Aufstieg und Fall der großen Plattenfirmen wird sich beschleunigen und einem losen Netz kleiner örtlicher Labels, die den Geschmack und die Inspiration ihrer Besitzer widerspiegeln, Platz machen. Diese kleineren Firmen werden insbesondere die Musik ausfindig machen, die die junge Hörerschaft interessiert und begeistert, so wie Punk und New Wave es Ende der siebziger Jahre in England konnten. Zur Zeit werden solche Labels und Gruppen von konservativen Programmdirektoren beim Rundfunk abgeblockt. Die Neulinge werden dieses Medium umgehen müssen, indem sie Videos herstellen, die im Kabelfernsehen gezeigt werden können und die die Jugendlichen kaufen, deren Eltern zu Hause ein Videogerät stehen haben.

Mit Video als der hauptsächlichsten Darstellungsform neuer Musik wird sich eine ganz andere Art von Musiker entwickeln, der über Kenntnisse in Malerei, Theater, Schauspiel und Design verfügt und der Synthesizers und Rhythmusmaschinen einzusetzen versteht, die viel Vorausberechnung, aber keine große Fingerfertigkeit verlangen. Die Gitarre, die Mitte der fünfziger Jahre in den Vordergrund rückte und in den stadionfüllenden Bands dominierte, wird als altertümliches Instrument der Popmusik in der Versenkung verschwinden und dem etwas roboterhaften, aber sehr melodischen Klang der Synthesizer Platz machen.

Seit eh und je werden die größten Durchbrüche in der Popmusik von zuvor unbekannten Künstlern erzielt; daher wäre es ziemlich verrückt, wenn man jetzt versuchen wollte, die Stars zu benennen, die es in fünf Jahren geben wird. Es zeichnet sich jedoch schon ab, daß gewisse Musiker eine frühe Wende zum Pop der Zukunft vollzogen haben, hervorzuheben sind darunter Sly Stone (schon 1967), David Bowie und Donna Summers Produzent, Giorgio Moroder. 1980 war England das Land, in dem experimentelle Gruppen die beste Chance hatten, finanziell zu überleben, während sie neue Stilrichtungen prägten. An der Spitze lagen Gary Numan (der die Hitlisten mit *Are Friends Electric?* und *Cars* anführte), The Buggles (deren *Video Killed the Radio Star* mit sehr viel mehr Witz und Flair, als der Schreiber dieser Zeilen es je auf einer Schreibmaschine zuwege bringen könnte, die gemeinsamen Zukunftsvorstellungen ausdrückt) und New Music (*Living by Numbers* war ein weiterer scharfsinniger Kommentar über unser zukünftiges Leben). Hinter der Bühne warten schon Orchestral Maneuvres in the Dark, The Human League und Ed Sirrs, die alle schon vielversprechende Platten herausgebracht haben. Es gibt sicherlich noch eine ganze Menge, die noch zu Hause mit ihren Tonbandgeräten arbeiten und deren Beweglichkeit ein wichtiges Element des Future Pop ausmacht. Es ist nicht länger erforderlich, sich in riesige Schulden zu stürzen, um eine Platte zu machen und sich dann nach einer großen Plattenfirma umzusehen, die den Künstler unter ihre Fittiche nimmt.

Aber zu guter Letzt müssen wir zugeben, daß Doris Day 1956 schon alles gesagt hat: Whatever will be, will be.

1993–2030

Die Tage, an denen noch Platten verkauft werden, sind schon gezählt. Der derzeitige Ablauf ist umständlich, mühsam und teuer: die Musiker übertragen ihre Klänge auf Tonband, jemand anders überträgt das Tonband auf Platte (oder Videoplatte), und dann folgt der ganze komplizierte Krampf, die Platten zu verteilen, zu verkaufen, die unverkauften Exemplare ins Lager zurückzuschicken . . .

Wir wissen, die Zukunft verheißt uns, daß die meisten Haushaltungen mit einem Informations- und Kommunikationszentrum, das an Büchereien, Videotheken, Fernsehstationen und das Telefonnetz angeschlossen ist, ausgerüstet sein werden. Musikern muß bei diesen Aussichten das Wasser im Mund zusammenlaufen: nachdem der Künstler sein Tape (Tonband oder Video) fertiggestellt hat, wird er eine Gebühr entrichten, damit seine Digitalaufnahme einer Musikothek einverleibt wird (die Höhe der Gebühr richtet sich danach, ob der Musiker sein Band örtlich, national oder international zugänglich machen will).

Der Verbraucher in seiner Wohnung braucht kein Radio und keine Platten mehr, denn er hat Zugang zu jeder Aufnahme, die je hergestellt und mit einer Codierung versehen wurde und die er hören kann, wenn er die richtige Zahlenkombination eingibt (das kostet auch eine Gebühr, von der ein Teil für Tantiemen an die Künstler gezahlt wird). Angesichts dieser fast grenzenlosen Auswahl benötigt der Verbraucher Hilfe und Rat, zu diesem Zweck wird ein neuartiger Programmberater zur Verfügung stehen, der dem Verbraucher auf Wunsch ein passendes Musikprogramm zusammenstellen wird – gegen Gebühr, versteht sich. Es wird zu den Aufgaben der Musiker gehören, die der Musikothek ein neues Stück hinzufügen, die Aufmerksamkeit eines der neuen Programmberater zu erregen: Bestechungsgelder werden also in der Zukunft der Popmusik eine genauso große Rolle wie in der Vergangenheit spielen.

In dieser neuen Welt, in der so viel neue Musik erdacht und in Verbindung mit Video aufgenommen werden wird, hat da der Live-Auftritt noch einen Platz? So für sich genommen, kann diese Frage nicht beantwortet werden. Wird es dann noch Theater, Tanzlokale oder irgendwelche öffentlichen Vorführungen geben? Oder wird sich die Gesellschaft am Ende, da sie es aus Furcht vor Straßenbanden nicht mehr wagt, abends auszugehen, in die isolierte Abendunterhaltung in den eigenen vier Wänden zurückziehen?

Falls die westliche Zivilisation in dieser Form egozentrischer Paranoia versinkt, wird die Musik der Zukunft ihren Platz sicherlich woanders finden, höchstwahrscheinlich in der Dritten Welt, wo Musik eine viel grundlegendere Rolle in öffentlichen Zeremonien spielt und wo der mitreißende Rhythmus sich noch mindestens die nächsten 50 Jahre halten wird.

Die Pharmaka der Zukunft: sieben Wunderdrogen, die uns bevorstehen

1. Endorphine: «natürliches» Morphium?

Das Wort Endorphin ist aus den Wörtern endogen und Morphium zusammengesetzt – endogen bedeutet «körpereigen». Die Entdeckung der Endorphine im Jahr 1975 könnte sich als die größte medizinische Errungenschaft seit den Antibiotika herausstellen. Endorphine sind Hormone, die in der Hirnanhangdrüse gebildet werden. Einige können Schmerzen lindern und einen Zustand der Euphorie erzeugen, während andere genau das Gegenteil bewirken. Interessanterweise leben die Feten in der Gebärmutter in einer konzentrierten Endorphinumwelt. Die synthetische Herstellung von schmerzstillenden Endorphinen könnte zu einer wahren Wunderdroge führen – zu einem keine Sucht erzeugenden Opiat. Das Sandoz-Labor hat eins dieser Pharmaka getestet – FK-33824 –, und auch Eli Lilly arbeitet an einer Droge – LY-127623. Unglücklicherweise rufen diese Medikamente doch eine Art von Abhängigkeit hervor, doch nicht so stark wie Morphium. DTA, ein Schmerzmittel, das wahrscheinlich völlig harmlos ist, wurde von Seymour Ehrenpreis von der Chicago Medical School entdeckt. Im Unterschied zu den synthetischen Endorphinen stimuliert DTA sehr behutsam den körpereigenen Endorphinvorrat und scheint keine Unverträglichkeiten hervorzurufen. Gamma-Endorphine, die Gattung der Endorphine, die die Schmerzgefühle *verstärken,* werden mit beträchtlichem Erfolg im Rudolph Magnus Institut in den Niederlanden bei der Behandlung der Schizophrenie eingesetzt.

2. ACTH – Gedächtnisdroge als «natürliches» Kokain?

ACTH (adrenocorticotrophes Hormon) ist ein weiteres Produkt der Hirnanhangdrüse, doch mit stark anregender Wirkung, wie nach Kokaineinnahme. Es erzeugt nicht nur Euphorie und erhöht die Motivation, sondern beseitigt Gedächtnisschwächen bis hin zur Heilung von Amnesie, und es verstärkt den Grad der Aufmerksamkeit. Eine synthetische Version des ACTH wird in Europa von dem niederländischen Pharma-Konzern Organon auf dem Markt angeboten, für die USA ist es jedoch noch nicht freigegeben worden.

3. Vasopressin – und noch etwas besser!

Vasopressin, ein weiteres Hormon der Hirnanhangdrüse, wirkt ähnlich wie ACTH, besonders was die Auffrischung des Gedächtnisses angeht. Es besitzt jedoch noch einen zusätzlichen Vorzug: Bei regelmäßiger Einnahme kann es zu längeren und intensiveren Orgasmen kommen. Als er nach einem Weg suchte, die etwas unangenehmeren Nebenwirkungen des Medikaments aufzuheben, entdeckte der niederländische Forscher David de Weid, daß Vasopressin als Nasenspray seine beste Wirkung entfaltet. Vasopressin wird zur Zeit als Mittel gegen Gedächtnisschwäche bei senilen Patienten getestet.

4. LHR – das Superaphrodisiakum

LHR, auch eine Substanz der Hirnanhangdrüse, scheint erstaunliche Fähigkeiten zu besitzen. Anscheinend erhöht es die Anzahl der Spermien und stellt die männliche Zeugungskraft wieder her. In Großbritannien wird es jetzt an Freiwilligen getestet und vielleicht schon bald als Mittel gegen Impotenz erhältlich sein.

5. Nootropyl – die Kreativitätsdroge

Nootropyl ist ein in Europa hergestellter Intelligenzverstärker. Man nimmt an, daß er den Informationsfluß zwischen linker und rechter bzw. «rationaler» und «intuitiver» Gehirnhälfte unterstützt. Bisher wurde es nur an Ratten und Mäusen ausprobiert, doch bei Menschen scheint die Links-Rechts-Kommunikation des Gehirns die Kreativitätsblitze zu verursachen.

6. DOET – der nichtalkoholische Martini

Dr. Alexander Shulgin, der Erfinder von STP und MDA, hat wieder etwas entdeckt – DOET. Vielleicht hat er damit seine Suche nach einer Kurzzeitdroge, die den Verbraucher für ein oder zwei Stunden in den «magischen Augenblick» oder den «Eineinhalb-Martini-Zustand» versetzt, ohne übermäßige Trunkenheit oder Verwirrung zu erzeugen, erfolgreich abgeschlossen. «Zuerst», sagt Dr. Shulgin, «weiß man gar nicht so recht, was geschieht, nachdem man diese Substanzen eingenommen hat. Dann wird plötzlich alles ein wenig strahlender, die Unterhaltung entspannt sich, die Musik ist genau richtig, und allmählich fügt man sich in seine neue Umgebung ein. Es ist ein großartiges Gefühl.»

7. Der Beta-Blocker – eine Selbstbewußtseinspille

Ein Medikament gegen Lampenfieber? Gegen die Angst vorm Fliegen? Vielleicht sogar eine Erleichterung für Stotterer? All diese Wirkungen liegen für die «Beta-Rezeptoren blockierenden» Drogen – Drogen, die die Adrenalinwirkung durch ein Blockieren der «Beta-Rezeptoren» in unserem Körper verringern – im Bereich des Möglichen. Die Rezeptoren bringen das Adrenalin, das all die körperlichen Erregungssymptome wie erhöhten Pulsschlag und Herzklopfen und feuchte Hände verursacht, erst zur Wirkung. Einige der Beta-Blocker, die ansonsten bei Herzbeschwerden verschrieben werden, werden mehr und mehr – in winzigen Dosierungen – gegen Erregung eingesetzt. Beta-Blocker wurden bei Orchestermusikern und auch bei der Behandlung von Patienten eingesetzt, die den Unruhen in Nordirland ausgesetzt waren, für die Olympischen Spiele wurden sie jedoch verboten. Tatsächlich scheint dieses Medikament einige Nebenwirkungen hervorzurufen, und viele Ärzte scheuen sich, sie gegen Stress zu verschreiben.

aw

Die Gladiatoren des 21. Jahrhunderts

HARRY EDWARDS ist Fachmann für Sportsoziologie, Familie und Rassenbeziehungen. Er hat an zahlreichen Hochschulen und Universitäten gelehrt und hat die ganze Welt bereist. 1968 organisierte er das Olympische Projekt für die Menschenrechte, das für einen Schwarzen Boykott der Olympischen Spiele in Mexiko eintrat. Edwards lehrt Soziologie an der Universität von Kalifornien in Berkeley.

Prognosen

1982–1992

○ Die Bedeutung von Wissenschaft und Technik wird im Sport enorm ansteigen. Besonders in den sozialistischen Ländern und den entwickelten Nationen des Westens wird die Chemie- und Computertechnologie in Verbindung mit verbesserten Trainingsmethoden meist allmähliche, doch manchmal auch aufsehenerregende Erfolge in fast allen Disziplinen, was Zeit, Weite, Gewicht oder Höhe betrifft, erbringen.

○ Im Wettlauf um die Vorherrschaft im internationalen Sport werden die entwickelten westlichen Länder im allgemeinen immer weiter hinter die Länder des sozialistischen Lagers zurückfallen und den nachrückenden Völkern der Dritten Welt in bestimmten Sportarten, z. B. Mittelstrecken- und Langstreckenlauf und einigen Mannschaftssportarten wie Basketball und Volleyball, immer weniger entgegenzusetzen haben.

○ Die auffallendsten Entwicklungen werden sich im Frauensport zeigen. Wir können uns auf eine Angleichung der Leistungen von Frauen und Männern in Einzel- und Mannschaftssportarten gefaßt machen, wobei die Athletinnen aus westlichen Nationen ihr Leistungsniveau in fast allen Sportarten beträchtlich anheben werden.

Bis 1993

○ Das Interesse am Sport wird sich in der Hauptsache auf die Medien beschränken. Es wird Fernsehprogramme geben, die sich einzig und allein mit Sportereignissen, Persönlichkeiten des Sports, Sportnachrichten, Trainingsmethoden, Sportausrüstung, Sportmedizin befassen und sonst nichts: Sportschau total von morgens bis Mitternacht.

1993–2030

○ Prozesse, Urteile, Regeln, Gesetze werden den Sport in die Zange nehmen. Es wird zu einer «Verrechtlichung» dieser dann wohl nicht mehr schönsten Nebensache der Welt kommen. Gesetzgebung und richterliche Erlasse, die sich mit Themen wie Gewalt im Sport, Amateurstatus, Wirtschaftswerbung usw. befassen, werden ein solches Ausmaß angenommen haben, daß sie die Handlungsfreiheit von Vereinen, Verbänden, Ligen, Veranstaltern, Schiedsrichtern, Berichterstattern usw. empfindlich einschränken.
○ Großkonzerne, die nicht unbedingt direkt etwas mit der Sportindustrie zu tun haben müssen, werden die Profisportorganisationen größtenteils beherrschen, die Industrie als Ganzes wird fast die gesamten Trainingseinrichtungen und Unterstützungsfonds des Amateursports kontrollieren, soweit sie den staatlichen Bildungseinrichtungen angeschlossen sind.
○ Gegen Ende dieses Zeitabschnitts wird sich entweder eine radikal veränderte oder vollkommen neue Weltsportordnung gebildet haben, über die die multinationalen Konzerne des Westens und die sozialistischen Regierungen des Ostblocks direkten und beherrschenden Einfluß ausüben. In diesem erbarmungslosen Kampf um die Herrschaft über den internationalen Sport werden die Sportler beider Lager nur wenig mehr als «Gladiatoren des 21. Jahrhunderts» sein. Sie stellen die Fußsoldaten und das Kanonenfutter eines globalen Tauziehens auf sozialem, kulturellem und ideologischem Gebiet, das mit dem Pomp internationaler Sportwettkämpfe verschleiert wird.

3-D-Fernsehen und Vergnügungsinseln

IAN MILES ist Psychologe und Sozialwissenschaftler, der Zukunftsszenarios ausarbeitet, deren Grundlage Entwicklungen bilden, die sich in der heutigen Gesellschaft schon andeuten. Miles lehrt und forscht an der Universität von Sussex in England.

Prognosen

Mitte der achtziger Jahre

○ Leistungsfähigere Verkehrssysteme überwinden die Energieknappheit, und der Tourismus dehnt sich weiterhin in alle Regionen der Welt aus. In Afrika und Südasien entwickelt sich das große Geschäft mit dem Tourismus. Wegen der Probleme, die aus dem Zusammenprall verschiedener Kulturen entstehen, werden in den Reiseländern «Touristen-Enklaven» gebildet, die so eingerichtet sind, daß die Touristen vom Besuch sich entwickelnder oder noch unstabiler Gebiete abgehalten werden.

○ Erotische Kleidung wird bei Jugendlichen und wohlhabenden Schichten Mode. Der Gebrauch von Körperschminke, gefärbtem Haar und offensichtlichen Sexualsymbolen in der Aufmachung sind zwar nicht unbedingt weit verbreitet, doch gehört diese Erscheinung in fast allen großen Städten zum Straßenbild. Gegen Ende des Jahrhunderts könnten elektronische Vorrichtungen in die Bekleidung eingebaut sein, die Farbe, Muster und Kontur des Kleidungsstücks je nach Stimmung verändern.

○ Statische Hologramme – dreidimensionale Bilder – werden vor allem als Schmuck für Wände, Tische und Büroräume und für die Werbung usw. benutzt. Bewegliche Hologramme sind das 3-D-Fernsehen der neunziger Jahre, doch wird die Reichweite der Programme, die auf diese Weise gesendet werden, noch für lange Zeit sehr eingeschränkt bleiben, so daß dieses System noch keine weite Verbreitung finden wird.

Späte achtziger Jahre

○ In Erholungs- und Feriengebieten wird die Nostalgie im Stil restaurierter «Wildwest»-Städte betont; es gibt Gebiete, die der Zurschaustellung von Ereignissen und Symbolen des 20. Jahrhunderts vorbehalten sind. Zum Beispiel könnten Reisen in die Zeit Al Capones, zu berühmten Schlachtfeldern, in die Hippiekultur der sechziger Jahre usw. angeboten werden.

○ Elektronische Taschenbücher werden eingeführt. Kleine Kassetten, die große Informationsmengen speichern können, werden in ein Gerät, das wie ein Taschenrechner aussieht, eingelegt, woraufhin auf der kleinen Sichtscheibe «Seiten» erscheinen. Dieses Gerät könnte auch ans häusliche Computersystem angeschlossen werden – gegen Ende des Jahrhunderts überall vorhanden, um bestimmte Abschnitte zu überarbeiten und auszudrucken. Zum Beispiel können Romane dann individuell zugeschnitten werden, so daß der Leser der Held der Geschichte ist, oder – im Falle von Sachbüchern – die Person, die direkt angesprochen wird, und man kann sich den Text von einem Stimmensynthesizer vorlesen lassen.

Frühe neunziger Jahre

Die weite Verbreitung von Videogeräten führt zu Fragestellungen wie Verletzung der Privatsphäre, pornographische Videokassetten und die Ausnutzung dieser Technik durch Banden, politische Aktivisten und andere Dissidentengruppen, um ihre als bedrohlich und anstößig empfundenen Aktivitäten aufzunehmen, zu fördern und zu propagieren.

Mitte der neunziger Jahre

Neuerungen im Unterwassersport: «Düsen» zur Fortbewegung der Schwimmer, billige U-Boote für kurze Tauchfahrten, Bau von Einrichtungen – vielleicht auf vor der Küste gelegenen «Vergnügungsinseln» – für Trainings- und Klubaktivitäten.

Mitte der neunziger Jahre und später

Biofeedback-Schulung wird in der Vorbereitung auf den Sport eingesetzt. Die Sportler lernen damit, die Grenzen ihrer Fähigkeiten zu erkennen und auszudehnen. Diese Methode wird außerdem zur Verstärkung von Lustgefühlen (z. B. als Ersatz für Narkotika und zur Steigerung des Musikgenusses) und zur Erhöhung der Merk- und Lernfähigkeit angewandt.

Spätes 20. bis frühes 21. Jahrhundert

Weite Verbreitung von Hauscomputern als «Unterhaltungszentren» und zur zentralen Steuerung von Wärme und Beleuchtung der Wohnung, Gestaltung der Wände und Musikberieselung. Abgewandelte Systeme ermöglichen es, Musik, Fernsehen usw. dem eigenen Geschmack und den Wohnungsgegebenheiten anzupassen. «Kommunikationszentren» verbinden die Wohnung mit Musik-, Video- und herkömmlichen Bibliotheken, die in einigen städtischen Zentren eingerichtet werden.

2010 und später

Es macht sich bemerkbar, daß der Brennpunkt kulturellen Lebens sich aus den englischsprachigen Gegenden der Erde in andere Gebiete der Welt verlagert hat. Die englische Sprache wird durch andere kulturelle Einflüsse abgewandelt. In der Zwischenzeit hat eine Verbesserung der maschinellen Übersetzung und der Synchronisationstechnik dazu geführt, daß sich in Filmen, im Fernsehen, in Büchern und in der Musik eine viel größere kulturelle Vielfalt durchsetzt.

Die 20 reichsten Nationen des Jahres 2020 nach ihrem Bruttosozialprodukt

20 Jahre lang hat der in Frankreich ausgebildete Wirtschaftswissenschaftler Felix Fremont die Wirtschaftsstatistiken aller Länder verfolgt, die über stichhaltige Wachstumsdaten verfügen. Diese Statistiken existieren in Form des Bruttosozialprodukts (BSP), das den gesamten Marktwert aller Produkte und Dienstleistungen einer Nation in einem gegebenen Zeitraum umfaßt. Aus diesen Zahlen stellte Fremont folgende Voraussage zusammen. (Die Zahlen in Klammern zeigen die Stellung des jeweiligen Landes in der Rangliste des Jahres 1978.)

1. Vereinigte Staaten (1)
2. Sowjetunion (2)
3. Japan (3)
4. Bundesrepublik Deutschland (4)
5. Volksrepublik China (6)
6. Frankreich (5)
7. Großbritannien (7)
8. Indien (12)
9. Italien (8)
10. Mexiko (18)
11. Kanada (9)
12. Spanien (14)
13. Brasilien (10)
14. Iran (17)
15. Türkei (34)
16. Rumänien (22)
17. Polen (11)
18. Elfenbeinküste (70)
19. Korea (33)
20. Australien (13)

(Aus: Felix Fremont, ‹*World Markets of Tomorrow*›, London 1973)

Keine Heilung für Krebs, keine Wetterkontrolle, keine Siedlungen im Weltraum

HULEN B. WILLIAMS ist Dekan am College für Chemie und Physik an der Louisiana State University in Baton Rouge. Er hat mehrere Lehrbücher für physikalische Chemie auf dem Gebiet der Ökowissenschaften verfaßt und schreibt häufig für Fachzeitschriften der Chemiedidaktik, Geochemie und organischen Chemie.

Prognosen

1982–1992

Chemie

Die wichtigsten Fortschritte werden sich auf den Gebieten der Biochemie und der Mikrobiologie zeigen.

Viele Viruskrankheiten werden durch fundiertere Kenntnisse ihrer Biochemie und Struktur besiegt werden.

In diesem Zeitraum werden auch die wichtigsten Probleme, die mit der Arteriosklerose zusammenhängen, gelöst werden, die Stoffwechselkrankheiten, von denen man heute weiß, daß sie auf den Mangel an bestimmten Enzymen zurückzuführen sind, werden eingedämmt oder geheilt werden, allerdings entdeckt man neue Krankheiten.

Wichtige neue Entdeckungen werden auf dem Gebiet der Genmanipulation stattfinden, und bis weit ins 21. Jahrhundert hinein werden immer neue dazukommen. Spezifische Peptide und Proteine von großer biologischer Bedeutung werden «geschweißt» werden können.

Neue Technologien (Methoden und Ausrüstungen) werden zu großen Entdeckungen bei biochemischen Vorgängen (molekularbiologischen Prozessen) innerhalb der lebenden Zelle führen.

Medien

Es wird ein (wahrscheinlich tragbares) Fernseh-Radio-Telefongerät für einen beträchtlichen Teil der Bevölkerung geben, vielleicht mit den Rentenversicherungsnummern als «Telefon»-Nummer. Dieser Gebühren- oder Münzdienst wird vielerlei Möglichkeiten für Angebote bereithalten: Kataloginformationen, Meinungsforschung, Lernangebote, Bankverkehr und Steuereinziehung etc.

Computer

Bis 1990 wird das Verhältnis von Preis zu Leistung eines Computers auf ein Sechzehntel des heutigen Wertes gesunken sein. Das bedeutet, daß die Kosten der Hardware eines Computersystems fast vernachlässigt werden können. In vielen Fällen werden die Verbraucher die Computer-Hardware umsonst dazubekommen, wenn sie die Software eines Systems kaufen.

Die Entwicklung von Software ist ein arbeitsintensiver Vorgang, deshalb werden maßgeschneiderte Systeme sehr teuer sein. Dieses Problem wird durch einen großen Mangel an Computerspezialisten, besonders an solchen, die nach einem Grundstudium weiterstudieren, noch verschlimmert. Das Problem wird zu einem Teufelskreis, weil die meisten promovierten EDV-Spezialisten in die Wirtschaft gehen und damit den Vorrat an Lehrern für Computerspezialisten verringern.

Deutlicher wird sich für die breite Öffentlichkeit jedoch die fortschreitende Automation der Leistungs- und Fehlerdiagnose von Kraftfahrzeugen zeigen. Es wird Hauscomputer für Spiele, Ausbildung, Nachrichtenaustausch, Geräte, Energieanlagen, Sicherheitsanlagen, Post usw. geben.

Wirtschaft

Die Rolle des einzelnen wird immer unbedeutender. Die Industrie wird immer mehr sozialisiert werden. Man wird für Industriekredite immer mehr auf die Rentenfonds zurückgreifen. Einige oder alle Eisenbahnen, Bodenschätze, die Gesundheitsversorgung und der internationale Handel werden verstaatlicht. Arbeitsplatzbeschaffungsmaßnahmen oder Arbeitsplätze, die vom Staat subventioniert werden, nehmen beträchtlich zu.

Unterbringung

Reihenhäuser aus Eigentumswohnungen mit gebührenpflichtigem Zugang zu Unterhaltungs- (Schwimmbad, Spielräume, Kinos, Festräumlichkeiten) und Nahrungsdienstleistungsbetrieben (Herstellung und Zubereitung) werden die Regel sein. Werkswohnungen ähnlicher Art werden sich als Teil der Arbeitsvereinbarungen entwickeln, bei denen über die obengenannten Einrichtungen hinaus der Betrieb die Kosten für die Fahrt zur Arbeit übernimmt.

1993–2030

In dieser Zeit werden auf der Bildfläche erscheinen:

1. Einigermaßen autarke und eingefriedete landwirtschaftliche Gebiete.
2. Große Fortschritte bei der Süßwasserbewirtschaftung.
3. Wirksame Handhabung der Vergiftungs- und Abfallprobleme.
4. Kontrolle der Erdbeben durch «Schmieren» der Erdverwerfungen.
5. Neue Erklärungen für die Rotverschiebung des Lichts.
6. Heilung für einige Krebsarten.
7. Weitere, jetzt vielleicht noch unvorstellbare Entwicklungen in der Genmanipulation.
8. Eine fast vollständige Kontrolle über Viren und Viruskrankheiten.
9. Unter besonderer Berücksichtigung der Computertechnik ist die Grundlage für ein interessantes Phänomen gelegt worden,

das sich wahrscheinlich zu Beginn dieser Periode bemerkbar machen wird. Computer-Hardware wird so komplex und leistungsfähig sein, daß wir zunehmend Computersysteme einsetzen werden, die sich selbst programmieren. Forschung, die sich mit der Umwandlung menschlicher Sprache befaßt, wobei die Fähigkeit des Computers, unter menschlicher Anleitung eigene Programme zu entwickeln und zu testen, genutzt wird, tritt in das Stadium praktischer Nutzbarkeit. Auf lange Sicht bedeutet das, daß mit dem Jahr 2020 der Einzelverbraucher, bewaffnet mit einer Computerleistung, die die heutige um drei oder vier Größenordnungen übertrifft, nur ein einfaches Verfahren anwenden muß, um den Computer dazu zu bringen, seine spezifischen Probleme zu lösen. Die Vorstellung, daß ein einziger Manager auf diese Weise eine große Bank führt, ist nicht weit hergeholt. Es fällt schwer, sich die gesellschaftlichen Auswirkungen dieser Entwicklungsmöglichkeit vorzustellen.

Einige erhoffte Entwicklungen, die bis 2030 *nicht* eintreten werden:

1. Nutzbare Fusionskraft.
2. Einsatzfähige Mikrowellenenergierelais im Weltraum.
3. Siedlungen im Weltraum.
4. Wetterkontrolle.
5. Der Beweis, daß Gravitationswellen existieren.
6. Eine umfassende Heilung für Krebs.
7. Das «Sichtbarmachen» des Atom-*Inneren*.

Noten für die Zukunft

JON APPLETON ist Professor für Musik am Dartmouth College in Hanover, New Hampshire. Sein Spezialgebiet ist elektronische Musik. Er ist einer der drei Erfinder des Synclaviers, eines Synthesizers mit Kleincomputer, der in der Lage ist, 25 verschiedene Musikinstrumente einzeln zu imitieren und sie so zu kombinieren, daß ein voller Orchesterklang entsteht.

Prognosen

1985

○ Wenn Sie *ein* Instrument beherrschen, können Sie jedes Instrument spielen. Preiswerte Digitalsynthesizer können an Ihre Gitarre,

Ihr Klavier oder Ihr Holz- oder Ihr Blechblasinstrument angeschlossen werden. Wenn Sie auf Ihrem Instrument spielen, wird aus den Lautsprecherboxen jedes von Ihnen gewünschte Instrument erschallen.

1990

○ Digitalaufnahmen werden den Amateurmusiker in die Lage versetzen, mit den vom Tonband vorgespielten professionellen Musikern in einer Ausweitung der «Music Minus One» (eine Plattenfirma, die Schallplatten herstellt, bei denen ein Instrument ausgelassen wurde, so daß der Amateurmusiker mit seinem eigenen Instrument mitspielen kann) in eine tatsächliche Wechselbeziehung zu treten. Der Amateurspieler wird nicht nur die Geschwindigkeit der Musik bestimmen, sondern er kann das Stück auch an jedem gewünschten Punkt beginnen oder enden lassen.

1995

○ Der Musikliebhaber wird mit einer Ausweitung seiner privaten Hi-Fi-Ausrüstung in der Lage sein, sein liebstes Ensemble, modern oder klassisch, selbst als Konzertmeister oder als Dirigent zu führen. Man benötigt dazu nur eine Art Spürgerät, wie zum Beispiel einen elektrischen Dirigentenstab, mit dem man Tempo, Lautstärke und die Placierung der Musik im Zimmer kontrollieren kann.

2000

○ Max Mathews, der bei Bell Telephone in der Entwicklungsabteilung tätig ist, hat schon darauf hingewiesen, daß die Fähigkeit, die Noten einer Komposition fehlerfrei vom Blatt zu spielen, durchaus zum Programm eines Computers gehören könnte, was dem menschlichen Interpreten Raum läßt, sich mit jenen Aspekten zu beschäftigen, die die verschiedenen Aufführungen voneinander unterscheiden. Neue Musikinstrumente werden auftauchen, die diese Form des Spielens ermöglichen.

2030

○ Unsere musikalischen Vorlieben werden in der Datenbank eines Computers gespeichert. Ein «Phonograph» wird ein Sendegerät im Taschenformat sein, das direkt mit unserem Gehirn verbunden ist. Der Sender wird unsere «musikalische Stimmung» ertasten und diese Information direkt an die Datenbank weiterleiten, wo daraufhin ein neues Musikstück komponiert wird, das unserem jeweiligen

Geschmack und Bedürfnis entspricht. Die Musik wird sich wie ein altes Lieblingsstück oder wie eine aufregende neue Komposition anhören.

Verleger ausgestorben – Schriftsteller endlich frei!

HENRY B. FREEDMAN ist Leiter der Forschungsabteilung bei Policy Studies Reports, einer Beratungsfirma, die Langzeitplanung und technische Auswertung für die Druckindustrie und Nachrichtentechnik liefert. Er ist außerdem Mitarbeiter der Forschungsabteilung des Program of Policy Studies in Science and Technology, ein Projekt, das von der NASA in Washington ins Leben gerufen wurde.

Prognosen

1988

○ Einhundert Bücher von 200 Seiten Umfang, hauptsächlich Text, werden innerhalb einer Sekunde von einem Computer registriert. Daraufhin werden die Bücher auf Film, Glas oder anderem Material gespeichert und von einem Computer gelesen, der nach bestimmten Gedanken oder Sätzen Ausschau hält, und zwar in einer Geschwindigkeit von über 1000 Seiten pro Sekunde. Jegliche Information, die aus dieser Digitalspeicherung gewonnen wird, kann auf Papier von Buchqualität ausgedruckt werden.

2000

○ Die Einführung fortgeschrittener Computertechnologie auf dem Gebiet der Drucktechnik – «Drucken auf Bestellung» – wird viele Veränderungen bei Verlagen, im Bibliotheks- und Archivwesen und in Druckereien nach sich ziehen, zum Beispiel folgende:

1. Ein Thema wird durchdokumentiert mit Hilfe einer Computersuche, die auf die Erfassung von Inhalten geeicht ist. Die Belegstellen können in jeder gewünschten Form (Satztype, Format und Papierqualität – sogar in Blindenschrift) reproduziert werden. Das Material wird dann gebunden und an den Forscher abgegeben. Jeder Benutzer sein eigener Gutenberg.
2. Drucken-auf-Bestellung-Moduleinheiten – die in Büros, Bücherhallen, Geschäften, staatlichen Einrichtungen und vielen anderen Verteilerstellen placiert werden – stellen all jenen, die

es sich wünschen, eine praktisch universale Bibliothek unabhängig von ihrem Wohnort zur Verfügung.

3. Die Autoren werden den Publikationsprozeß vollständig kontrollieren, angefangen vom Redigieren übers Drucken bis hin zur Vermarktung des fertigen Produkts, was in vielen Fällen die Beziehung zwischen Autor und Verleger überflüssig machen wird. Zum Beispiel ist der Leser mit Hilfe eines Computers schon von vornherein sein eigener Drucker, so daß die Aufgabe des Verlegers, den Druck zu besorgen, wegfällt.

1990–2030

○ Computer werden sich von der Digitalverarbeitung, wie wir sie heute benutzen, wegentwickeln und zur Analogverarbeitung zurückkehren, wobei Lichtwellen für die Rechenschritte genutzt werden. Dieser Computer wird in der Lage sein, ungeheuer viele und ungeheuer komplexe Aufgaben gleichzeitig zu lösen, da er eine Unmenge von Informationen rechnerisch verarbeiten kann. Auf diese Weise werden die «natürlichen» Wissensquellen maximal ausgenutzt.

Am Ende

GEORGES SIMENON, der weltberühmte Schöpfer von Kommissar Maigret, hat weit über 200 Bücher unter 17 Pseudonymen geschrieben. In 80 Romanen ist die Hauptfigur Maigret. 50 Simenon-Romane sind verfilmt worden. Geboren wurde Simenon 1903 in der belgischen Stadt Lüttich. Sein Hauptwohnsitz ist heute Lausanne in der Schweiz.

Prognosen

○ Ich bin kein Nostradamus und auch kein Futurologe, aber es besteht die Möglichkeit, daß die Welt in den kommenden Zeiten genauso weiterexistiert wie in den vergangenen: immer auf und ab, Kriege und Friedenszeiten.

○ Ich habe zwei Kriege mitgemacht und würde mich nicht wundern, wenn ich auch noch einen dritten erleben müßte.

○ Führende Persönlichkeiten aus Militär, Politik und Wirtschaft in aller Welt sind in der Lage, Ihre Fragen zu beantworten. Was der kleine Mann denkt, ist denen egal. Also braucht sich der kleine

Mann um seine Zukunft auch nicht mehr zu sorgen als die Ochsen auf der grünen Wiese, die keine Ahnung haben, wann sie am Fleischerhaken baumeln werden. Genauso geht es mir: Ich will es lieber gar nicht wissen, will mich nicht grämen und sorgen, sondern einfach so weiterleben von einem Tag zum andern.

○ Alles spricht dafür, daß ich 1993 nicht mehr leben werde und schon gar nicht im Jahre 2020. Also zittern – wovor?

Teil II

Was die Science-fiction sagt

Hugo Gernsback (1884–1967)

Gernsback (eigentlich Gernsbach) emigrierte als junger Mann aus Luxemburg nach Amerika, wo er sich bald für die Möglichkeiten interessierte, die Elektronik und Radiotechnik boten. Nachdem er das erste Heimradio der Geschichte entworfen hatte, brachte er einen Werbekatalog heraus, der sich 1908 zu der Zeitschrift *Modern Electrics* mauserte. Zusätzlich zu den technischen Artikeln druckte er darin Science-fiction-Stories, wie die von ihm verfaßte Geschichte *‹Ralph 124C 41+›* (1911–1912), ein Klassiker der vorausschauenden Science-fiction. 1926 gründete Gernsback *Amazing Stories*, die erste Zeitschrift, in der ausschließlich Science-fiction veröffentlicht wurde. 1928 verlor er die Rechte an diesem Blatt, gründete jedoch ein halbes Dutzend anderer Zeitschriften mit demselben Schwerpunkt. Der bedeutendste Preis für Science-fiction-Literatur, der «Hugo», ist nach ihm benannt.

Das Buch:

‹Ultimate World› (deutsch *‹Invasion 1996›*, geschrieben 1959, doch erst im Jahr 1971 veröffentlicht)

In Gernsbacks Geschichten spiegelt sich sein persönliches Interesse für Technik und soziale Entwicklungen (eine seiner zahlreichen Zeitschriften war die höchst erfolgreiche *Sexology*), der Handlung oder den Charakteren schenkte er dagegen wenig Beachtung. Sowohl sein erstes Buch *‹Ralph›*, das 1925 in seiner jetzigen Form herausgebracht wurde, als auch der nach seinem Tod veröffentlichte Roman sind voller technischer Wunderdinge aller Art und bezeugen eine besonders lebhafte Phantasie. Viele Voraussagen aus *‹Ralph›* sind mittlerweile Wirklichkeit geworden.

Prognosen

○ Während einer Invasion von Außerirdischen, den Xenos, werden Erdfrauen befruchtet; die Mischlinge sehen aus wie Menschen, sind ihnen jedoch geistig und körperlich überlegen.
○ Beschleunigung des natürlichen Lebenszyklus: Embryos wachsen in nur drei Monaten heran. Auf ähnliche Weise können die Außerirdischen noch weitere genetische Veränderungen bewirken; die Kinder wachsen schneller und können ihre übermenschlichen Fähigkeiten an die folgende Generation vererben.
○ Umwandlung großer Asteroiden zu interstellaren Raumschiffen.
○ Interstellarer Krieg zwischen zwei außerirdischen Rassen; hochentwickelte Strahlenwaffen unbekannter Herkunft werden eingesetzt.

○ Bis zum Jahr 1996 werden temperaturgeregelte Schlafgelegenheiten entwickelt werden, die beliebig erhitzt oder gekühlt werden können. Nach dem gleichen Prinzip werden Räume durch elektronische, verglaste Klimaanlagen erwärmt und gekühlt.
○ Unsichtbare Energiekraftfelder, die Eindringlinge fernhalten.
○ Beförderung körperlicher Objekte über weite Strecken durch Radiowellen. (Ähnlich dem «Transporter» in der Fernseh-Serie ‹*Raumschiff Enterprise*›.)
○ Überwachungsanlagen, mit denen man durch Wände sehen kann.
○ In Notfällen können normale Gegenstände innerhalb der Häuser zum Schwingen gebracht werden, wodurch sie als Empfänger für allgemeine Funkwarnungen benutzt werden können; was bedeutet, daß ein Stuhl zum Beispiel zeitweise in ein Radio verwandelt werden kann.
○ Antriebssysteme, die die Schwerkraft ausnutzen, werden für Transport und Versand eingesetzt.
○ Synthese superschwerer chemischer Elemente.
○ Zeitungen werden von Heimempfängern auf synthetischem Papier gedruckt, wobei der Text von verschiedenen lokalen Stationen gesendet wird.
○ Verstärker können aus 30 km Entfernung Innenraum-Geräusche hörbar machen.
○ Menschen bezwingen den nahen Weltraum, schicken regelmäßig bemannte Raumschiffe zu den Planeten, halten systematisch die Umlaufbahnen um die Erde sauber und entfernen Raummüll, schürfen nach Mondgestein und benutzen Röntgenstrahlen und Atomkraft, um Raumfahrzeuge anzutreiben.
○ Uhren zeigen die Zeit an, die von Zentralstationen aus gesendet wird. Dreidimensionale Fernsehbilder werden zwei Meter vor den Empfangsapparat projiziert.
○ Telepathische Hypnose und das Auslöschen schädlicher Erinnerungen durch Ultraschall.
○ Regeneration amputierter menschlicher Glieder durch Krebszellen. Einsatz atomarer Blitzlichter, um winzigste Teile des menschlichen Körpers zu fotografieren.
○ Die Außerirdischen erhöhen die menschliche Intelligenz durch künstliche Einpflanzungen ins Gehirn.
○ Radarabschirmgeräte und radioaktive Funkwellen.
○ Einsatz von Blitzen als Waffe. Schallbomben.
○ Globale Wetterkontrolle.
○ Computer können gleichzeitig in zehn verschiedene Sprachen korrekt übersetzen.
○ Atomare Lichtquellen machen aus düsteren Städten ein Ding der Vergangenheit.

George Orwell (1903–1950)

Eric Blair, Verfasser des Romans *‹1984›*, benutzte «George Orwell» als Pseudonym für alle seine Veröffentlichungen. Orwell wurde in Indien geboren und während des Ersten Weltkriegs auf ein Internat in England geschickt. Nachdem er mehrere Jahre in Eton studiert hatte, schloß er sich 1922 der Indian Imperial Police in Burma an, verließ sie aber nach fünf Jahren. In den dreißiger Jahren kämpfte er im Spanischen Bürgerkrieg, wurde verwundet und arbeitete später als Feuilletonredakteur bei *The Tribune* in London während des Zweiten Weltkriegs. Eins seiner berühmtesten Bücher ist *‹Farm der Tiere›*. Als Orwell nach dem Krieg an Tuberkulose erkrankte, zog er sich auf eine Insel vor der schottischen Küste zurück, um an seinem letzten großen Roman zu arbeiten. Kurz nach dessen Veröffentlichung starb er.

Das Buch:
‹1984› (1949)

Orwells Roman war folgerichtiger Ausdruck der Kriegserfahrungen des Autors mit Bürokratie, Parteipolitik, Kommunismus und Sozialismus in Spanien und Großbritannien und der Nachkriegsrationierung. Orwell war außerdem sehr über die fortschreitende Verwahrlosung der englischen Sprache besonders in politischen Kreisen besorgt. 1956 kam eine Verfilmung des Buches *‹1984›* heraus.

Prognosen

○ 1984 ist die Welt in drei Einflußbereiche aufgeteilt: Ozeanien, das England, Nord- und Südamerika, Australien und Südafrika umfaßt; Eurasien, wozu Rußland, Europa und Sibirien zählt, und Ostasien mit China, Japan, der Mongolei und Südostasien.

○ Die Supermächte sind, gemessen an ihrer politischen Struktur, der Gesellschaftsordnung und ihren Zielen, faktisch nicht zu unterscheiden. Alle drei sind unterdrückerische, totalitäre Staaten mit gottähnlichen Oberhäuptern, die aber keine wirkliche Macht besitzen (Großer Bruder regiert in Ozeanien); mit einer elitären Parteispitze, die alle politischen Entscheidungen fällt, und einer alles durchdringenden Ideologie, die mit Urkundenfälschung, öffentlichen Widersprüchen und Lügen gestützt wird. Die drei Staatengebilde liegen ständig im Krieg miteinander, wobei konventionelle Waffen eingesetzt werden (obwohl Atomwaffen zur Verfügung stehen). Stein des Anstoßes sind Teile von Afrika und Indien. Ziel der Kriegführung ist die Kontrolle über Millionen potentieller Arbeitssklaven, die in diesen Regionen leben, und der Verbrauch

von Reichtümern, um den Lebensstandard der eigenen Bevölkerungsmassen ständig auf dem Existenzminimum zu halten.
○ Politische Bündnisse verschieben sich laufend, wobei sich immer zwei Staaten gegen den dritten wenden in einem absichtlich nie endenden Krieg.
○ Geschichte wird systematisch und rückwirkend verändert, indem schon veröffentlichte Berichte umgeschrieben werden, um sie den laufenden politischen Gegebenheiten anzupassen, wann immer Bündnisse wechseln oder Parteiführer abgesetzt werden.
○ Ozeanien besteht aus drei streng voneinander getrennten Klassen: den Proles, den geistlosen Arbeitern, die 85 Prozent der Bevölkerung stellen; der Äußeren Partei, jenen 13 Prozent, die die Direktiven des Staates durchsetzen und die verarmte Mittelklasse bilden, und der Inneren Elite, den 2 Prozent an der Spitze, die die Entscheidungen treffen und die Macht ausüben.
○ Alle Bürger, besonders jene, die eine Machtstellung innehaben, werden ständig überwacht. Fernseher für Empfang und Sendung sind in jedem Raum installiert und müssen ständig eingeschaltet bleiben; die Geräte empfangen und senden von selbst in unregelmäßigen Abständen. Bürger, besonders Kinder, werden dazu angehalten, einander auszuspionieren.
○ Sexualität und Liebe sind verpönt, besonders für Parteimitglieder. Sex gibt es nur zur Zeugung der Nachkommen. Anti-Sex-Ligen gedeihen besonders unter den weiblichen Parteimitgliedern.
○ Individualismus ist Grund genug für eine Hinrichtung oder Gehirnwäsche: Die Partei fordert kritiklose Verehrung ihrer Parolen, die allesamt ohne jede Bedeutung oder sogar widersprüchlich sind.
○ Die Sprache wird vorsätzlich durch die Partei verdorben und manipuliert. Eins der Hauptziele der Partei ist es, die Sprache so zu entstellen, daß ein normaler Bürger abweichende Gedanken nicht mehr ausdrücken oder nicht einmal mehr denken kann. Diese künstliche Sprache heißt Neusprech.
○ Die Partei ist der alleinige Richter über das, was in allen Bereichen als wahr zu gelten hat. Ihr Grundgedanke ist das «Doppeldenken», die Fähigkeit, zwei sich widersprechende Aussagen gleichzeitig zu glauben, ohne die Unlogik solcher Positionen zu merken. Parolen der Partei (wie: «Krieg ist Frieden», «Freiheit ist Sklaverei», «Unwissenheit ist Stärke») verdeutlichen den grundlegenden Charakter des Staates.

Arthur C. Clarke (*1917)

Arthur Clarke, der in Somerset in England geboren wurde, verkaufte 1938 im Alter von 23 Jahren seine erste Erzählung *‹Tales of Wonder›*. 1950 machte er das Schreiben zu seinem Beruf. Unter seinen Erfolgen finden sich *‹Die letzte Generation›* (1953), *‹Projekt: Morgenröte›* (1953) und *‹Rendezvous mit Rama›* (1973), für das er den «Hugo» und den «Nebula» für den besten Science-fiction-Roman des Jahres zugesprochen bekam. Clarke lebt seit 1956 in Sri Lanka (ehemals Ceylon).

Das Werk:
‹2001: Odyssee im Weltraum› (Verfilmung 1968; Buch 1968)

Stanley Kubricks großer Filmklassiker war der erste aufwendige Science-fiction-Film und der erste ganz große Kassenerfolg in diesem Genre. Der Roman *‹2001›* ist eine Bearbeitung des Drehbuchs, das seinerseits teilweise auf eine frühere Kurzgeschichte von Clarke, *‹The Sentinel›*, zurückgeht. Der Roman ist eine mystische Erzählung über die Begegnung des Menschen mit Außerirdischen. Das Buch ist jedoch keine einfache Wiedergabe des Films, denn es bringt auch Material, das nicht im Film benutzt wurde, und stellt somit ein neues, eigenständiges Werk dar.

Prognosen

○ Überlegene Lebensformen, die im Weltraum existieren, nehmen – und werden das auch in Zukunft tun – aktiven Anteil an der Entwicklung der Menschheit. Im wesentlichen haben diese Außerirdischen dem prähistorischen Menschen einen Sinn für Neugierde eingepflanzt, und sie sind jetzt dabei, das Menschengeschlecht auf die nächste Entwicklungsstufe zu führen.
○ Bis zum Jahr 2001 werden die Menschen eine permanente Mondbasis errichtet haben.
○ Die Erde wird von einer permanenten Raumstation umkreist, die einen ständigen Fährdienst zwischen der Station und der Kolonie der Menschen auf dem Mond und zwischen der Station und der Erde unterhält.
○ Entwickelte Computertechnologie führt zur Fertigstellung des HAL-9000, der nicht nur mit seinen menschlichen Erbauern in ihrer Sprache kommunizieren kann, sondern auch große Raumschiffe ständig überwachen und die Initiative ergreifen kann, ohne sich mit der Besatzung zu beraten.
○ Es gibt interplanetarischen Reiseverkehr. Menschen entsenden eine Expedition, um die Herkunft geheimnisvoller Radiosignale, die vom Jupiter empfangen werden, zu untersuchen.
○ Kryogenik ist so weit entwickelt, daß es möglich ist, Menschen für lange Zeit in einen Zustand des Scheintods zu versetzen und sie nach Wunsch wiederzubeleben.

○ Menschliche Wesen erreichen schließlich ein transzendentes Stadium, eine andere Realitätsebene, und verzichten auf ihr technisches Wissen und Können. In diesem kindlichen Zustand werden sie wahrscheinlich von den unsichtbaren Außerirdischen auf eine neue Stufe in ihrer Entwicklung geführt werden.

Ray Bradbury (*1920)

Bradbury wurde in Illinois geboren, zog jedoch schon als junger Mann nach Los Angeles. Er ist einer der wenigen Schriftsteller, die die Grenzen der Science-fiction und der Fantasy überschreiten können. Sein bekanntestes Werk sind die ‹*Mars-Chroniken*›.

Das Buch:
‹*Fahrenheit 451*› (1953)

‹*Fahrenheit 451*› wurde zuerst 1950 in einer kürzeren Fassung unter dem Titel ‹*The Fireman*› veröffentlicht und ist eine für Bradbury typische Aussage über die Übel der Technik und die Freuden der Kultur, in diesem Fall dargestellt an Büchern und Lesen. Dieser pessimistische Roman von der Zukunft der Erde handelt von der seelischen Odyssee eines empfindsamen und intelligenten Mannes namens Montag, der sich vom Vertreter eines totalitären Staates zu einem aktiven Rebellen wandelt, von einem passiven, unzufriedenen Mann zu einem lebendigen, wachsenden menschlichen Wesen wird.

Prognosen

○ Im frühen 21. Jahrhundert überlebt die Menschheit zwei Atomkriege. Ein dritter, scheinbar endloser Kampf mit nichtidentifizierbaren Feinden führt zu sporadischen Bombenangriffen auf die Städte und Industriezentren der Erde. Um in dieser chaotischen Situation die Kontrolle nicht zu verlieren, überwacht eine repressive Regierung systematisch alle Bereiche menschlichen Lebens.
○ Bücher werden verboten, weil sie angeblich eine verderbliche und zersetzende Wirkung ausüben. Um diesen Erlaß durchzusetzen, bildet die Regierung eine Gruppe, die Feuerwehrmänner, deren ausschließliche Aufgabe es ist, gesetzwidriges Material, besonders Bücher und Zeitschriften, aufzustöbern und zu verbrennen.
○ Kinder werden ausschließlich mittels riesiger Wandfernseher unterrichtet. Fernsehprogramme werden auch dazu benutzt, die

erwachsene Bevölkerung zu gängeln. In beiden Fällen liegt der Schwerpunkt auf der Berieselung mit geistlosen und inhaltsleeren Schnulzen, Fragen sind nicht erwünscht.

○ Jugendliche werden dazu angehalten, ihre Frustrationen auszuleben: mit ihren superschnellen Raketenwagen in der Stadt herumzurasen, die luftgefederten Untergrundbahnen zu benutzen, die «Vergnügungsparks» zu besuchen, Fensterscheiben einzuschlagen, Autos zu zertrümmern und sich in Schießereien zu stürzen.

○ 60 Meter lange Plakatwände werden errichtet, um die Aufmerksamkeit der abgestumpften Bevölkerung zu wecken.

○ Die Bürger dieser Zukunft werden dazu ermutigt, ihre Vermutungen über mögliche Gesetzesübertretungen den Behörden zu melden, die daraufhin die Feuerwehrmänner auf Razzia schicken. Auf das Verstecken von Büchern steht die Todesstrafe.

○ Die Feuerwehrmänner werden bei der Verfolgung von Gesetzesbrechern von mechanischen Jagdhunden unterstützt. Diese Spürgeräte können auf die spezifische chemische Ausdünstung des Opfers ausgerichtet werden.

○ Die Dissidenten dieser Gesellschaft treffen sich irgendwo draußen auf dem Land, dem einzigen Ort, wo man Zuflucht finden kann. Sie entgehen der Entdeckung, indem sie die Bücher auswendig lernen und sie dann vernichten. Jeder einzelne verwandelt sich so in ein lebendes Buch.

○ Ein dritter Atomkrieg zerstört die letzten Überreste der korrupten und verrotteten Stadtzivilisation. Die Außenseiter, die den Krieg überlebt haben, kehren in die Städte zurück und gründen eine neue lebendige Gemeinschaft.

Gene Roddenberry (*1921)

Roddenberry ist gebürtiger Texaner aus El Paso. Er studierte an den Universitäten New York, Los Angeles und Miami, diente während des Zweiten Weltkriegs in der Air Force, wurde Berufspilot für Pan American, überlebte einen Flugzeugabsturz in der syrischen Wüste, bei dem fast alle Passagiere getötet wurden, und ging dann nach Hollywood, um für das Fernsehen zu schreiben. Als er keine Aufträge mehr bekam, wurde er Polizist in Los Angeles, brachte es bis zum Sergeant, schrieb die Reden für den Polizeichef und verkaufte schließlich mehrere Drehbücher ans Fernsehen, die er nachts und an Wochenenden verfaßt hatte. Als er dann hauptberuflich als Schriftsteller und Produzent fürs Fernsehen tätig war, arbeitete er zuerst an *‹Have Gun, Will Travel›*, bevor er *‹The Lieutenant›* und *‹Star Trek›* schuf.

Das Werk:
‹Star Trek› = *‹Raumschiff Enterprise›* (Fernsehserie: 1966–1969; Trickfilm: 1973–1974; Spielfilm: 1979)

‹Star Trek› hatte keine hohen Einschaltziffern, als es zum erstenmal gezeigt wurde, doch allmählich gewann es an Boden und mauserte sich zu der beliebtesten Fernsehserie, die je gedreht wurde. Es wird immer noch täglich oder wöchentlich von allen großen Fernsehstationen der USA ausgestrahlt. Unablässig verbreitete Roddenberry seine Botschaft der Hoffnung: Unsere technologische Zukunft ist nur dann ein Segen, wenn wir mit uns selbst und anderen lebenden Wesen, seien sie nun menschlich oder außerirdisch, auskommen. Zeit der Handlung ist das 23. oder 24. Jahrhundert.

Prognosen

○ Die Erde überlebt ihre momentanen globalen Probleme (und weitere, die sich im späten 20. und frühen 21. Jahrhundert ereignen werden), um sich unter einer einheitlichen Erdregierung zusammenzuschließen. Die Menschen treiben die Erkundung des Weltraums weiter voran und verbünden sich mit anderen Planetensystemen, auf denen menschliche, menschenähnliche und fremdartige Wesen leben, zur *V*ereinigten *P*laneten-*F*öderation (VPF).
○ Raumschiffe und Kommunikatoren, die mit Ultralichtgeschwindigkeit operieren, machen die VPF und andere konkurrierende Imperien möglich.
○ Da die zahlreichen intelligenten Lebensformen der Galaxie alle Stufen der Entwicklung repräsentieren, wird die Menschheit auf fremde Wesen stoßen müssen, die auf einer höheren Stufe stehen. Diese fremden Wesen könnten sich dazu gezwungen sehen, in die Kämpfe der Menschen mit ihren Feinden einzugreifen.
○ Um sich zu schützen, bauen die Menschen riesige Schlachtschiffe, die die Außenbezirke des von ihnen kontrollierten Weltraums überwachen. Die Kommandanten dieser Schiffe haben die Macht und Entscheidungsfreiheit, wenn nötig sofort politische Entscheidungen zu treffen.
○ Die Raumschiffe werden durch Materie/Antimaterie-Systeme angetrieben.
○ Materiesender («Transporter») ermöglichen es den Schiffen, Besatzungen zügig und rationell von einem Schiff aufs andere oder vom Schiff auf eine Planetenoberfläche zu transportieren.
○ Entwickelte Waffensysteme umfassen Photonentorpedos und Phaser (Laserwaffen) als Handwaffen und Kanonen.
○ Vulkanier, ebenso wie andere fremde Rassen, haben bestimmte

geistige Kräfte, u. a. Telepathie. Während ihrer Reisen trifft die *Enterprise* auf Formen der Telekinese und Teleportation.

○ Universalübersetzer, die die esoterischsten Kommunikationsformen simultan übersetzen können, gehören zur persönlichen Standardausrüstung des Sternenflottenpersonals. Die Produktion synthetischer Nahrung ist erheblich vielseitiger und abwechslungsreicher geworden.

○ Jedes Raumschiff ist mit Sensoren ausgerüstet, die Masse, Geschwindigkeit, Energie und Lebensformen messen können. Außerdem sind sie zu ihrem Schutz mit Energieschilden ausgestattet.

○ In mehreren Folgen der Serie kann die *Enterprise* mit ihrer Besatzung durch die Zeit reisen, indem sie ein Zeittor durchschreiten oder in Zeitverzerrungen in der Nähe von Neutronensternen geraten.

○ Verschiedene der fremden Wesenheiten, denen die Besatzung der *Enterprise* begegnet, sind unsterblich.

○ Hochentwickelte Roboter sind im Einsatz; Computersysteme sind klein, tragbar und in vielen Fällen in der Lage, jegliches menschliche Wissen und jegliche Erfahrung zu speichern. Einige der Computer, die in der Serie gezeigt werden, haben die Fähigkeit, eigenständig zu denken oder zu handeln. Es tauchen auch Androiden (Verschmelzungen von Mensch und Maschine) auf.

○ Es wird die Theorie vertreten, daß es weitere Universen gibt, die parallel zu unserem existieren.

○ Die Menschen merzen fast alle körperlichen und geistigen Krankheiten aus, wobei sie sich einer humanen Behandlungsform bedienen. Tragbare medizinische Computer (Tricorder) liefern prompte Analysen, selbst auf Erkundungsgängen. Die Krankenbetten an Bord der *Enterprise* sind mit Computersensoren ausgestattet, die ständig die Körperfunktionen überwachen. In einer Folge wird die Möglichkeit von Gehirntransplantationen erkundet.

○ Intelligente Lebensformen werden entdeckt, deren Grundlage das Element Silicium statt Kohlenstoff bildet. Derartige Wesen haben die Erscheinungsform beweglicher Steine.

○ Die grundlegende Maxime untersagt den Menschen, sich in die Entwicklung primitiver fremdartiger Kulturen einzumischen.

○ Lerncomputer beschleunigen die Auffassungsgabe. Bücher werden von Bildschirmen abgelesen; es gibt nur noch wenige auf Papier gedruckte Bücher.

○ Präkognition, Verstandaustausch, Empathie (die Fähigkeit, die Gefühle eines anderen Lebewesens geistig zu erfassen) lernt die Besatzung der *Enterprise* kennen.

○ Man begegnet Wesen aus reiner Energie, Wesen, die ihre Körperform nach Belieben ändern können, und Wesen, die Gefühle «essen».

○ Die Romulaner entwickeln in mehreren Folgen der Serie einen Tarnschild.
○ Weltuntergangsmaschinen drohen alles zivilisierte Leben zu vernichten.
○ Gespaltene Persönlichkeiten drücken sich körperlich aus. In einer Folge spaltet Kirk sich in zwei Wesenheiten, die jeweils einen Teil seines Charakters verkörpern.
○ Die Datenbanken der *Enterprise* enthalten Aufzeichnungen über jede bekannte Person in der Galaxie, und wahrscheinlich ist jede andere Datenbank in ähnlicher Weise ausgerüstet.

James Blish (1921–1975)

Der in New Jersey geborene Blish veröffentlichte im März 1940 seine erste Science-fiction-Erzählung. 1958 gewann er den «Hugo» für den besten Science-fiction-Roman des Jahres.

Viele seiner Bücher beruhen auf der beliebten Fernsehserie *‹Raumschiff Enterprise›*. Blish, der durch seine technischen Einfälle wie durch seine Charaktere berühmt wurde, siedelte 1968 nach England über und starb dort am 30. Juli 1975 an Lungenkrebs.

Das Werk:
‹Fliegende Städte› (1950–1962)

Das epische Werk ist eine nur lose verknüpfte Folge von Romanen und Kurzgeschichten, von denen Blish einige nach ihrer ursprünglichen Veröffentlichung in Zeitschriften überarbeitete, so daß sie sich in die Handlung der Gesamtsaga einfügten. 1970 wurden die vier Bücher, die die Folgen mittlerweile enthielten, in einem einzigen Band unter dem Titel *‹Fliegende Städte›* zusammengefaßt.

Prognosen

○ Mit dem Ende des 20. Jahrhunderts haben die Menschen ihr eigenes Sonnensystem erforscht und erobert; 1981 wurde als wesentlicher Schritt die erste Raumstation errichtet; bemannte Flüge zu allen erdnahen Planeten folgten. Ungefähr im Jahre 2000 wird ein zehnter Planet im Sonnensystem (Blish nennt ihn Proserpina) entdeckt.
○ Mit Beginn des 21. Jahrhunderts umfassen totalitäre Staaten den gesamten Globus, unterdrücken die Massen, ersticken Fortschritt und Veränderung und bilden eine elitäre herrschende Klasse. Das einzige Ziel dieser Regime ist, an der Macht zu bleiben.

○ Mit der Machtübernahme der totalitären Systeme werden die Massen von neuem religiösem Eifer und verstärktem Konservativismus überschwemmt, unterstützt durch die Regierungen. Predigerroboter verführen die Unwissenden mit Heilsversprechungen.
○ Bis Mitte des 21. Jahrhunderts hat die Menschheit große technologische Fortschritte erzielt, doch wirkliche Entwicklung der Wissenschaften ist faktisch zum Stillstand gekommen. Die Regierungen benutzen die Elektronik, um ihre Untertanen unter Kontrolle zu halten. Die Erreger von Infektionskrankheiten sind ausgerottet, es gibt sie nur noch in Forschungslabors, die schlimmsten degenerativen Krankheiten, wie Krebs, sind völlig unter Kontrolle.
○ Die Regierungen werden sich in ihren Ansichten, Vorgehensweisen und Ideologien immer ähnlicher, während sie versuchen, die absolute Kontrolle über ihre Untertanen zu erreichen. Kulturelle und politische Freiheiten verschwinden.
○ Mediziningenieure entdecken bei ihrer Suche nach einem Heilmittel für Krebs ein lebensverlängerndes Mittel. Die gesellschaftlichen Konsequenzen dieser Entdeckung zeigen sich erst viel später.
○ Entdeckung des Dillon-Wagonner-Gravitronpolaritätsgenerators. Die praktischen Seiten dieses Antischwerkraftgeräts werden erst lange nach seiner Erbauung im frühen 21. Jahrhundert erforscht.
○ Erste interstellare Expedition und erste Besiedlung eines nahe gelegenen Sternensystems (2021 n. Chr.).
○ Die Sowjetunion erobert die westliche Welt (2027).
○ 2039 verbietet die Weltregierung alle Raumflüge, um die unerlaubte Auswanderung ihrer Untertanen zu verhindern. Die Sowjets halten auch zahlreiche technologische und wissenschaftliche Entdeckungen zurück; weitere Entwicklungen gehen im folgenden politischen Chaos verloren, das sich über die ganze Welt ausbreitet.
○ Ungefähr im Jahr 2105 überzieht ein neues finsteres Mittelalter die Welt. Der Dillon-Wagonner-Generator und die Unsterblichkeitspille gehen zusammen mit anderen Entdeckungen verloren. Die Weltwirtschaft bricht zusammen.
○ Erster Kontakt der Erdlinge mit einer fremden Rasse, den Veganern (2289). Der erste interstellare Krieg (2310).
○ Auf der Erde wird der Dillon-Wagonner-Generator wiederentdeckt (2375). Gesamte Städte verlassen jetzt ihren Heimatplaneten auf der Suche nach ökonomisch freundlicheren Weiden. Bis 2522 hat fast die gesamte Bevölkerung die Erde verlassen, deren Bodenschätze über die Jahrhunderte so ausgebeutet wurden, daß keine entwickelte Technologie mehr möglich ist.
○ Das Mittel, mit dessen Hilfe die Menschen ihr Leben um Hunderte von Jahren verlängern können, wird wiederentdeckt.
○ Das wachsende interstellare Imperium der Erdkolonien wird durch das Hinzustoßen der freien Städte gestärkt. Diese Städte

verbünden sich mit den Kolonien, um das verfallene Imperium der Veganer zu besiegen.

○ Admiral Hrunta erklärt sich zum Imperator der Kolonien; im Jahr 3089 wird er nach 725 Jahren Alleinherrschaft ermordet.

○ In dieser Zeit blühen die Wissenschaften. Maschinen ohne Reibungsverlust, interstellare Kommunikation, gigantische Strahlenkanonen und Apparate, mit denen man sich unsichtbar machen kann, sind nur einige der vielen Entwicklungen.

○ Zwischen den Jahren 3089 und etwa 4000 n. Chr. erreicht die Okie-Zivilisation, in der die freien Stadtstaaten ihre Dienste dem Meistbietenden verkaufen, ihren Höhepunkt. Einige Städte lassen sich auf kleinen Planeten oder Asteroiden nieder.

○ Das Wirtschaftssystem der Galaxie bricht zusammen, gefolgt von dem Erstarken einer neuen fremden Zivilisation, dem Netz des Herkules. Die Erdmenschen ziehen sich in die Größere Magellanwolke, die Nachbargalaxie unserer Milchstraße, zurück.

○ Dieser neue Kreislauf von Verfall und Wiederaufleben wird durch die letzte Katastrophe, das Ende des Universums, unterbrochen, als die Zeit selbst zusammenbricht. Am 2. Juni 4104 wird das Universum zerstört – und ein neues erschaffen.

Patrick McGoohan (*1928)

McGoohan wurde auf Long Island bei New York geboren, ließ sich jedoch später in England nieder, wo er als Schauspieler auftrat. Im Fernsehen schaffte er mit der Serie *‹Danger Man›* (1960–1966), in der er einen Spion der britischen Regierung mit sanften Umgangsformen spielte, den Durchbruch. Gleichzeitig schrieb er seine ersten Drehbücher und führte Regie über Stücke, in denen er auch selbst Rollen übernahm. Seitdem er in den siebziger Jahren nach Kalifornien übersiedelte, ist er sowohl im Fernsehen als auch in Filmen aufgetreten, darunter in *‹Der Mann mit der eisernen Maske›* und in *‹Columbo›* (für diese Serie schrieb er mehrere Folgen und führte auch Regie).

Das Werk:
‹Der Gefangene› (Fernsehserie mit 17 Folgen, 1968)

Diese Serie war der Nachfolger von *‹Danger Man›*, die er mit Hilfe des Produzenten David Tomblin und des Drehbuchredakteurs George Markstein herstellte. McGoohan schrieb mehrere Folgen und führte Regie, zum Beispiel geht die Schlußfolge auf sein Konto, und spielte selbst die Hauptrolle des namenlosen Agenten, der beschließt, mit seiner Spionagetätigkeit aufzuhören, und zu kündigen versucht. Zu seinem Unglück betrachtet entweder die eine oder andere Partei des Kalten Krieges die Informationen in seinem Gehirn als zu wertvoll, um auf sie zu verzichten, und McGoohan wird entführt und in das «Dorf», einen idyllischen Erholungsort voller Exgeneräle, Exadmirale, Exregierungsbeamten und Exagenten, gebracht. Im gesamten Verlauf der Serie versucht er, aus diesem paradiesischen Gefängnis zu entkommen.

Prognosen

○ Das Dorf benutzt die Rover als letztes Mittel, um Flüchtige aufzuhalten. Die Rover sind lebende, mannshohe Ballons, die die Abtrünnigen über Land oder Meer verfolgen können und in der Lage sind, sie zu ersticken, wenn sie sich zu lange wehren. Wenn die Flüchtigen aufgeben, werden sie von ihnen zurückgebracht. Die Ballons scheinen von der zentralen Überwachungsstation entsandt und teilweise kontrolliert zu werden.
○ Alle Bereiche des Dorflebens werden elektronisch durch Minifernseher, Radios, Abhöranlagen und anderes hochentwickeltes Spionagegerät überwacht. Einige dieser Apparate scheinen die Fähigkeit zu besitzen, durch Wände zu sehen.
○ Geräte zur Gehirnwäsche, in normalen Lampen versteckt, werden nachts angeschaltet, um die Gedanken des Gefangenen von rebellischen Ideen zu säubern.
○ Der Gefangene wird an einen Traumprojektor angeschlossen, der seine Träume auf einen Bildschirm projizieren und Teile einfügen kann (zum Beispiel Gesichter von Mitagenten), wobei er die unkontrollierten Reaktionen des Gefangenen speichert.
○ Der Verstand des Gefangenen wird auf einen anderen Körper übertragen und muß den Erfinder dieser Methode suchen, um den Rücktausch zu bewerkstelligen.
○ Der Gefangene muß die Annäherungsversuche einer Frau zurückweisen, deren Gefühlsregungen von Funkwellen gesteuert werden.
○ Das Dorf setzt äußerst hochentwickelte psychologische Störfaktoren, Drogen, Techniken der Gehirnwäsche und subtilen Druck durch Mitgefangene auf eine Weise ein, die die Möglichkeiten heutiger Wissenschaft weit zu überschreiten scheinen.

John Boorman (*1933)

Boorman wurde am 18. Januar 1933 in England geboren und besuchte das Salesian College in Chertsey, Surrey. Mit 17 Jahren fing er an, Filmkritiken zu schreiben, diente in der britischen Armee und arbeitete später als Filmredakteur bei den Independent Television News in England. Seine Erfahrung als Produzent und Regisseur auf dem Gebiet der Dokumentation führte zu seiner Anstellung als Direktor der Dokumentarabteilung bei der BBC.

Der Film:
‹Zardoz› (1974)

Boorman schrieb und produzierte diesen Film, bei dem er auch Regie führte. Zusammen mit Bill Stair schrieb er sogar noch die Romanfassung (1974). *‹Zardoz›* war kein überwältigender finanzieller Erfolg, als er in den Kinos anlief, doch seitdem fand er immer mehr Anhänger unter den Science-fiction-Freaks und Cineasten. Der Film spielt im Jahr 2293, zu einer Zeit, da die Welt in drei streng voneinander getrennte Lebensgemeinschaften aufgeteilt ist: die Ewigen, eine weltbeherrschende Elite; die Brutalen, in tiefster Armut lebende Tagelöhner, die sich unter eindeutig mittelalterlichen Bedingungen ihren Lebensunterhalt zusammenkratzen müssen; und die Ausmerzer, eine Gruppe von Barbaren, die von den Ewigen ausgebildet wurden, um die Anzahl der Brutalen durch grausamen Mord und Sklaverei einzuschränken.

Prognosen

○ Die Zivilisation, wie wir sie kennen, wird in einem Dritten Weltkrieg, der möglicherweise im Jahr 2000 ausbricht, zerstört werden.
○ Faktische Unsterblichkeit. Durch ständige automatische Überwachung des menschlichen Körpers kann der natürliche Verfall des genetischen Code vollständig aufgehalten werden.
○ Kloning. Personen, die versehentlich zerstört wurden, können in Nährstoffbehältern neu wachsen. Da der Computer, der die Vortexe (kleine Gebiete, wo die Ewigen leben) überwacht, die Gedächtnisspuren jedes Bürgers enthält, sind diese Klones, gemessen an ihren normalen Funktionen, mit den Originalen absolut identisch, da sie deren Erinnerungen und Gefühle nachbilden.
○ Der Computer selbst ist ein Kristall, dessen Durchmesser nur wenige Zentimeter beträgt und in seinem Innern unzählige Facetten enthält, die jegliches menschliche Wissen speichern können. Er scheint auch eigenständig denken zu können.
○ Antischwerkraft ermöglicht es den Ewigen, einen riesigen Steinkopf (Boorman nannte ihn Zardoz) über dem barbarischen Teil der Welt schweben zu lassen und damit einen sehr gegenwärtigen Gott zur Verfügung zu haben, der die Ausmerzer – und durch sie die Brutalen – in Schach hält.
○ Ein unsichtbares Kraftfeld verwehrt den widerwärtigen Brutalen und Ausmerzern den Zutritt zum idyllischen Leben der Vortexe.

○ Hochentwickelte psychologische und genetische Techniken versorgen einen abtrünnigen Ewigen mit den Mitteln, über eine Folge von Generationen einen Mutanten der Ausmerzer – Zed – zu züchten, der genügend Intelligenz besitzt, um die Lügen der Ewigen zu durchschauen und ihren Lebensstil zu zerstören.

○ Die Menschen haben zwar die Möglichkeit, ein technologisches Utopia zu schaffen, doch wird eine solche Kultur unweigerlich in Langeweile, Geistlosigkeit und Stillstand versinken, da der Druck der Veränderung und die Möglichkeit zu Wachstum fehlen. Daher ist die Welt der Vortexe, obwohl sie prächtig aussieht, innerlich kahl und muß zerstört werden, wenn eine neue, wiederbelebte Zivilisation entstehen soll.

○ Unmittelbare Demokratie wird eingeführt. Die Bürger können über jedes Anliegen eine sofortige Abstimmung verlangen, wobei das Ergebnis telepathisch von einem Computer errechnet wird. Jeder, der unter Anklage steht, die Gesetze der Gemeinschaft übertreten zu haben, wird auf gleichem Wege sofort abgeurteilt. Er kann sich über diese alle verbindende Telepathieeinrichtung verteidigen. Die Strafe für Vergehen gegen die Gemeinschaft besteht in körperlicher Alterung, die jeweils für einen bestimmten Zeitpunkt ausgesprochen wird (ein Monat, ein Jahr, zehn Jahre usw.). Da der einzelne nicht sterben kann, müssen Abtrünnige letztendlich zu permanenter Senilität verurteilt werden und können am aktiven Leben der Gemeinschaft nicht mehr teilnehmen.

○ Zed, der neue, von den Ewigen geschaffene Mensch, zerstört ihre Welt, doch unterstützt er damit das Entstehen einer besseren Welt.

George Lucas (*1944)

Lucas besuchte die Filmhochschule an der University of Southern California, wo er noch vor seinem Diplom den Kurzfilm *‹THX 1138: 4EB›* drehte. Darin wird eine Verfolgungsszene mit metallgesichtigen Polizisten auf Motorrädern gezeigt. Er arbeitete zusammen mit Francis Ford Coppola bei Warner Brothers, und Coppola war Produzent des ersten abendfüllenden Spielfilms von Lucas, *‹THX 1138›* (1971), eine ausgebaute Version des Kurzfilms aus seinen Studententagen. Sein zweiter Film, *‹American Graffiti›*, wurde ein großer Erfolg, doch es war sein dritter Film, *‹Krieg der Sterne›*, mit dem er sich einen Namen machte und Rekordeinnahmen erzielte. Er ließ eine gleichermaßen durchschlagende Fortsetzung folgen: *‹Das Imperium schlägt zurück›*.

Der Film:
‹Krieg der Sterne› (1977)

‹*Krieg der Sterne*› ist ein mitreißendes, unterhaltsames Abenteuer, das in einem mystischen Universum irgendwo im Weltraum spielt. Lucas braute eine Mischung aus Musketier-, Western- und Kriegsfilmen, borgte Elemente aus Fortsetzungsromanen, Krimis und Märchen. Die Romanfassung erschien 1976 unter dem Namen von Lucas, wurde aber tatsächlich von Alan Dean Foster geschrieben.

Prognosen

○ Interstellarer Raumflug. Menschen erobern die Sterne und breiten sich mit ihren mit Ultralichtgeschwindigkeit fliegenden Raumschiffen in der gesamten Galaxie aus.
○ Handel und Kommunikation mit außerirdischen Rassen. In der Barszene, zum Beispiel, wird gezeigt, daß die Galaxie von bizarren, doch durchaus intelligenten Außerirdischen bevölkert wird, die sich auf einer mit den Menschen vergleichbaren technologischen Stufe befinden.
○ Intelligente, funktionierende Roboter und Androiden aller Schattierungen. Einige von ihnen können sprechen, Entscheidungen fällen und haben sogar Sinn für Humor, doch die Menschen behalten eindeutig die Oberhand.
○ Die Welt verwandelt sich aus einer losen galaktischen Föderation offensichtlich demokratischer Prägung in ein totalitäres Imperium, das von einem Erbmonarchen regiert und von Sturmtruppen, die so bedrohlich wie Hitlers SS aussehen, in Schach gehalten wird. Versprengte Grüppchen freiheitsdurstiger Rebellen, von denen einige gut organisiert und ausgerüstet sind, bekämpfen die Zentralregierung, um vermutlich die alte Ordnung wiederherzustellen.
○ Ritualisierte Kämpfe mit Lichtschwertern (Laser-am-Stiel).
○ Konstruktion einer künstlichen Kriegsanlage, dem Todesstern, der die Ausmaße eines Asteroiden besitzt und gewaltig genug ist, um ganze Planeten mit seinen laserartigen Waffen auszulöschen.
○ Kämpfe im Weltraum zwischen Ein- und Zweipersonenraumschiffen.
○ Interstellarer Krieg in größtem Maßstab.
○ Entwicklung übermenschlicher geistiger Kräfte, die auf der «Macht», eine geheimnisvolle Ansammlung der Energiefelder aller intelligenten Wesen, beruhen.
○ Jet-Autos, die mit hoher Geschwindigkeit über ebenen Untergrund fliegen können.
○ Systematische Ausbeutung und Bewirtschaftung der Randplaneten, wobei Roboter und andere Automaten in dünn besiedelten Gebieten eingesetzt werden.

○ Holographische Projektionen von Schachfiguren, Botschaften und Bildmaterial.
○ Antischwerkraftgeräte. *rr*

Poul Anderson

Als einer der profiliertesten Autoren von Science-fiction hat Poul Anderson mittlerweile mehr als 60 Bücher und 200 Erzählungen verfaßt. Science-fiction ist zwar das Gebiet, für das er bekannt geworden ist, doch hat er auch mehrere historische und konventionelle Romane geschrieben. Anderson wurde sechsmal der «Hugo» und zweimal der «Nebula»-Preis verliehen.

Prognosen

1982–1984

○ «Finnlandisierung» von Westeuropa und Japan durch die UdSSR. Anwachsen kommunistischer und anderer «linker» Regime in ganz Mittel- und Südamerika. In den USA wird durch die darauf folgende öffentliche Reaktion eine konservative Regierung ins Amt gehoben, die sich weitgehende Befugnisse für den Notfall erteilt.

1984–1993

○ Bündnis zwischen den USA und China. Verstärkter Wiederaufbau militärischer und wirtschaftlicher Stärke. Massive Wiederbelebung der Weltraumforschung. Unterstützung aller Freunde, die den USA in der Welt noch geblieben sind. Sowjetische Einmischung sinkt auf ein Minimum durch den drohenden totalen Atomkrieg und durch wachsende Unruhe innerhalb der gesamten Sowjetunion, die schließlich auch zu ausgedehnten Revolten führt. Die UNO besteht theoretisch zwar noch, doch tritt sie kaum noch zusammen, und niemand nimmt Notiz, wenn es doch einmal geschieht.
○ Europa, das zwar militärisch neutral ist, sich jedoch immer mehr den Satellitenstaaten Osteuropas annähert, und Japan erfreuen sich eines gemäßigten Wohlstands, was ihnen gestattet, weiterhin extraterrestrische Energiequellen kommerziell auszubeuten. Diese Industrie ist weitgehend in Privatbesitz, was in den Amerikanern den Wunsch nach Freiheit wachhält, obwohl sie im großen und ganzen einsehen, daß die Reglementierung in ihrem

Land notwendig ist. Währungs- und Steuerreformen helfen die Produktivität Amerikas wieder zu beleben, und ein Aufwärtstrend setzt ein.

○ Wissenschaftliche und technologische Entwicklungen dieser Periode:

1. Fusionsenergie und Sonnenkraftsatelliten werden entwickelt und ab 1993 eingesetzt.
2. Neue biochemische Techniken mit DNA gewinnen für die Herstellung vieler Chemikalien an Bedeutung. Sie führen auch zur Entwicklung zielgerichteter Schädlingsbekämpfungsmittel, die zum Beispiel die Ratten praktisch ausrotten, wodurch jährlich Millionen Tonnen Nahrungsmittel gerettet werden.
3. Es wird ein Ansatz gefunden, neurochemische Störungen und einige Erbkrankheiten wirksam zu behandeln. Impfstoffe für mehrere Krebsarten werden entdeckt.
4. Die Zweite Industrielle Revolution – die Computerrevolution – schreitet rasch voran, und die Dritte – die Industrialisierung des Weltraums – beginnt mit aller Macht.
5. Die ersten Experimente mit direkten Mensch-Computer-Verbindungen werden durchgeführt, wobei Techniken abgewandelt werden, die früher für die Verständigung mit Affen und Walfischen benutzt wurden.
6. Die Kosmologie wird durch Entdeckungen der Weltraumsonden vollständig revolutioniert. Dies wiederum führt zu einer Überprüfung der Grundlagen der Physik.

○ Auf dem Gebiet der Kunst wird nichts oder sehr wenig von bleibendem Wert geschaffen. Die Amerikaner verzichten zugunsten von Genügsamkeit, Patriotismus und Dienst an der Gemeinschaft auf Hedonismus. In dieser Periode werden Linke, Umweltschützer und andere Personen, die uns das angeblich «alles eingebrockt» haben, offen verfolgt. Die Religionen erfahren einen gewaltigen Aufschwung.

1993–1995

○ Die internationale Krise erreicht ihren Höhepunkt, als die Sowjetunion auseinanderzufallen beginnt und ihre Führer in die Enge getrieben werden. Ein kurzer sowjetisch-chinesischer Krieg, in dem einige Atomwaffen eingesetzt werden, wird in Verhandlungen unter starkem Druck seitens der USA beigelegt. Die ganze Welt ist entsetzt über die Auswirkungen, die selbst ein so begrenzter Atomkrieg nach sich zieht. Eine Palastrevolution im Kreml bringt gemäßigte Männer – russische Patrioten alten Stils und die «neue Klasse» der Technokraten – an die Macht.

1996–1998

○ Weltweites Chaos mit zahlreichen Kämpfen und umfassenden Leiden bricht aus, wenn Regime und Hegemonien auseinanderbrechen und nach neuen Bündnissen suchen. Die USA und China helfen der Sowjetunion im Namen der Stabilität, den Kern der Union unter Kontrolle zu halten.

1999

○ Der «Friede der Stabilisierung», auch der «Erschöpfungsfrieden» genannt, wird von den Großmächten (zu denen jetzt Japan und die neugegründete Europäische Union gehören) ausgehandelt und den schwächeren Staaten aufgezwungen. Genau wie der Wiener Kongreß bildet diese Konferenz ein System, das über mehrere Generationen seine Tagungen fortsetzen kann und somit der Menschheit eine Verschnaufpause verschafft.

2000

○ Der neu ins Amt gewählte amerikanische Präsident verkündet, daß die Notstandsgesetze zwar in Kraft bleiben müssen, darüber hinaus aber fast alle Kontrollen über das Leben der Bürger fallengelassen werden, «um unsere Energien freizusetzen, den Anforderungen des neuen Jahrhunderts zu begegnen».

2001

○ Überschüssige militärische Raumfahrzeuge und andere Ausrüstung werden der Zivilbevölkerung zur Verfügung gestellt. Zahlreiche Unternehmen gehen in Planung. Dabei wird zu einem großen Teil der riesige materielle Reichtum eingesetzt, der aus dem Weltraum herangeschafft wird, um der unglücklichen Mehrheit der Erdbevölkerung dabei zu helfen, sich wieder von Barbarei und Armut zu befreien. Dies wird eine subtile Langzeitwirkung nach sich ziehen, denn solche Gesellschaften werden an Einfluß gewinnen. Doch noch bedeuten politische Entwicklungen für den Rest dieses Jahrhunderts sehr viel weniger als die wissenschaftlichen und technologischen Entdeckungen.

2005

○ Erste große Zivilkolonie in der Erdumlaufbahn. Ausweitung der Besiedlung und Industrialisierung des Mondes. Der erste Asteroid wird zur Gewinnung von Bodenschätzen auf die Erde gebracht. Interplanetarische Forschungsflüge.

2010

○ Die cytologische Grundlage des Alterungsprozesses wird gefunden. Es zeigt sich die Möglichkeit, ihn aufzuhalten, was zu faktischer Unsterblichkeit führt. Computerbewußtsein; Mensch-Computer-Verbindungen funktionieren.

2020

○ Geschäftiges Treiben im ganzen Sonnensystem. Erste interstellare Sonden werden gestartet.

2030

○ Irgend etwas, was die gesamte Vorstellung von Realität und der Stellung, die der Mensch darin einnimmt, verändert, ist bis zu diesem Zeitpunkt entdeckt worden. Ich weiß nicht, was es sein wird, ich bin mir nur ziemlich sicher, daß es geschehen wird!

Poul Anderson fügt hinzu: Die einzige Voraussage, bei der ich mir einigermaßen sicher bin, wenn ich sie ausspreche, ist jene, daß alle Voraussagen, die ich mache, sicherlich nicht eintreffen werden.

L. Sprague De Camp

L. Sprague De Camp wechselte vom Erfinder und Herausgeber zum Schriftsteller und hat seitdem historische Arbeiten, Fantasy-Erzählungen und Science-fiction-Romane verfaßt. Er produzierte die Johnny-Black-Serie, die in den dreißiger Jahren in *Astounding Science Fiction* erschien, und schrieb neue Versionen der Conan-Erzählungen von Robert E. Howard.

Prognosen

Da es einfacher ist, langfristige Entwicklungen zu erkennen als den Geschwindigkeitsgrad vorauszusagen, mit dem sie sich durchsetzen werden, werde ich meine Voraussagen über mögliche Entwicklungen auf den Zeitraum bis 2030 beschränken. Darüber hinaus muß ich dabei davon ausgehen, daß keine großen unvorhergesehenen Katastrophen wie Atomkrieg, Zusammenstoß mit einem Planetoiden, ein unkontrollierter Treibhauseffekt usw. eintreten werden.

Die Faktoren, denen man wohl am wenigsten entgegensetzen kann, sind: das Ansteigen der Erdbevölkerung auf fast das Doppelte des gegenwärtigen Standes, bevor es abgefangen werden kann; das Aufbrauchen von immer mehr Bodenschätzen und die fortschreitende Entwicklung von Wissenschaft und Technik.

Das Zusammentreffen von steigender Bevölkerungszahl und der Verkarstung weiter, für den Ackerbau geeigneter Gebiete bedeutet, daß wir mit immer mehr Hungersnöten, ähnlich der in der Sahelzone vor einigen Jahren, in immer größerem Maßstab rechnen müssen. Als Reaktion auf dieses Massensterben können wir damit rechnen, daß die Regierungen, besonders autoritäre Regierungen (worunter die große Mehrheit der Regierungen dieser Welt fällt), zu Zwangsmaßnahmen bei der Geburtenkontrolle greifen werden. Unter diesen Maßnahmen wird man auch die Zwangssterilisierung finden, die zur zeitweisen Absetzung von Indira Gandhi führte.

Das Anwachsen der Bevölkerung und der ökonomischen Abhängigkeiten wird, glaube ich, zu verstärkter Intervention und Steuerung seitens der Regierungen führen. Das Leben wird sehr viel organisierter, vielschichtiger und reglementierter ablaufen, mit verstärkter Bürokratie: Formularen und Berichten. Die Unterschiede zwischen sozialistischen und kapitalistischen Wirtschaftssystemen werden bis zu einem gewissen Grad abnehmen, da die kapitalistischen Regierungen stärker in die Privatindustrie eingreifen werden und die sozialistischen und kommunistischen Regierungen vorsichtig anfangen, mit einem Anreiz zum Profit zu experimentieren – wobei während der ganzen Zeit beide darauf bestehen, daß jeder seine Wirtschaftsart in reinster Form praktiziert und die Unterschiede so groß wie eh und je geblieben sind.

Der Fortschritt in Wissenschaft und Technik wird ein höheres Alter der Bevölkerung zur Folge haben, da immer mehr Menschen 80 oder 90 Jahre alt werden. (Unbegrenzte Verlängerung der Lebenserwartung ist auf Grund des Charakters der Zellreproduktion unwahrscheinlich.) Dies bedeutet möglicherweise eine konservativere Bevölkerung. Die Mechanisierung der Landwirtschaft wird die Verstädterung beschleunigen, da die überflüssigen Landarbeiter auf der ganzen Welt in die Städte strömen werden, wie es in den Industriestaaten zwischen der Mitte des 19. Jahrhunderts und dem Zweiten Weltkrieg der Fall war. Zunehmende Verstädterung heißt mehr Kriminalität, und wir können uns auf eine Umkehrung des im letzten Jahrhundert vorherrschenden Trends zur Rehabilitation und zu humaner Behandlung der Strafgefangenen gefaßt machen.

Das Öl wird innerhalb der nächsten 30 Jahre so gut wie aufgebraucht sein. Hieraus wird sich eine strenge Rationierung der Benutzung privater Automobile und des Luftverkehrs ergeben. Es wird Ersatz gefunden werden, doch nur in begrenztem Maßstab. Ein allgemeines Umschwenken zu Alkohol würde den Weltgetreideertrag drastisch beschneiden. Das Hydrieren von Kohle würde einigen flüssigen Brennstoff liefern, doch zu weit höheren Kosten als bei der Herstellung heutiger Ölprodukte. Ganz sicher wird die Ölknappheit den reinen Vergnügungsfahrzeugen (Motorboote, Strandbuggies etc.) und den motorisierten Rasenmähern den Garaus machen. Wahrscheinlich werden die flüssigen Brennstoffe den Behördenfahrzeugen wie Feuerwehrautos und Krankenwagen vorbehalten bleiben.

Billige Flugreisen wird es zwar nicht mehr geben, doch der internationale Reiseverkehr bleibt bestehen, wenn nötig, zu Land und zu Wasser. Vielleicht erleben wir sogar eine Wiederauflage der Dampflokomotive, in der Kohle verheizt wird. Internationale Kontakte werden die Angleichung der verschiedenen Kulturen der Welt so weit vorantreiben, daß die Menschen sich überall gleich anziehen, ihren Geschäften in der gleichen Weise nachgehen und ihre Nationaltrachten nur noch bei besonderen Gelegenheiten und zur Unterhaltung der Touristen anlegen.

Die Trennung des Geschlechtsverkehrs von der Fortpflanzung wird wahrscheinlich den Trend zu sexueller Promiskuität verstärken und ähnliche Praktiken wie den Ehefrauen-Verleih mancher Naturvölker wieder zum Leben erwecken. Dies wiederum kann steigende Probleme bei der Kontrolle der Jugendlichen verursachen, bis sich ein neues Gleichgewicht eingependelt hat. Die sexuelle Revolution wird in den nächsten 50 Jahren wahrscheinlich die Grundsätze der katholischen Kirche verändern, zum Beispiel Aufhebung des Erlasses gegen Geburtenkontrolle und Heiratserlaubnis für Priester.

Die Fortschritte in den Wissenschaften werden wahrscheinlich dazu führen, daß die traditionellen Religionen weiter an Ansehen verlieren und magische und pseudowissenschaftliche Sekten stärkeren Zulauf finden.

Philip K. Dick

Philip K. Dick ist ein Science-fiction-Schriftsteller zahlreicher Geschichten über Zeitreisen und Erzählungen, in denen das Thema «Realitätsbewußtsein» im Mittelpunkt steht.

Ein Roman über «alternative Geschichte» erhielt den «Hugo» des Jahres 1963 auf Grund der hervorragenden Behandlung der Prämisse, die USA wären im Zweiten Weltkrieg von den Achsenmächten besiegt worden.

Prognosen

1983

○ Die Sowjetunion wird einen funktionsfähigen Teilchen-Strahl-Beschleuniger entwickeln, der einen Raketenangriff gegen dieses Land unmöglich macht. Gleichzeitig wird die UdSSR diese Waffe als Satellitenkiller einsetzen. Die USA werden auf Nervengas ausweichen.

1984

○ Die USA werden ein System fertigstellen, bei dem das Öl durch Wasserstoff ersetzt wird.

1985

○ In oder vor diesem Jahr wird entweder in der UdSSR oder in den USA ein riesiges Atomunglück geschehen, was zu einer Schließung der Atomkraftwerke führt.

1986

○ Satelliten, wie der HEAO-2, werden ungeheure, unerwartete Hochenergie-Phänomene im Universum entdecken, die darauf schließen lassen, daß genügend Masse vorhanden ist, um das Universum kollabieren zu lassen, wenn seine Ausdehnungskapazität ausgeschöpft ist.

1989

○ Die USA und die Sowjetunion werden übereinkommen, einen riesigen Metacomputer als zentralen Wissensspeicher, der der ganzen Welt zugänglich sein soll, aufzubauen. Dies wird in erster Linie auf Grund der ungeheuren Wissensmenge, die sich neu ansammelt, notwendig.

1993

○ Es gelingt, Leben in einem Labor künstlich zu erwecken, wahrscheinlich in der UdSSR. Dadurch wird das Interesse, Lebensformen auf anderen Planeten ausfindig zu machen, geschmälert.

1995

○ Die Benutzung der Computer durch ganz normale Bürger (schon ab 1980 praktiziert) verwandelt die Öffentlichkeit aus passiven Fernsehkonsumenten in geistig bewegliche, gut ausgebildete, Wissen verarbeitende Experten.

1997

○ Die ersten komplett überdachten Kolonien werden erfolgreich auf Luna und Mars errichtet worden sein. Durch DNA-Manipulation werden quasimutierte Menschen geschaffen, die unter nichtterrestrischen Bedingungen, d. h. in fremden Lebensräumen, überleben können.

1998

○ Die Sowjetunion wird mit einem Antrieb experimentieren, der einem Sternenschiff Lichtgeschwindigkeit verleiht. Ein Versuchsschiff wird sich nach dem nächstgelegenen Fixstern Proxima Centauri auf den Weg machen, bald gefolgt von einem amerikanischen Schiff.

2000

○ Ein fremdes Virus, das von einem interplanetarischen Schiff eingeschleppt wurde, wird die Bevölkerung der Erde dezimieren, die Luna- und Marskolonien jedoch verschonen.

2010

○ Die Sowjetunion wird versuchen, die Vergangenheit mit Hilfe wissenschaftlicher Information zu verändern, indem sie Tachyonen (Teilchen, die sich rückwärts durch die Zeit bewegen) als Träger einsetzt.

Joe Haldeman

Joe Haldeman, ehemaliger Vietnamkriegsteilnehmer, wurde mit seinem Buch ‹*The Forever War*› in der Öffentlichkeit bekannt. Dies Buch erhielt den «Hugo»-, den «Nebula»- und den «Ditmar»-Preis für den besten Science-fiction-Roman des Jahres 1975. 1976 folgte ‹*Mindbridge*›, auch ein vielbeachtetes Buch, für das er den «Galaxy Award» des Jahres 1978 erhielt. Zur Zeit arbeitet Haldeman an einer Science-fiction-Trilogie. Der erste Band ist unter dem Titel ‹*Worlds*› 1981 veröffentlicht worden.

1982–1992

Eine technische Entwicklung, die wahrscheinlich noch vor 1992 realisiert wird, ändert die Welt für alle Zeiten: die Errichtung eines verläßlichen Abwehrsystems gegen Interkontinentalraketen. Falls es der Sowjetunion als erstes gelingt, wird es wohl eine am Boden stationierte Teilchenstrahlwaffe sein; falls die Amerikaner sie schlagen, könnte es eine Laserwaffe im Orbit sein.

In jedem Fall wird es zwei Möglichkeiten für die Zukunft geben. Das wahrscheinlichste wird leider sein, daß die erste Macht, die diese Waffe entwickelt, sie auch benutzt, indem sie unter irgendeinem politischen Vorwand einen Präventivschlag ausführt. Für diesen Fall können Sie für das Danach das Szenario sicher selbst schreiben.

Weniger wahrscheinlich, aber unendlich viel wünschenswerter wäre es, wenn diese Abwehrwaffe eine gleichzeitige, universale, geordnete Zerstörung aller Atomwaffen in allen Ländern erforderlich machen würde. Das atomare Material könnte für die Erzeugung von Elektrizität oder für ehrgeizige technische Projekte, z. B. die Industrialisierung des Weltraums, wie unten beschrieben, genutzt werden.

1993–2030

Falls es zu einem Atomkrieg kommt, wird der «Gewinner» letzten Endes wohl auch verlieren, und zwar in der Bedeutung, daß das frühere Gesellschaftssystem zerfallen wird. Dies ist eine Ahnung, vielleicht auf dem Instinkt gegründet, daß ein Sünder bestraft werden muß. Nach Ablauf eines Jahres werden solche Weltorganisationen wie die UNO, NATO und der Warschauer Pakt zusammenbrechen. Die Regierungen fast aller Länder werden folgen und entweder strenge Polizeistaaten werden oder in eine Ansammlung kleiner lokaler, nichtkooperierender Organisationen auseinanderfallen. Es kann geschehen, daß die Länder der Dritten Welt in Afrika und Südamerika mit relativ intakten Regierungen und Wirtschaftssystemen überleben und das letzte Schicksal der Rasse in ihren Händen liegt. Der Joker in dem Blatt ist Australien, das vielleicht das einzige Land sein wird, das mit einer technisch fortgeschrittenen Gesellschaft, die nach traditionellen «europäischen» Kriterien organisiert ist, ins 21. Jahrhundert tritt.

Falls wir diese Periode erreichen, ohne einen Atomkrieg zu erleben, sehen wir uns dem Problem gegenüber, mit dem ständig wachsenden materiellen Fortschritt fertig zu werden. Selbst wenn die Weltbevölkerung nicht weiter anwächst und selbst wenn unsere verschiedenartigen politischen und ökonomischen Systeme so etwas gestatten könnten, ist es einfach unmöglich, daß alle vier Milliarden von uns einem solchen Lebensstandard frönen könnten, wie ihn heutzutage die Mittelschichten Amerikas und Europas genießen – jedenfalls nicht, solange die Energie und die Industrie, die diesen Standard erlaubt, auf konventionellen Quellen ruhen. Das zweite Gesetz der Thermodynamik wird nicht widerrufen werden: Jeder Vorgang, der nützliche Arbeit leistet, produziert Abwärme. Falls jeder so gut leben würde wie die Amerikaner, würde die Oberflächentemperatur der Erde sehr schnell einen Stand erreichen, der sich in katastrophalen klimatischen Veränderungen niederschlagen würde.

Ein konservatives Szenario für dieses Problem würde eine nach unten gerichtete Angleichung des Lebensstandards der reichen Länder beinhalten. Es ist durchaus möglich, daß dies ohne Katastrophen bewerkstelligt wird, indem die Menschen ihre Vorstellungen von einem wünschenswerten Grad physischer Bequemlichkeit und dem Anhäufen von Besitztümern ändern. Dies würde *nicht* bedeuten, daß wir wieder in primitive Zustände zurückfallen müßten. Relativ wenige Abwärme entsteht bei Kommunikations- und Kybernetikprozessen. Eine Zukunft ist denkbar, in der die Menschen, materiell gesehen, recht einfach leben, es jedoch zu den täglichen Dingen des Lebens gehört, mit Menschen auf der ganzen Welt zu kommunizieren oder ein Knöpfchen der Zentralbibliothek zu drücken, um sofort mit jedem jemals veröffentlichten Buch oder jeder jemals verbrochenen TV-Show beliefert zu werden.

Kein Szenario, das einen fortlaufenden materiellen Fortschritt voraussagt, kommt an der Industrialisierung des Weltraums vorbei. Es ist unabdingbar, daß die Schwerindustrie und Energieerzeugung irgendwann zu großen Teilen von der Oberfläche der Erde verschwinden müssen, so daß Abwärme und Abgase sich ohne Schaden im Weltraum verteilen können. Die *einzige* Alternative zur Weltraumindustrialisierung ist die fortlaufende Umkehrung des ökonomischen Wachstums, mehr oder weniger katastrophal. Ein interessantes Einzelszenario, das vielleicht 2030 verwirklicht werden kann, beinhaltet, daß die von den Armeen der Welt aufgestapelten Atomwaffen benutzt werden könnten, um Asteroiden einzufangen und sie in die Erdumlaufbahn zu transportieren, wo sie als Rohmaterial für die Industrialisierung des Weltraums genutzt werden könnten. Ein Asteroid der Nickel/Eisen-Gattung enthält Billiarden Tonnen erstklassigen Stahls, gebrauchsfertig.

Da das Verwaltungsamt und das Finanzministerium und der Kongreß die NASA wie die armen Verwandten behandeln, ist die Chance wohl nicht sehr groß, daß die USA die Initiative in der Industrialisierung des Weltraums ergreifen werden, obwohl die Space Shuttles ein hervorragender erster Schritt wären. Die Sowjetunion schafft es vielleicht, wenn sie in der Lage ist, sich heil ins 21. Jahrhundert zu retten. Einige multinationale Konzerne könnten über die nötige industrielle und ökonomische Kapazität verfügen, doch ist es unwahrscheinlich, daß sie in ein Projekt einsteigen, dessen riesige Kapitalinvestitionen sich erst nach 20 Jahren auszahlen. Japan ist eine Möglichkeit; und Deutschland. Vielleicht werden die OPEC-Staaten erkennen, daß der einzige Weg, die Energiequellen der Welt im Griff zu behalten, über das Monopol bei den Sonnenkraftsatelliten führt.

Eine schwache Möglichkeit besteht darin, daß die USA – ihre Regierung und ihre Bürger – ihren kollektiven Kopf aus dem Sand ziehen und nach oben schauen – zu den Sternen.

Harry Harrison

Der Science-fiction-Schriftsteller Harry Harrison ist besonders bekannt geworden durch seine Erfindung der Stainless Steel Rat-Serie, in der Slippery Jim diGriz, ein durch den Weltraum flitzender Meisterschurke, die Hauptfigur ist. 1973 erhielt er den «Nebula»-Preis. Harrison lebt zur Zeit in Irland.

Prognosen

1982–1992

○ Ein Mikrocomputer in jedem Auto. Der fortlaufende Rückgang der Kosten für Chips und die Erweiterung billiger Speicherkapazität wird die Massenproduktion dieses Gerätes ermöglichen. Es wird die Treibstoff- und Luftzufuhr so steuern, daß maximale Leistungsfähigkeit erreicht wird; es wird den Öldruck, Wassertemperatur, Reifendruck usw. überwachen und wird etwaige Abweichungen von der Norm sofort signalisieren. Es wird fortlaufend die Geschwindigkeit, Treibstoffvorrat, Kilometerzahl, die bei der jeweiligen Geschwindigkeit mit vorhandenem Treibstoff noch zurückgelegt werden kann, und viele andere Funktionen anzeigen. Dieses Gerät wird ungefähr 20 Mark kosten – daher wird jeder Wagen damit ausgerüstet sein.

○ Es wird kein Benzin mehr für Privatfahrten geben. Zuerst wird man die Wagen auf Erdgas umrüsten, da es noch reichlich vorhanden ist. Sobald das verbraucht ist, wird man andere Treibstoffe, etwa Pflanzenalkohol, benutzen. Später werden die Treibstoffe sehr viel kostspieliger werden, und die Benutzung von Privatwagen wird mehr und mehr eingeschränkt, bis es sich schließlich nur noch die ganz Reichen leisten können.

○ Die Verbesserung des öffentlichen Verkehrswesens wird mit dem Rückgang des privaten Automobils zeitlich zusammenfallen.
○ Ein Durchbruch im Batteriebau wird den Blei-Säure-Batterien ein für allemal ein Ende bereiten. Die neue Batterie wird ungefähr zehnmal soviel Energie enthalten wie die alten Batterien mit gleichem Volumen. Das macht aus dem elektrischen Wagen ein lebensfähiges Projekt, und das bedeutet das Ende des Verbrennungsmotors für Straßenfahrzeuge.
○ In Indien und Afrika werden ständige Mißernten, verursacht durch Änderungen des Weltklimas, mit Bevölkerungswachstum zusammenfallen. Die Menschen werden massenhaft verhungern und um die verbleibende Nahrung kämpfen. Zuerst wird man die Toten zu Hunderttausenden zählen, dann zu Millionen. Hilfsmaßnahmen sind nicht mehr als ein Tropfen auf den heißen Stein. Den entwickelten Ländern erscheint die Situation unlösbar.
○ Die Pest und andere Krankheiten tauchen in der Dritten Welt wieder auf und werden in alle anderen Länder verschleppt. Um zu überleben, wird eine militärische Organisation der Weltgesundheitsorganisation physisch und medizinisch gegen diese Krankheiten kämpfen, um sie wieder einzudämmen.
○ Während die Ölvorräte zurückgehen, wird ein Kampf um die Zuteilung der drei petrochemischen Produkte entbrennen: Treibstoff für das Transportwesen, chemische Futtermittel und Kunstdünger. Der Preis all dieser Produkte wird drastisch in die Höhe klettern, und nur das Militär wird ausreichend Treibstoff erhalten.
○ Gesteuerte Bakterien- und Pflanzenmutationen werden allmählich den Bedarf an Chemikalien, die früher das Öl lieferte, decken. Zuerst wird der aus Pflanzen gewonnene Alkohol benutzt, später die bakteriellen Produkte.

1993–2030

○ Die Weltenergiekrise wird schließlich durch die Weltraumelektrizität-Satellitengeneration gelöst. Ein gigantischer Spiegelsatellit wird die Sonnenenergie einfangen, um Elektrizität zu erzeugen, die daraufhin in Kurzwellenenergie umgewandelt und zur Erde gesendet, wo sie dann wieder in Elektrizität zurückverwandelt wird. Nach dem Bau des ersten Satelliten werden alle weiteren durch den Verkauf der so produzierten Elektrizität finanziert.
○ Der unerschöpfliche Vorrat an billiger Sonnen-Elektrizität wird die stabile, umweltfreundliche und preiswerte Wasserstoffökonomie ermöglichen. Mit Elektrizität wird der Sauerstoff aus dem Wasser gelöst, für die Gewinnung von Kraft wird der Sauerstoff reoxidiert.
○ Der Eisenbahnverkehr wird durch die Entwicklung eines Superleiters revolutioniert, der bei Umgebungstemperaturen funktio-

niert. Das bedeutet, daß ein reibungsloser Linearmotor entwickelt werden kann, der die Züge über den Gleisen magnetisch in der Schwebe hält, was sehr hohe Geschwindigkeiten zuläßt.

○ Die fortgesetzte rasche Entwicklung der Silikonchip-Technologie wird schließlich einen Chip hervorbringen, mit einer Kapazität, die die des menschlichen Gehirns übertrifft. Diese winzigen Geräte werden ins Gehirn gepflanzt und operativ mit ihm verbunden, was die Menschheit auf einen ganz neuen Entwicklungsstand hebt.

○ Eine Anzahl neuer und verträglicher Methoden zur Herstellung der Zeugungsfähigkeit und zur Geburtenkontrolle werden entwickelt. Die Notwendigkeit weltweiter Geburtenkontrolle wird so deutlich, daß die katholische Kirche endlich ihren Bann gegen ihre Ausübung aufhebt.

○ Die endgültige Anwendung narrensicherer Verhütungsmethoden wird die Bevölkerung der Dritten Welt auf einer lebensfähigen Reproduktionsstufe stabilisieren. Es wird keinen Hungertod, keine Knappheit, keine unkontrollierbaren Epidemien mehr geben. Die Menschheit wird unter einer Weltregierung vereinigt sein, ohne die Vorteile verschiedener Sprachen und Kulturen einzubüßen. Die Zukunft der Zukunft könnte für alle friedvoll und glücklich aussehen.

A. E. van Vogt

A. E. van Vogt machte sich als erstes mit seinen zahlreichen Beiträgen auf dem Gebiet spekulativer Literatur und Science-fiction für die Zeitschrift *Astounding Science Fiction* in den dreißiger und vierziger Jahren einen Namen. Sein Roman ‹*Slan*›, der von der «Verfolgung der Mutanten» handelt, wird von vielen für sein bestes Werk gehalten.

Prognosen

Ab 1982

○ *Inflation.* Die Inflation herrscht im Geist des Betrachters – womit ich etwas ausdrücken will, was man in der Wirtschaft schon immer hat beobachten können: Je mehr die Leute haben, um so mehr wollen sie. Auf Grund der Technologie besitzt heute jeder dreißig- bis hundertmal soviel wie die Menschen vor fünfzig Jahren. Und wegen dieser Technologie sage ich voraus, daß der Besitz geometrisch wächst. Doch wegen des oben erwähnten Gesetzes der Ökonomie werden die Menschen unzufrieden bleiben und sich über eine Inflation aufregen, die in Wahrheit gar nicht existiert.

○ *Psychologie.* Freud und seine Nachfolger haben über jeden vernünftigen Zweifel festgestellt, daß frühe Einflüsse und Traumen ebenso wie Krankheiten das Verhalten des einzelnen im Erwachsenenalter erheblich beeinflussen. Trotzdem hat der einzelne in all den Jahren, seitdem Freud zum erstenmal die Ergebnisse seiner Untersuchungen kundtat, im großen und ganzen auf städtische Erneuerung, technologische Umwelt und Massenbildung reagiert und keine Anzeichen dafür gezeigt, daß er die Auswirkungen eines bestimmten Traumas oder Einflusses, der auf ihn ausgeübt wurde, berücksichtigt. Ich sage voraus, daß dieses automatische Verhalten sich in nächster Zukunft nicht ändern wird. Und so wird der Mensch in seinen Grundzügen bleiben, wie er immer war, nur hin und wieder wird sich ein großer Mann oder eine große Frau wie ein bewußtes Wesen verhalten.

1982–1992

○ *Wohltaten aus dem All.* Wenn die Sonne hinter dem Horizont versinkt, nimmt sie zur Zeit das Tageslicht mit sich. Doch da draußen scheint sie immer noch und ist auch in der Lage, ihre Arbeit noch ein ganzes Stück länger zu verrichten. Unser Problem ist nur, große Bogen Aluminiumfolie in den Weltraum zu schaffen. In einer Höhe von mehreren hundert Kilometern können die reflektierenden Folienoberflächen so ausgerichtet werden, daß sie die Sonnenstrahlen zurück zu jeder Stadt senden, die bereit ist, den kleinen damit verbundenen Preis zu entrichten. Kein Bedarf an Elektrizität mehr. Strahlendes reflektiertes Sonnenlicht wird auf ein Großstadtgebiet nach dem anderen bis Mitternacht und später scheinen, 365 Tage im Jahr. Ich sage voraus, daß so ein Programm gestartet wird, sobald die Space Shuttles mit regulären Flügen beginnen.

○ *Sport.* Mit Bedauern wurde beobachtet, daß einige Sportler an unerkannten Gesundheitsproblemen leiden. Und so kann es geschehen, daß ein Superjogger im Alter von 44 Jahren einem Herzanfall zum Opfer fällt. Eine Kombination aus Psychotherapie (zur Abschwächung der tödlichen, versteckten Schwächen) und Sport wird – nach meiner Voraussicht – solche persönlichen Katastrophen allmählich verhindern helfen, und wir können damit rechnen, daß wir erleben werden, wie Psychiater gemeinsam mit einigen Patienten joggen und sie dabei beobachten und befragen – nicht auf der Couch, sondern auf der Piste.

○ *Immobilienpreise.* Die gesamte amerikanische Westküste von der mexikanischen Grenze bis Kanada besitzt die Voraussetzungen, zum Paradies der USA zu werden. Ich sage voraus, daß die großen

Konzerne ihre Niederlassungen allmählich vorzugsweise nach Kalifornien verlegen, da es immer schwieriger wird, im Häuserinnern mit dem immer härteren Winter des Ostens fertig zu werden. Der folgende Aufschwung im Immobiliengeschäft wird die heutigen Grundstückspreise im Vergleich winzig erscheinen lassen.

1982–1993

○ *Krieg*. Ein größerer Krieg – womit ich eine direkte Konfrontation meine – zwischen der UdSSR und den USA würde den Planeten zerstören. Das ist also eine Möglichkeit, die wir nicht in Erwägung ziehen können, und wir können nur hoffen, daß auch die Regierenden beider Länder sie nicht in Erwägung ziehen. Ich sage voraus, daß Kriege der Zukunft weiterhin regionale Katastrophen für kleine Länder sein werden. In all diesen Zusammenstößen zwischen kleinen Ländern oder im Innern kleiner Länder werden die Großmächte ihre gleichermaßen kleinen Konfrontationen austragen. Die Sowjetunion wird sich einmischen, um den Kommunismus auszudehnen, und die USA werden alles tun, um ihn zu verhindern. Die früheren Großmächte Europas – Deutschland, Frankreich, Italien und Großbritannien – werden sich durchweg neutral geben, weil jede von ihnen mit einer einzigen Wasserstoffbombe ausgelöscht werden kann. Aber da viel für sie auf dem Spiel steht, werden sie lernen – meine ich –, wie man mit einer Technik des heimlichen Terrorismus die Dinge beeinflußt.

1993–2030

○ *Verlängerung der Lebensspanne*. Nachdem ein Mensch tödlich erkrankt ist, berichten enge Freunde und Verwandte – im Rückblick – häufig, daß sie schon vor mehreren Monaten oder sogar schon vor Jahren eine deutliche Veränderung bei dem Betreffenden bemerkt hätten. Möglicherweise gibt es Zeichen, die eine Änderung zum Schlechten in jedem einzelnen Jahrzehnt des Lebens signalisieren. Ich sage voraus, daß dies zu einem Gebiet werden wird, das die Aufmerksamkeit der Gerontologen fesseln und sie mit eindeutigen Informationen über solche Verfallserscheinungen zum Zeitpunkt ihres Auftretens versorgen wird. Und dieses frühe Erkennen wird eine der Methoden sein, die zu einer Verlängerung der Lebensspanne bei immer mehr Menschen führen wird.
○ *Religion*. Ein Nebenprodukt des amerikanischen Weltraumabenteuers war die Reaktion einiger Astronauten, als sie die Erde als einen bläulich schimmernden Ball im großen Dunkel erblickten. Dieser fremde, wundersame Anblick rief die vielfältigsten Gefühle hervor, unter denen sich auch eine fast mystische Empfindung von Gott und Religion fand. Daher denke ich, daß wir eine ganze Reihe

religiöser Wiedergeburten im Zuge der Erforschung des Sonnensystems und der weiter entfernten Sterne erleben werden. Da draußen im Weltall ist Gott noch nicht tot. Falls es einen unsterblichen Geist – eine Seele – gibt, zeigt «er» seine Existenz sicherlich auf unzählige Weisen. Doch auf Grund unserer Konditionierung, die mit der Geburt, vielleicht schon vor der Geburt, beginnt, ist nach solchen Zeichen (falls es sie gibt) nie systematisch gesucht worden. Ich sage voraus, daß Computeruntersuchungen dieses Geheimnis zur Zufriedenheit intelligenter Menschen lösen werden.

1993–?

○ *Wohltaten aus dem All.* In alten Zeiten waren die Dörfer der Natur auf Gedeih und Verderb ausgeliefert. Nahrungs- und Wasserknappheit konnten die menschliche Existenz zerstören – oder sie zumindest in einen Alptraum verwandeln. Das Wachstum großer Städte und Metropolen hat automatisch viele Probleme der früheren isolierten Dorfgemeinschaft gelöst; denn die gegenseitige Verbindung unter kleinen und großen Städten sorgte dafür, daß Engpässe ausgeglichen werden konnten. In ähnlicher Weise ist das Dorf Erde den Problemen eines (im Weltraum) isolierten Planeten unterworfen: Dorf-Erde-Denken, mit der dazugehörigen Beschränktheit in Fragen der Politik und Rasse. Ich sage voraus, daß es zu einem Austausch kommen wird, sobald die Menschheit Weltraumgemeinden errichtet und andere Planeten des Sonnensystems und andere Sterne kolonialisiert, was als Feedback zu einer Bewußtseinserweiterung führt, die automatisch die weltlichen Probleme des Dorfes Erde löst.

Ab 2031

○ *Bevölkerungswachstum.* Die Erde kann überbevölkert werden, aber nicht der Weltraum. All die klugen Hirne in den Köpfen der Menschen, die heute auf den Straßen indischer Städte schlafen oder ihre Zeit nutzlos in Flüchtlingslagern verbringen, hätten im Raumzeitalter der Zukunft keine Probleme. Ich sage voraus, daß auf die Dauer gesehen der Wilde Weltraum Hunderte Milliarden Menschen brauchen wird.

Besuch im Zentralen Vorahnungsarchiv

PHILIPPINEN BEKENNEN SICH ZUM KOMMUNISMUS UND WERDEN EIN NEUER IRAN
Francella 8716, 31. 12. 79

EINE NEUE HUNDERASSE KOMMT IN MODE, WEIL SIE ÄHNLICHKEIT MIT DEM NEUEN PRÄSIDENTEN HAT
Hoyes 8751, 12. 1. 80

TRUMAN CAPOTE IM FAHRSTUHL GEFANGEN ZWISCHEN 5. UND 7. ETAGE
Kleinfeld 8850, 24. 1. 80

Dies sind einige Beispiele aus Tausenden von Voraussagen, die jedes Jahr im Postfach des Zentralen Vorahnungsarchivs am Times Square in New York eintreffen. Jeden Tag um die Mittagszeit macht sich Robert Nelson, Werbemann bei der *New York Times* und Leiter des Archivs, auf den Weg zum Postamt, um nachzusehen, was gekommen ist. Und an jedem Wochenende sieht er gemeinsam mit seiner Frau Nanci die hundert oder mehr Briefe durch, sortiert die unbrauchbaren Briefe oder reine Anfragen aus und trägt die übrigen in Form einer Schlagzeile ein. (Der Voraussage folgt der Familienname des Einsenders, die Registernummer des Briefes und das Eingangsdatum.) Manchmal paßt eine der Schlagzeilen seines Registers zu einer Schlagzeile in den fünf Zeitungen, die Nelson täglich liest. Dann hat Nelson einen «Hit» («Treffer»), wie er es ausdrückt.

Das Zentrale Vorahnungsarchiv nahm 1968 seine Arbeit auf, um national und international nach Menschen zu fahnden, die die Fähigkeit der Präkognition besitzen. Es wurde geplant, als Nelson als Freiwilliger für das Traumlabor des Maimonides Medical Center in Brooklyn unter der Leitung von Dr. Stanley Krippner arbeitete. Nelsons Aufgabe bestand darin, zu versuchen, jemandem, der im angrenzenden Zimmer schlief, telepathisch Bildvorstellungen zu übermitteln. Krippner und ihm fiel auf, daß die Träumer zwar meistens die zur Zeit gesendeten Bilder nicht auffangen konnten, daß sie aber häufig exakt das Bild beschreiben konnten, das ein Computer in der folgenden Woche nach dem Zufallsprinzip auswählen würde. Die zwei Männer hatten den Eindruck, daß in ihrem Labor Präkognition demonstriert wurde. Als sich die Arbeit des Labors herumsprach, begannen Dutzende von Briefen von Menschen einzutreffen, die glaubten, in ihren Träumen Vorahnungen entdeckt zu haben. Nelson hatte von Dr. John Baker gehört, der 1966 in London nach der Aberfan-Katastrophe, bei der 31 Schüler getötet wurden, als ein Berg Kohlenschlacke ins Rutschen kam und das Schulgebäude unter sich begrub, ein Vorahnungsarchiv eingerichtet hatte. Viele Menschen hatten dieses Ereignis vorausgesehen, und Baker vermutete, daß eine Einrichtung wie das Archiv die Tragödie hätte verhindern können. Dann hörte Nelson, daß Alan Vaughan, ein an der Westküste der Vereinigten Staaten lebender Mensch mit übersinnlichen Fähigkeiten, die Ermordung von Robert Kennedy genau zehn Wochen vor der Tat vorausgesagt hatte. Offensichtlich bestand die Notwendigkeit, für die Voraussagen von Menschen wie Vaughan und all jenen, die schon ans Labor schrieben, eine Sammelstelle zu schaffen. Einige Monate darauf wurde das Zentrale Vorahnungsarchiv ins Leben gerufen.

Nelson selbst ist kein medial veranlagter Mensch, zwar träumt er Vorahnungen, doch beziehen sie sich immer auf persönliche, nicht auf Dinge von öffentlichem Interesse. Sein persönlicher, etwas seltsamer Hintergrund verschaffte ihm eine gute Grundlage für das Führen einer Vorahnungsregisterstelle. Er hat einen eineiigen Zwillingsbruder, Bill. Als Kinder veranstalteten sie als Hobby magische Vorstellungen. Sie experimentierten mit Taschenspielertricks und Hypnose. In der High-School entwickelte sich Bill ganz plötzlich zu einem Medium. Vier oder fünf verschiedene Geister sprachen durch ihn. Die Brüder hielten während ihrer gesamten Studienzeit wöchentliche Sitzungen mit Bills Geistern ab, wobei Nelson seinen Bruder in Trance versetzte und mitschrieb. Nachdem Nelson seinen Abschluß in Psychologie gemacht hatte, ging er nach New York, um Jura zu studieren, kehrte dann jedoch beiden Gebieten den Rücken und wurde Journalist. Da er sein langjähriges Interesse am Okkulten nicht aufgeben wollte, trat er der American Society for Psychic Research bei und hörte, daß im Traumlabor Freiwillige gebraucht wurden. Als sich die Idee für eine Sammelstelle bildete, verfügte Nelson mit seinem leichten Zugang zu Nachrichten, die sein Job bei der *Times* ihm verschaffte, über die besten Voraussetzungen. Die Geldmittel für das Labor versiegten schließlich, und Nelson verlegte die Adresse des Archivs nach New York und die dazugehörigen Räume in den Keller seines Hauses in Connecticut.

Die Menschen schicken ihre Vorahnungen, egal ob sie aus Träumen, Tarotkarten, dem ‹*I Ging*›, Teeblättern oder einem Trancezustand stammen. Nelson registriert sie und legt sie in einer von 14 Kategorien ab. Kürzlich erhielt er noch 45 bis 70 Briefe in der Woche, doch seine Auftritte im Fernsehen haben die wöchentliche Zahl auf fast 150 gesteigert. Ungefähr die Hälfte der Briefe enthält registrierbare Voraussagen. Viele enthalten Vorahnungen aus der Vergangenheit, die nicht registriert wurden, und ein Fünftel stammt von Menschen, die Informationen wünschen, wo sich zum Beispiel ein verlorengegangener Ehepartner oder ein vermißtes Kind aufhält. Bei dem, was dann übrigbleibt, sind die Tagträumer und

Schwindler nicht leicht von jenen zu unterscheiden, die mit brauchbaren Voraussagen aufwarten. Eine ungebildete Frau, Arlene Handy, zum Beispiel, hat während der zwölf Jahre, die das Archiv nun existiert, regelmäßig geschrieben. Es kostet Nelson viel Zeit, ihre Voraussagen zu entziffern, da sie die Rechtschreibung nicht beherrscht. Zwei Geister sagen ihr Ereignisse in ihren Träumen voraus, und während der letzten zwölf Jahre haben sie sich immer geirrt – bis auf ein einziges Mal. Vor ungefähr fünf Jahren beschrieb sie in einem Brief, daß sie weißbekleidete Gestalten mit Turbanen beim Übersteigen eines weißen, zwei Meter hohen Zauns gesehen habe, und sagte den Tod eines amerikanischen Botschafters voraus. Zwei Wochen darauf wurde in Khartum im Sudan ein amerikanischer Botschafter getötet. Ein Foto in der *New York Times* zeigte einen zwei Meter hohen weißen Zaun. Weil dieser «Treffer» so gut war, wird Nelson alles lesen, was Frau Handy schreibt, sagt er, darunter auch die Voraussage für dieses Jahr, daß «Kitt sich als krebserzeugend erweisen wird». «Ich versuche, mich nicht über die Unmengen verrückter Sachen, die hier eintreffen, aufzuregen», sagt Nelson. «Denn ich könnte ja etwas übersehen.»

Das Archiv erhält auch viel Post von Leuten, die Nelson als «religiöse Spinner» bezeichnet. «Wenn der Brief mit einem Bibelzitat beginnt, lese ich gar nicht erst weiter. Manche dieser Briefe sind 20 beidseitig handbeschriebene Bogen lang und erzählen mir, daß ich ein Agent des Teufels bin und in der Hölle in Öl sieden werde.» Offensichtlich existiert eine ganze Glaubensrichtung, die glaubt, daß der einzig rechtmäßige Platz für eine Voraussage die Bibel ist und daß Nelsons Arbeit eine Einmischung ins Schicksal bedeutet und sogar der Vorsehung ins Gehege kommen könnte. «Ich glaube nicht an Prädestination», sagt Nelson. «Das Buch des Lebens ist nicht schon geschrieben worden.» Sich in die Zukunft einzumischen, scheint jedoch eins seiner Ziele zu sein.

Unter den ungefähr 5000 Voraussagen, die Nelson erhalten hat, fanden sich 49, die mitten ins Schwarze trafen. Und die Hälfte davon stammte von fünf Menschen. Nelson glaubt, daß ein größerer Prozentsatz von Propheten ihm einen größeren Prozentsatz «Treffer» liefern könnte. Er hofft, mit der Zeit in der Lage zu sein, so etwas wie ein Frühwarnsystem aufzubauen – um das Register als ein Mittel zur Katastrophenverhinderung einzusetzen. Er glaubt, daß dies besonders bei Mord möglich ist, der häufig vorausgeahnt wird. Zusätzlich zu Vaughans Kennedy-Voraussage ahnte zum Beispiel eine Hausfrau aus der Bronx den Attentatsversuch auf George Wallace voraus. Mehrere Monate vor dem Anschlag schickte sie Nelson einen Zeitungsausschnitt mit dem Bild von Wallace und schrieb: «Letzte Nacht träumte ich, daß Governor Wallace auf die Bühne trat. Eine große Menschenmenge mit farbigen Fahnen war anwesend, und der Governor trug einen braunen Anzug. Ich erwachte – meine Stimme sagte, daß man auf Governor Wallace schießen wird.»

Zu der Zeit hatte Nelson den Gedanken des Frühwarnsystems noch nicht entwickelt, eine Idee, die immer noch im Entstehungsstadium ist. Ohne die Hilfe eines Computers, der all die Briefe in Kategorien speichern und mit Nachrichtenmeldungen vergleichen könnte, und ohne finanzielle Zuschüsse (Nelson finanziert das Register ausschließlich durch die Einkünfte, die er für seine Vorträge über Parapsychologie erhält – er ist bereit, überall Reden zu halten –, und aus seiner eigenen Tasche) kann man sich nur schwer vorstellen, wie weit er damit kommen kann. «Aber», sagt Nelson, «falls ich jemals zwei gleiche Voraussagen über ein Ereignis von zwei Menschen erhalten sollte, werde ich versuchen, irgend etwas zu unternehmen, um das Ereignis zu verhindern – egal ob ich dann die Helfer eines Politikers, die Verwaltung einer Fluggesellschaft oder sonst jemanden benachrichtigen muß.» Das einzige Interesse, das die Regierung zeigte, kam von der Geological Survey, die kürzlich vorschlug, Nelson sollte mit ihnen auf dem Gebiet der Erdbebenvorwarnung zusammenarbeiten. «Die kehren wieder zu jenen zurück, die sie die ‹Hundertfünfzigprozentigen› nennen», sagt Nelson. «Menschliche Seismographen.»

Die meisten Menschen, die ihre Voraussagen einsenden, sind keine berufsmäßigen Medien, deren Karriere gefährdet ist, wenn sich ihre Voraussagen als falsch erweisen. Es sind eher Hausfrauen, Bibliothekare, Hausmeister – alles, was man sich denken kann. «Es gibt da kein Muster», sagt Nelson, «und daher glaube ich, daß es jedem passieren kann.» Die Menschen, die zum erstenmal schreiben, erhalten einen Brief, in dem erklärt wird, daß ihre Voraussage registriert wurde, und einen vertraulichen zweiseitigen Fragebogen. Der Fragebogen wurde entwickelt, um die Theorien von Dr. Larry Lashan, den Nelson für einen der intelligentesten Psychologen auf dem Gebiet der Parapsychologie hält, entweder zu bestätigen oder zu widerlegen. Lashan glaubt, daß paranormale Zustände die gleichen Eigenschaften besitzen wie die der großen Mystiker der Vergangenheit – ein Gefühl der Zeitlosigkeit, der Universalität und ein Gefühl der Einheit mit allen lebenden Wesen. Nelsons Fragebogen ist so verfaßt, um herauszufinden, ob diese Menschen, die aus allen Schichten stammen und Vorahnungen erleben, auch diese Eigenschaften fühlen, wenn sie sich in dem betreffenden Zustand befinden. Er hat auch eine Broschüre entworfen, *‹Die Kunst, Träume zu fangen›*, über die er sagt, daß es «eine Anweisung ist, die aus fünf oder sechs Büchern über Traumforschung zusammengezogen wurde, die versucht, den Menschen zu zeigen, wie sie ihre Träume einfangen können».

Neben der Möglichkeit, zukünftige Katastrophen zu verhindern, bietet das Archiv für viele Menschen ein Ventil, wenn sie plötzlich die Empfänger düsterer Vorahnungen werden, was ziemlich beunruhigend sein kann. Einen Ort zu wissen, an den man seine Voraussagen schicken kann, hilft diese Voraussage zu bestätigen und versichert dem Betreffenden, daß er nicht dabei ist, irrsinnig zu werden. Auf der anderen Seite ist die Lektüre all dieser Briefe, die aus Frankreich, Spanien, den Philippinen, der UdSSR und aus ganz Amerika eintreffen, nicht gerade die beruhigendste Weise, die Freizeit zu verbringen. «Nach der 18. Voraussage an einem Abend, daß Teddy Kennedy etwas zustoßen wird oder daß Jimmy Carter von einer Maschine verstümmelt wird, kann mich schon der Jammer packen. Schon oft war ich drauf und dran, das Handtuch zu werfen. Manchmal helfen mir meine Korrespondenten jedoch ein bißchen, indem sie voranstellen: ‹Wissen Sie, was jetzt kommt, ist wirklich starker Tobak. Hoffentlich sind Sie darauf vorbereitet.› Fast alles sind schlechte Nachrichten.» Da kann man sich schon fragen, was Nelson denn dazu treibt, all die Arbeit, Verantwortung und schlechten Nachrichten auf sich zu nehmen, die die Führung des Archivs mit sich bringt. Nelsons eigene Antwort: «Nur durch die unerschütterliche Überzeugung, daß irgendwo da draußen in einer kleinen Hütte in Michigan oder wo auch immer irgend jemand lebt, der Voraussagen machen kann. Die Person will ich finden. Es ist eins der Dinge, für die es sich lohnt, morgens aufzustehen.» *jh*

Teil III

Propheten, Wahrsager, Futurologen

Ein stummer Prophet: die Cheopspyramide

Die älteste und größte Pyramide von Giseh am Westufer des Nils gegenüber Kairo wurde von Cheops erbaut, dem zweiten König der vierten Dynastie, der Ägypten von etwa 2551 bis 2528 regierte. 2,3 Millionen Blöcke aus Sandstein, jeder zweieinhalb Tonnen schwer, wurden auf einer quadratischen Grundfläche von über 50 000 Quadratmetern zu einer 147 Meter hohen Pyramide (die Türme des Kölner Doms sind 157 Meter hoch) aufgeschichtet, die Seiten ziemlich genau nach den vier Himmelsrichtungen orientiert.

Die ägyptischen Pyramiden sind Königsgräber, die höchstentwickelte Form von Hügelgräbern, wie sie in der Jungsteinzeit und besonders in der Bronzezeit in Europa und in Asien weit verbreitet waren. Wegen ihrer Größe und eindrucksvollen Form war die Pyramide des Cheops schon im Altertum zu einem der sieben Weltwunder erklärt worden. Als Ägypten im 19. Jahrhundert das Interesse europäischer, vor allem französischer und englischer Altertumsforscher auf sich zog, machte sich auch bald das uralte hohe Ansehen ägyptischer Weisheit geltend, und den wissenschaftlichen Forschungen gesellte sich eine Suche nach Zeugnissen eben dieser Weisheit zu, wofür sich unter anderem auch die Cheopspyramide anbot.

Seit 1864 veröffentlichte der «königliche Astronom von Schottland» Piazzi Smyth eine Reihe von Werken über die Cheopspyramide. Der seine Art am deutlichsten kennzeichnende Titel lautet *‹Our Inheritance In The Great Pyramid›:* Das Vermächtnis der Großen Pyramide. Smyth hatte die Cheopspyramide 1865 vermessen und glaubte, an den gefundenen Maßen mathematische, astronomische und geographische Kenntnisse der alten Ägypter abzulesen, wie sie erst von der neuzeitlichen Wissenschaft «wieder» erarbeitet worden seien: ungemein genaue Werte der Zahl Pi, der Länge eines Jahres, der Entfernung Erde–Sonne, des Umfangs, des Volumens und sogar des spezifischen Gewichts der Erde usw. usw.

Er hatte sich dafür allerdings ein eigenes Maß ausdenken müssen und dies in einem genial verrückten Einfall getan: Er teilte die Seitenlänge der Pyramidengrundfläche (232,747 Meter) durch die Zahl der Tage des Sonnenjahrs (365,2422) und nannte die errechnete Größe das «Pyramidenmeter» (64 Zentimeter); indem er dieses durch 25 teilte, erhielt er seinen «Pyramidenzoll», der mit 2,56 Zentimetern nur wenig vom englischen Zoll (2,54 cm) abwich. Damit beträgt zum Beispiel die genau errechnete Höhe der Pyramide 5813,01 Pyramidenzoll, mit 10^9 multipliziert (die Höhe der Pyramide verhält sich zur halben Diagonale der Grundfläche wie 10:9!), ergibt das die Entfernung der Erde von der Sonne.

Smyth und andere nach ihm lasen an der Pyramide aber nicht nur naturwissenschaftliche Daten ab, sondern fanden in ihr auch Vorhersagen über die seit ihrem Bau bis heute ablaufende Weltgeschichte. In den Gängen und Kammern der Pyramide, von unten an einem bestimmten Punkt beginnend und jedem Pyramidenzoll ein Jahr zurechnend, erhalten wir einen Geschichtskalender für sechs Jahrtausende, markiert durch die Fugen zwischen den Steinen. Der einzige Eingang ins Innere befindet sich in der Mitte der Nordseite, etwa 16,5 Meter über dem Erdboden. Von da führt ein Gang schräg nach unten; die Stelle, wo er den Boden erreicht, bezeichnet das Jahr 1486, in dem Mose das jüdische Volk aus Ägypten führte. Von hier führt ein Gang in genau der gleichen Schräge wieder nach oben, wie der abwärts führende nur etwa einen Meter breit und 1,20 Meter hoch. Aber nach 1486 Zoll erweitert er sich zu zwei Metern Breite und elf Metern Höhe: das Jahr der Geburt Jesu ist erreicht! Dieser hohe Gang ist 1878 Pyramidenzoll lang – er reicht also bis in die Zeit, in der seine Weissagung enthüllt worden ist, und er ist noch 68 Zoll lang, bis er an einer leicht, aber drohend überhängenden Wand endet – 1946.

Was das bedeuten sollte, konnte Smyth nicht ahnen und wagte es auch nicht. Nachfolger, denen die späteren Ereignisse bekannt waren, hatten etwas abweichend gemessen und das Ende des hohen Gangs auf das Jahr 1909 verlegt. An diesem Ende führt eine enge Öffnung, durch die man nur auf Knien hindurchkommt, in das Vorgemach der Königskammer. Diese Öffnung ist 52 Pyramidenzoll tief, das ist die Anzahl der Monate, die der Erste Weltkrieg gedauert hat. Das Vorgemach ist etwa drei Meter lang, eineinhalb breit und dreidreiviertel Meter hoch, und hier, wie an der Königskammer, wurde nicht Sandstein, sondern Granit verwendet, ein deutliches Zeichen dafür, daß unsere Zeit als eine ganz ungewöhnliche Epoche der Menschheit vorhergesehen ist. Dem können wir ja auch durchaus zustimmen, wenn wir alle die Veränderungen bedenken, die seit hundert oder fünfzig Jahren stattgefunden haben und noch stattfinden – und daß der Gang durch die Weltgeschichte gleich dem «Gang durch die Pyramide» hier endet, ist nicht mehr undenkbar, seitdem die Menschheit die Mittel erfunden hat, sich selbst zu vernichten.

Ägyptologen und andere haben die Entdecker eines «Vermächtnisses der Großen Pyramide» teils verärgert, teils höhnend falscher Messungen und aberwitziger mathematischer Spielereien bezichtigt. Aber weder Glaube noch Aberglaube, noch die Wissenschaft kennen die Zukunft. Wenden wir uns deswegen zum Abschluß noch der Kunst zu: 1902 veröffentlichte Max Eyth, ein hochangesehener Ingenieur, der in vielen Teilen der Welt, auch in Ägypten, moderne Technik (vor allem Dampfpflüge und Wasserpumpen) in die Landwirtschaft eingeführt hatte, einen Roman, *‹Der Kampf um die Cheopspyramide›*. Darin läßt er zwei Brüder erbittert gegeneinander kämpfen, den einen als Verehrer für die Erhaltung und Erforschung der Pyramide, in der er wie Piazzi Smyth das Denkmal uralter Weisheit sieht, den andern als modernen Techniker, der sie abreißen und mit ihren Steinen einen Nilstaudamm errichten will. Der Roman ist lange Zeit gern gelesen worden und trotz einer etwas weitschweifigen Erzählweise auch heute noch lesenswert. Die Spekulationen von Smyth findet man in ihm ausführlicher und unterhaltender dargestellt, als es hier geschehen konnte. *wad & bb*

Das Orakel von Delphi

«Nichts Wahres läßt sich von der Zukunft wissen», sagt Schiller in der ‹*Braut von Messina*›, dem vorletzten der Dramen, die er vollendet hat. Aber der Drang, den «Schleier der Zukunft» wenigstens zum Teil zu heben, besonders in Augenblicken der Bedrängnis oder wichtiger Entscheidungen, ist allgemein menschlich und beherrscht noch heute zum Beispiel Unternehmer, wenn sie Astrologen um Rat fragen und die Kosten dafür beim Finanzamt als Betriebsausgaben absetzen wollen.

So etwas gab es im Altertum nicht, das wir das klassische nennen, aber Personen und Institutionen, bei denen man sich nach der Zukunft erkundigen konnte, gab es nicht wenige, und die prominentesten hatten ein Einkommen, das das Einkommen unserer heutigen Wahrsageprominenz vermutlich weit überstiegen hat. Zum Beispiel das Orakel von Delphi.

Delphi war eine antike Stadt im mittleren Griechenland, am Fuß der schroffen Felswände des Parnaß. In ihrer Blütezeit, vom 7. bis zum 3. Jahrhundert v. Chr. (also auch der Blütezeit der altgriechischen Kultur) war Delphi ein politischer und kultureller Mittelpunkt der griechischen Staatenwelt, vor allem als Kultstätte des Gottes Apollon, der ein Todesgott war, aber auch der Gott der Weisheit, der durch die «Pythia» («Befragerin») Orakel kundgab (das lateinische Wort *oraculum* bedeutet Sprechstätte, dann auch das, was da gesprochen wird). In Apollons Tempel wurden Weisheit und Rat im allgemeinen verkündet, das Wort «Erkenne dich selbst!» stammt daher, und viele griechische Stadtstaaten holten sich von dort Richtlinien für ihre Gesetzgebung, denn, so schrieb Platon, «dieser Gott ist es doch wohl, der über solche Dinge allen Menschen als anererbter Führer, in der Mitte der Erde auf dem Nabel sitzend, Auskunft gibt». (Ein Stein in Delphi galt den Griechen als Mittelpunkt der bewohnten Erde.)

Nicht minder wichtig als Weisheit im allgemeinen und eher dringlich begehrt waren Orakel für besondere Fälle: Auskünfte und Ratschläge in konkreten Angelegenheiten – Weissagungen. Wer in

Not war, wer große Unternehmungen vorhatte, wer vor bedeutsamen Entscheidungen stand – er ging oder sandte Boten nach Delphi. Dort gab es am Tempel des Apollon ein wohlorganisiertes Institut mit einem Verwaltungsrat, mit zwei oder drei Seherinnen (Titel: «Pythia») und einer Anzahl von priesterlichen Sekretären. Die mit den Anfragen eingebrachten «Weihgaben» wurden entgegengenommen und «verwaltet» (woraus sich u. a. sogar eine Art altgriechischer Zentralbank entwickelte), die Anfragen wurden sortiert und der Pythia vorgetragen, die sich nach bestimmten Riten auf einen dreifüßigen Schemel über einen Erdspalt setzte und die daraus aufsteigenden Dämpfe einatmete. Was sie in der davon bewirkten Trance stammelte, wurde von den Sekretären in verständliches Griechisch übersetzt und (zumeist in Versen) den Fragern mitgeteilt.

Die antike Literatur hat uns eine ganze Anzahl dieser Orakel überliefert, von denen hier nur zwei der berühmtesten angeführt seien.

König Krösus, der ja mit seinem Reichtum sprichwörtlich geworden ist, trug sich mit dem Gedanken, sein Herrschaftsgebiet Lydien (im westlichen Kleinasien) auf Kosten seines östlichen Nachbarn, des Perserkönigs Kyros, zu erweitern. Er erkundigte sich in Delphi nach den Aussichten und erhielt die Antwort: «Krösus wird, wenn er den Halys überschreitet, ein großes Reich zerstören.» (Halys hieß der Grenzfluß zum persischen Reich.) Nachdem Krösus dies mit seinem Heer getan hatte, brachte er es aber nur zu einer Schlacht, die unentschieden ausging, und zog sich wieder zurück, um es im nächsten Jahr noch einmal zu versuchen. Doch Kyros ging sofort zum Gegenangriff über, eroberte rasch die Hauptstadt des Krösus und nahm diesen gefangen (546 v. Chr.). Er behandelte ihn zwar ehrenvoll, verleibte sich aber sein Reich ein. Das Reich, dessen Zerstörung das Orakel Krösus geweissagt hatte, war sein eigenes.

Im Jahr 490 v. Chr. hatten die Griechen den ersten Eroberungszug der Perser durch die Schlacht bei Marathon zurückgeschlagen. Zehn Jahre später rückten die Perser erneut an. Die Athener ließen in Delphi anfragen, was sie erwarte und was sie tun könnten. Zuerst erhielten ihre Boten die niederschmetternde Auskunft, die Athener sollten fliehen, denn die Perser würden ihre Stadt zerstören. Damit nach Hause zu kommen wagten die Boten jedoch nicht und baten um ein weiteres Orakel. Nun wurde die Zerstörung zwar nicht widerrufen, aber es hieß, «eine hölzerne Mauer» werde unversehrt bleiben, zum Nutzen Athens und seiner Kinder, und «das göttliche Salamis» (die Insel vor Athen) werde die Söhne ums Leben bringen, wenn Erntezeit sei. Mit diesem zwar rätselhaften, aber nicht mehr ganz so unheilvollen Orakel kamen die Boten nach Hause, und dort wurde über den Sinn viel gestritten, bis Themistokles, der dann auch griechischer Oberbefehlshaber wurde, mit der Deutung durchdrang, mit den hölzernen Mauern seien die Schiffe gemeint (Athen hatte in den Jahren zuvor eine starke Flotte gebaut) und mit den Toten von Salamis die Feinde und nicht die Griechen, sonst müßte es im Orakel geheißen haben «grausames Salamis» und nicht «göttliches».

Der Ausgang ist bekannt: Die Perser besetzten zwar das größtenteils verlassene Athen und zerstörten es weitgehend, aber sie wurden in der Seeschlacht von Salamis von den Griechen vernichtend geschlagen.

Die beiden Orakel zeigen die durchgehende Eigenart aller delphischen Orakel (und sehr vieler anderer Weissagungen) an: eine rätselhafte, zumeist bildliche Ausdrucksweise und die Doppel-, wenn nicht Mehrdeutigkeit der Aussage, deren «eigentlicher» Sinn stets erst nach Ablauf der Ereignisse klar wurde. Man sollte meinen, die Nutzlosigkeit solcher Vorhersagen müßte die Menschen schon bald nach den ersten Erfahrungen davon abgehalten haben, nach Orakeln zu fragen oder sich danach zu richten. Aber wir müssen bedenken, daß es um die Wahrscheinlichkeit einer zweideutigen Aussage («gutes oder schlechtes Wetter») 50:50 steht und eine einmal eingetroffene Vorhersage höher bewertet zu werden pflegt als eine nicht eingetroffene und also auch länger im Gedächtnis haften bleibt. Daran hat sich bis heute nichts geändert.

Und so ist das Orakel von Delphi jahrhundertelang eifrig befragt worden und die Stadt dabei ungeheuer reich geworden.

Die «Aufklärung» in Griechenland (durch die Sophisten und die Philosophen Sokrates, Platon, Aristoteles und ihre Nachfolger) änderte daran nur wenig. Das Orakelwesen in Delphi nahm schließlich nicht ein Ende, weil es sich als nutzlos erwiesen hatte, sondern weil andere Glaubensweisen und andere Formen von Weissagungen in Mode gekommen waren. 313 n. Chr. machte Kaiser Konstantin das Christentum zur herrschenden Religion des Römischen Reiches. Das entzog dem «heidnischen» Delphi den Boden. Im Jahr 362 klagte das Orakel dem Arzt des Kaisers Julian, daß der Tempel eingestürzt sei, und Julian, der ja die alte Religion wiederbeleben wollte und deshalb von den Christen «der Abtrünnige» genannt wurde, ließ den Tempel noch einmal aufbauen. Aber schon 30 Jahre später verbot Theodosius der Große, entschiedener Feind alles Heidnischen, das Orakel, zusammen mit den Olympischen Spielen und anderem, das nicht mehr «den herrschenden Anschauungen» entsprach.

Das delphische Heiligtum und die Stadt verfielen. Auf den Trümmern siedelten sich Bauern an. Rund 1500 Jahre später erwarben französische Archäologen das Gelände, bauten den Bewohnern ein neues Dorf und begannen mit Ausgrabungen. Heute ist Delphi ein berühmter archäologischer Ort wie Olympia.

Neben Delphi gab es im Altertum noch zahlreiche andere Orakelstätten, aber Orakel waren bei weitem nicht die einzige Möglichkeit, etwas über die Zukunft zu erfahren. Gelegentlich scheint man sich freilich auch gegen eine Vorhersage gewehrt zu haben, und Kassandra ist mit ihrem vergeblichen Rufen sogar sprichwörtlich geworden. Die Sage erzählt, ihr, der schönsten Tochter des trojanischen Königs Priamos, habe der Gott Apollon die Gabe der Weissagung verliehen gegen ihr Versprechen, sich ihm hinzugeben; da sie es nicht tat, strafte er sie durch den Fluch, daß sie niemals Glauben finden würde. Und so warnte sie die Trojaner vergeblich, die von Paris entführte Helena aufzunehmen, warnte auch vergeblich vor dem «Trojanischen Pferd», in dessen Bauch die Griechen schließlich in die belagerte Stadt eindrangen. Es war übrigens stets Unheil, was Kassandra vorhersah, und fast alle späteren Seher haben es ihr darin nachgetan.

Auch der große Cäsar mißachtete in entscheidender Situation unheilvolle Ankündigungen. Die Republikaner, die seine Alleinherrschaft durch seine Ermordung beseitigen wollten, hatten dazu schon eine bestimmte Senatssitzung gewählt. Der Biograph Sueton berichtet von mehreren Vorzeichen, die Cäsar warnen mußten: Pferde hätten nicht mehr gefressen, ein Zaunkönig sei von anderen Vögeln zerrissen worden, Cäsar selbst habe sich im Traum über den Wolken schweben und dem Gott Jupiter die Hand reichen gesehen, seine Gattin Calpurnia habe geträumt, der Hausgiebel stürze ein und ihr Mann würde in ihren Armen erdolcht, der Seher Spurinna hatte ihn vor einer Gefahr am 15. März gewarnt. Cäsar war auch zunächst unschlüssig, ließ sich aber von Brutus überreden, in den Senat zu gehen. «Obwohl mehrere Opfertiere geschlachtet wurden», schreibt Sueton, «waren die Vorzeichen ungünstig; aber dennoch betrat Cäsar den Senat unter Mißachtung jeglicher religiöser Bedenken, lächelte spöttisch zu Spurinna hinüber und sagte, der 15. März sei gekommen, ohne daß ihm etwas zugestoßen sei, worauf dieser antwortete, er sei zwar gekommen, aber noch nicht vorüber.» Eine halbe Stunde später wurde Cäsar von den Verschwörern durch 23 Dolchstöße ermordet.

In Suetons Bericht kommen nur wenige, aber seinerzeit sehr gebräuchliche Arten von Vorhersagen vor. Die gesamte Liste, die Historiker aus vielerlei Überlieferungen zumeist unter dem Stichwort «Mantik» (Weissagung) zusammengetragen haben, ist lang: ungewöhnliche Naturereignisse wie Erdbeben, Überschwemmungen, Blutregen, Mißgeburten, Kometen, Unwetter, besonderes Verhalten von Tieren wie Vögeln (u. a. heiligen, in Käfigen gehaltenen Hühnern), Bienen oder Schlangen, Losen mit beschriebenen Stäbchen oder Täfelchen oder Würfeln und tausend anderes – wenn es schon Karten oder Kaffee gegeben hätte, wären auch Kartenlegerinnen und Kaffeesatzleserinnen gefragt gewesen. Daß man diese heute gelegentlich Sibyllen nennt, geht ja auch auf die Antike zurück.

Zunächst gab es anscheinend nur eine Sibylle – «die Sibylle mit rasendem Munde ... dringt durch Jahrtausende mit der Stimme», schrieb der Philosoph Heraklit schon 500 Jahre v. Chr. –, aus der dann ein Gattungsname für Wahrsagerinnen überhaupt wurde. Die berühmteste wurde die von Cumae, die schon dem römischen König Tarquinius Superbus neun prophetische Bücher zum Kauf angeboten haben soll; der König lehnte zweimal ab, und sie verbrannte jedesmal drei Bücher, verlangte aber den gleichen Preis auch für den Rest. Schließlich zahlte der König, und die drei restlichen «sibyllinischen Bücher» wurden auf dem Kapitol in Rom verwahrt.

So geht die Sage, jetzt aber wird es historisch: Auf dem Kapitol in Rom wurden tatsächlich «sibyllinische Bücher» verwahrt, Priester hatten sie zu behüten und einzusehen, wenn der Senat es wegen beängstigender Vorzeichen anordnete. Sie wurden noch in der Kaiserzeit befragt; erst nachdem das Christentum endgültig Staatsreligion geworden war, ließ sie Stilicho, der Reichsfeldherr des Kaisers Honorius, im Jahr 400 n. Chr. vernichten. *ae & bb*

Biblische Prophezeiungen

Ein fleißiger Leser der Bibel findet in ihr so viele Propheten, daß sie nicht zu zählen sind. Es waren übrigens zumeist «falsche Propheten» (auch «Lügenpropheten» genannt), wie die vierhundert, die dem König Ahab von Israel (875–854) einen Sieg über die Syrer weissagten, wenn er gegen sie zu Felde zöge; es gab nur einen, der ihm dabei Unheil prophezeite. Ahab folgte der Mehrheit und fand in der Schlacht den Tod – ein falscher Prophet ist von einem echten immer erst im nachhinein zu unterscheiden. Ein echter war zum Beispiel, obwohl wir ihn nicht als Propheten anzusehen gelernt haben, Joseph in Ägypten, der die sieben fetten und die sieben mageren Jahre vorhersagte. Als echter anerkannt wurde Daniel, der dem König Belsazar die geheimnisvolle Schrift an der Wand, das «Menetekel», als Ankündigung seines Untergangs deutete und von den Ereignissen «noch in derselben Nacht» bestätigt wurde. (2000 Jahre später allerdings kamen die Historiker darauf, daß das «Buch Daniel» fast 400 Jahre nach diesen Ereignissen geschrieben worden ist.)

Daniel ist einer der 16 Propheten, die mit ihren Schriften in die Bibel aufgenommen wurden. Der Beruf dieser Propheten war es nicht eigentlich, künftige Ereignisse zu prophezeien, sondern das

«Wort Gottes» zu verkünden – zu verkünden, was Gott von «seinem Volk», den Juden, schließlich aber auch von allen Menschen forderte: den Glauben an ihn und das Halten seiner Gebote. Ein ungehorsames Volk oder einen ungehorsamen Herrscher riefen die Propheten zur Umkehr auf, andernfalls drohten sie Gericht und Strafe an. Damit waren natürlich auch gewisse Weissagungen verbunden, zumeist von künftigem Unheil, aber doch auch von künftigem Heil. Allerdings war beides nur selten zu einem bestimmten Zeitpunkt angesagt, so daß eine Nachprüfung nicht möglich war. Noch heute gibt es nicht wenige, die auf das Eintreffen dieser oder jener Prophezeiung warten.

Dies gilt besonders von der Weissagung eines Messias. «Messias» bedeutet «der Gesalbte», und das war der König, zu dessen Weihe eine Salbung («etwas Öl auf den Kopf») gehörte. Als das Reich Davids nach dem Tod seines Sohnes Salomo (926/925) zerfiel und das Volk unter die Herrschaft der großen Reiche kam – der Assyrer, Babylonier, Perser, Griechen und letztlich der Römer –, wurde es immer wieder von Propheten mit Prophezeiungen getröstet, in Zukunft werde wieder ein König, ein Gesalbter, also ein Messias erscheinen, der das Reich Davids wiederherstellen würde – in welcher Zukunft freilich, wurde nie erklärt.

Die Vorstellung von einem König, der eine alte Reichsherrlichkeit wiederherstellen würde, enthalten auch die deutschen Sagen von Kaisern, die in einem Berg schlafen, bis «ihre Zeit» gekommen ist, zum Beispiel Karl der Große im Untersberg bei Salzburg oder Friedrich Barbarossa im Kyffhäuser. Es wurde tatsächlich auch einmal in Gedichten ein Kaiser als ein solcher wiedererstandener Barbarossa gefeiert: Wilhelm I., der nach dem Sieg im Deutsch-Französischen Krieg 1872 Kaiser eines einigen Deutschland, des «Zweiten Deutschen Kaiserreichs», geworden war. Solche sagenhaften Träume wurden dann auch von den Nazis benutzt, indem sie ihre Herrschaft als «Drittes Reich» proklamierten, womit nicht nur eine Fortsetzung des «Zweiten Reichs» gemeint war, sondern auch auf eine alte Prophezeiung angespielt wurde, nach der ein «Drittes Reich» zugleich ein «tausendjähriges», d. h. so gut wie ein ewiges Reich sein würde. Der Antisemit Hitler konnte dabei natürlich nicht ein «Messias» heißen, als «böhmischer Gefreiter» auch kein wiedererstandener Kaiser – aber als «Führer» empfand er sich schon als ihresgleichen und wurde von vielen dementsprechend verehrt. Auch im «Personenkult» kommunistischer Staaten ist eine Messiashoffnung enthalten, und sogar in den demokratischen USA lebt eine messianische Tradition fort, wenn von den Bewerbern um die Präsidentschaft erwartet wird, daß sie sich als Werkzeuge des göttlichen Willens darstellen, der den Amerikanern diesen Kontinent zugedacht hatte.

Die «messianische Hoffnung» hat sehr viel dazu beigetragen, das jüdische Volk seit seiner Zerstreuung über viele Länder und trotz vieler Verfolgungen zu erhalten. In der neueren Zeit hat sie sich vielfach nicht mehr an eine bestimmte Person geheftet, sondern erhoffte ein «messianisches Reich», das einstmals nicht nur den Juden, sondern der ganzen Menschheit Frieden und Gerechtigkeit bringen würde. «Die Zukunft», schrieb der deutsch-jüdische Philosoph Hermann Cohen (1842–1918), «welche die Propheten im Symbol des Messias vorzeichnen, ist die Zukunft der Weltgeschichte . . . Die Verwirklichung der Sittlichkeit auf Erden . . . dies und nichts anderes bedeutet uns die Idee des Messias.» Es ist ein Wort des Propheten Micha, das ein Leitwort der heutigen Friedensbewegung geworden ist: «Schwerter zu Pflugscharen schmieden . . .»

Die Messiashoffnung führte aber auch dazu, daß es in den folgenden Jahrhunderten bis weit in die Neuzeit hinein immer wieder Schwärmer oder Scharlatane gab (auch beides in einer Person), die sich zum Messias erklärten oder von Anhängern dazu erklärt wurden. Es seien nur zwei als Kuriositäten angeführt: Sabbatai Zwi aus Smyrna rief auf Grund kabbalistischer Berechnungen das Jahr 1666 als Erlösungsjahr aus, was weite jüdische Kreise im Orient und in Europa ergriff. Aber in eben diesem Jahr wurde er von der türkischen Obrigkeit verhaftet und trat, um seine Haut zu retten, zum Islam über. Mehr als hundert Jahre später gab sich ein polnischer Jude, Jacob Frank, obwohl er zum Katholizismus übergetreten war, als seinen Nachfolger und führte als «Messiaskönig» ein fürstliches Haus in Offenbach am Main, wo man ihn duldete, weil er durch seinen Aufwand und seine zahllosen Besucher viel Geld in die Stadt brachte.

Auch im Islam gab und gibt es Messiashoffnungen und immer wieder einmal solche, die sich als Messias geben, der im Islam «Mahdi» genannt wird. Der bekannteste ist Mohammad Ahmed, der 1882 im Sudan als Mahdi auftrat, die ägyptische, von den Engländern gestützte und kontrollierte Herrschaft abschüttelte und einen Mahdi-Staat errichtete. Er starb zwar schon drei Jahre später, nachdem er die englische Besatzung in Khartum vernichtet hatte, aber erst 1898 konnten die Engländer die Mahdisten besiegen.

Ein anderer Mahdi war der islamische Inder Mirza Ghulam Ahmad (1835–1908). Von ihm schreibt der deutsche, 1946 geborene Schriftsteller Paul-Gerhard Hübsch, der 1968 zum Islam übertrat und dabei den Vornamen Hadayatullah annahm: «Ahmad erhielt von Gott Offenbarungen, daß in seiner Person die Prophezeiungen über die Wiederkunft von Jesus, Krishna und anderen vorausgesagten Wiederkünften von Propheten in der Endzeit erfüllt seien; er sei der Mahdi und ‹im Gewand›, d. h. mit der Macht aller vorangegangenen Propheten erschienen; durch ihn würde der Samen einer neuen Erde und eines neuen Himmels gesät und das messianische Zeitalter eingeleitet. Die von ihm gegründete Ahmadiyya-Bewegung im Islam, an deren Spitze ein gewählter Kalif steht, verbreitet den wahren Islam, den er lehrte, in aller Welt. In der BRD gibt es zwei Moscheen, in Frankfurt und Hamburg.» – Die Bewegung zählt heute etwa eine Million Anhänger.

Als der von den Propheten verheißene Messias ist auch Jesus von seinen Anhängern verstanden und als «Christus» verehrt worden («Christos» ist die griechische Übersetzung des hebräischen «Messias»), und auch die Römer, die ihn zum Tod am Kreuz verurteilten, haben ihn für einen solchen, einen Aufrührer gegen den Kaiser also, in ihren Augen, erklärt: «I.N.R.I.» lesen wir auf den Darstellungen der Kreuzigung, die Abkürzung von «Iesus Nazarenus Rex Iudaeorum» (Jesus von Nazareth, König der Juden). Die wissenschaftliche Forschung ist allerdings zu dem Ergebnis gekommen, daß Jesus selbst sich nicht als Messias verstanden hat, sondern als «Sohn Gottes»: nicht als eine Erfüllung jüdischer Hoffnungen, sondern als Erlöser der ganzen Menschheit.

Mit ihm ist noch eine andere biblische Prophezeiung verbunden: die vom Weltende. Aber dies verdient ein eigenes Kapitel. *dbs & bb*

Das Ende der Welt

Soviel wir gegenwärtig vom Kosmos und unserem Sonnensystem wissen, wird die Menschheit noch Jahrmillionen auf der Erde leben können, wenn sie die Bedingungen dafür nicht selbst zerstört. Allerdings fällt es uns trotz massenhafter Science-fiction-Literatur schwer, uns vorzustellen, wie die Menschheit schon nach tausend Jahren aussehen und leben wird.

Gewöhnlich verschwenden wir auch zu Recht keine Gedanken an so große Zeiträume. Aber daß es mit uns Menschen und mit der ganzen Welt einmal ein Ende nimmt, wird nicht bezweifelt. Schon der altgriechische Denker Anaximander hatte im 6. Jahrhundert v. Chr. geschrieben: «Alles, woraus den Dingen ihr Entstehen ist, dahinein müssen sie auch wieder vergehen.» Nicht selten ist damit der Gedanke verbunden, daß auf das Weltende ein neuer Anfang folgt und daß es in solchem «Stirb und Werde» ewig weitergeht. Das kommt sogar in modernen, wissenschaftlich begründeten Theorien von Weltentstehung und Weltentwicklung vor. Danach ist die Welt vor etwa zehn bis fünfzehn Milliarden Jahren in einem «Urknall» explodiert, aus einem so gut wie punktförmigen Kern, der ihre gesamte Materie enthielt, und sie explodiert noch, bis sie eines Tages ihre größtmögliche Ausdehnung erreichen und dann wieder in einen Punkt zusammenfallen wird, der dann erneut explodiert.

«Alles geht, alles kommt zurück: ewig rollt das Rad des Seins», heißt es in Nietzsches ‹*Zarathustra*›, der «die ewige Wiederkehr des Gleichen» verkündet; und in der ‹*Fröhlichen Wissenschaft*›, die er der «frohen Botschaft» des Evangeliums entgegensetzte, hat Nietzsche das so veranschaulicht: «Dieses Leben, wie du es jetzt lebst und gelebt hast, wirst du noch einmal und unzählige Male leben müssen: und es wird nichts Neues daran sein, sondern jeder Schmerz und jede Lust und jeder Gedanke und Seufzer und alles unsäglich Kleine und Große deines Lebens muß dir wiederkommen, und alles in derselben Reihe und Folge – und ebenso diese Spinne und dieses Mondlicht zwischen den Bäumen . . .»

Die christliche Lehre dagegen sagt ein Weltende durch die Wiederkunft Christi und ein «Jüngstes Gericht» voraus, dem eine «Auferstehung der Toten» voraufgegangen ist und ein «ewiges Leben» folgt auf einer «neuen Erde» und unter einem «neuen Himmel», mit ewiger Seligkeit im Angesicht Gottes für die Guten und ewiger Verdammnis in der Hölle für die Bösen.

Ein solches Ende haben Jesus und seine Jünger, auch der Apostel Paulus und die frühen Christengemeinden als nahe bevorstehend erwartet. Als es nicht eintrat, gab man sich mit dem Wort Jesu zufrieden: «Ihr wißt nicht, an welchem Tag euer Herr kommt», und mit dieser Ungewißheit haben sich die Christen ganz überwiegend bis heute abgefunden.

In Krisen- und Katastrophenzeiten jedoch brach leicht Angst aus, daß sich «die Zeichen» mehrten, von denen in der Bibel des öfteren die Rede ist, und das Ende nahe sei. Martin Luther zum Beispiel lebte in einer solchen Zeit, und er war je länger desto mehr überzeugt davon, daß in kurzer Zeit das Jüngste Gericht hereinbrechen werde, und wenn er den Papst als «Antichrist» bekämpfte, war das ungleich mehr als ein Schimpfwort: Nach der Bibel geht der Wiederkunft Christi das Auftreten des Antichrist voraus.

Gelegentlich haben auch Bibelforscher aus einzelnen Bibelstellen, vor allem im Buch Daniel und in der Geheimen Offenbarung des Johannes, ein genaueres Datum des Weltendes errechnen zu können geglaubt, und es gibt heute Sekten wie die Adventisten, die Zeugen Jehovas und die Mormonen (die «Heiligen der letzten Tage»), die mit größtem Ernst das Ende nahe sehen und deshalb auch strenger an ihren religiösen Geboten festhalten als viele Christen der großen Konfessionen. Sie bezahlen dafür freilich mit einer Enge, die sie abseits des kulturellen Lebens stellt.

Unter Umständen können solche Vorstellungen von einem nahen Weltende erhebliche Folgen haben. Im Sommer 1982 war aus den USA zu erfahren, daß der Innenminister James Watt öffentlich Zweifel geäußert habe, ob es sich noch lohne, das Land «vor der

Wiederkunft des Herrn» für künftige Generationen zu bewahren. Entsprechend betreibt er auch eine Politik, die den Umweltschutz eher behindert als fördert. Wenn man derartiges hört, stellt sich unwillkürlich die Frage, ob es nicht auch Befürworter der Atomrüstung gibt, die den Atomkrieg nicht fürchten, weil sie ohnehin in Kürze den Weltuntergang erwarten.

Über besondere, meist sonderbar zu nennende Prophezeiungen und Prognosen eines Weltendes berichten zwei andere Kapitel. Hier seien nur noch einige Vorstellungen angeführt, die es in anderen Kulturen gab und gibt.

Eskimos und Lappen sahen im Himmelsgewölbe ein Zeltdach, dessen Stangen einst brechen würden und den Himmel herabstürzen ließen. Sie hielten es aber auch für möglich, daß die Erde wie ein Kajak umkippe und die Menschen dann den Platz mit den Unterirdischen tauschen müßten. In der altnordischen Edda gibt es die «Völuspa», d. h. die Weissagung der Seherin Wala, nach der eine «Götterdämmerung» zu erwarten ist: Der Unhold Loki, der Fenriswolf, die unterweltliche Hel, die Midgardschlange töten Odin, Baldur, Thor und die anderen Götter alle, und die Welt geht in einem Weltbrand zugrunde.

Im Islam denkt man, was das Weltende angeht, im Grunde nicht viel anders als im Christentum. Dagegen halten es Hinduismus und Buddhismus mit einer an sich ewig währenden Welt, nur daß diese periodisch entsteht, abläuft, vergeht und wieder entsteht. Damit verbunden ist der Glaube an Seelenwanderung: daß die Seele nach dem Tod des Körpers in andere Körper übergehe, sei es eines Menschen, eines Tiers oder einer Pflanze. Aus diesem ewigen Kreislauf des Lebens, das ja stets mit Leid – mit Alter, Krankheit und Tod – behaftet ist, gibt es für den Buddhisten nur den Ausstieg durch Nicht-mehr-Wollen ins Nirwana.

Am auffälligsten für uns ist die chinesische Einstellung: In China hat man sich nie für Weltanschauungsfragen interessiert, sondern ausschließlich für Fragen des Zusammenlebens der Menschen.

bb

Weltuntergänge (chronologisch)

992 – Bernhard von Thüringen

Im Jahr 960 verkündete der heilige Bernhard von Thüringen, die Welt ginge an dem Tag unter, an dem das Datum Mariä Verkündigung mit Karfreitag zusammenfiele. Dies sollte im Jahr 992 eintreten. Seine Prophezeiung verbreitete in ganz Europa Angst und Schrecken.

31. Dezember 999 – Die Geheime Offenbarung des Johannes

Historiker haben früher angenommen, daß die Menschen dem Jahr 1000 mit großer Panik entgegensahen. Aus der Geheimen Offenbarung des Johannes ließ sich herauslesen, das Jüngste Gericht würde 1000 Jahre nach der Geburt Christi stattfinden. Danach sollen Tausende nach Jerusalem gereist sein, um dort auf die Rückkehr Jesu zu warten. Heim und Arbeit wurden vernachlässigt, und jedes Naturereignis löste Entsetzen aus. Heute geht man davon aus, daß der erste Bericht über diese Vorkommnisse erst 700 Jahre später veröffentlicht wurde. Man vermutet, daß die Geschichte vom Jahr 1000 hauptsächlich im 18. Jahrhundert durch Schriftsteller wie Voltaire und Gibbon aufgebracht wurde. Um ihre Kritik am Mittelalter möglichst schlagkräftig zu machen, übertrieben viele Schriftsteller den Aberglauben und die Leichtgläubigkeit der damaligen Christen.

September 1186 – Johannes von Toledo

1179 berechnete der Astronom und Astrologe Johannes von Toledo, daß für den September 1186 eine große Katastrophe drohe. In diesem Zeitraum würden sich alle Planeten im Sternbild Waage befinden, was schreckliche Stürme und Erdbeben hervorrufen mußte. Seine Prognose wirkte weithin in Europa und Asien. In Deutschland hoben die Menschen Unterstände aus, während in Mesopotamien und Persien die Keller zum Wohnen hergerichtet wurden. Der Herrscher von Byzanz ließ alle Fenster seines Palastes mit Brettern vernageln, und in England rief der Erzbischof von Canterbury zur rechtzeitigen Buße eine landesweite Fastenzeit aus. Später verkündete Johannes, seine Prophezeiung habe symbolisch für den Ansturm der Hunnen gestanden. So betrachtet, war sie haargenau eingetroffen.

1. Februar 1524 – Astrologen

Im Juni 1523 kam eine Gruppe Londoner Astrologen zu dem Ergebnis, daß der Weltuntergang am 1. Februar 1524 mit der Zerstörung Londons durch eine Überflutung seinen Anfang nehmen würde. Da fast alle Astrologen mit dieser Voraussage übereinstimmten, nahm man die angedrohte Katastrophe als Tatsache. Bis Mitte Januar hatten mindestens 20 000 Personen ihre Londoner Wohnungen verlassen und waren in die höhergelegenen Gebiete in Kent und Essex gezogen. Der Prior von St. Bartholomew ging sogar soweit und errichtete eine Festung auf Harrow-on-the-Hill, die er mit Lebensmitteln für zwei Monate ausrüstete. Der 1. Februar ging ins Land, und es geschah nichts. Am folgenden Tag überprüften die Astrologen ihre Daten und entdeckten einen Fehler in ihren Berechnungen. Erst im Jahr 1624 – nicht 1524 – sollte die Welt untergehen.

20. Februar 1524 – Johannes Stöffler

«Die Welt wird am 20. Februar 1524 durch eine gewaltige Flut untergehen.» Das sagte 1499 der deutsche Astrologe und Mathematiker Johannes Stöffler (1452–1531). Als Mitglied des Lehrkörpers der Tübinger Universität galt Stöffler als glaubwürdige Quelle. Das Jahr 1524 rückte näher, und immer mehr Menschen bereiteten sich auf die Katastrophe vor, indem sie Boote bauten. Unter jenen, die Zuflucht auf dem Rhein suchten, befand sich auch der Graf von Ingelheim, der eine dreistöckige Arche für seine Familie in Auftrag gegeben hatte. Als am 20. Februar Regen einsetzte, geriet die Menge am Ufer in Panik und versuchte an Bord der riesigen Arche zu gelangen. In dem Versuch, seinen Besitz zu verteidigen, zog der Graf sein Schwert. Er konnte einen der Eindringlinge töten, bevor er von der kopflosen Menge zu Tode getrampelt wurde. Im Lauf nur eines Tages starben Hunderte im Kampf um einen vermeintlich sicheren Platz auf dem Schiff. Die Welt war zwar noch nicht untergegangen, doch hatte der Sturm so wütend getobt, daß man glaubte, nur um Haaresbreite noch einmal davongekommen zu sein.

1533 – Melchior Hofmann

Melchior Hofmann (1495–1543), ein Führer der Wiedertäufer, lehrte seine Anhänger, daß Christus im Jahr 1533 wiederkehren werde. Er sagte, die Welt würde dann von einer Feuersbrunst verzehrt werden, nur das Königreich der Rechtschaffenen in Straßburg würde sich behaupten und das Neue Jerusalem werden. Von dort aus würden sich dann der wahre Glaube und die wahre Taufe über die ganze Erde ausbreiten. Seine Anhänger verkauften oder verschenkten daraufhin all ihren Besitz. Sie schworen dem weltlichen Leben ab und widmeten sich voller Selbstaufopferung der Lobpreisung Gottes. Wegen Erregung von Tumulten wurde Hofmann auf Lebenszeit eingesperrt, er starb nach zehn Jahren.

18. Oktober 1533 – Michael Stifel

Der deutsche Augustinermönch und Mathematiker Michael Stifel (1487–1567) berechnete, daß gemäß der Geheimen Offenbarung des Johannes das Weltende am 18. Oktober 1533 eintreten müsse. Als seine Prophezeiung sich als falsch herausstellte, verabreichten ihm die Bürger eine Tracht Prügel.

13. Oktober 1736 – William Whiston

William Whiston (1667–1752), ein englischer Theologe und Mathematiker, verkündete 1736, daß «der Anfang vom Ende» am 13. Oktober mit der Zerstörung Londons beginnen würde. Hunderte von panischem Entsetzen gepackte Londoner begaben sich zu höhergelegenen Orten, um der vorausgesagten Überflutung zu entgehen. Hampstead Heath und Islington Fields waren vollgepackt, doch statt des erwarteten Unglückstags wurde es ein Freudentag für die Gläubigen und ein Glückstag für die Taschendiebe.

5. April 1761 – William Bell

Am 8. Februar 1761 wurde London von einem Erdbeben geschüttelt, und am 8. März erschütterte ein weiteres Beben die Hauptstadt. Ein Soldat der Leibwache – sein Name war William Bell – bemerkte, daß genau vier Wochen zwischen den beiden Beben vergangen waren. Aus diesem Grund hielt Bell Dutzende von Ansprachen in der ganzen Stadt, in denen er voraussagte, daß die Welt in 28 Tagen, am 5. April, gänzlich zerstört würde. Panik breitete sich aus, und als der gefürchtete Tag nahte, flüchteten die Londoner scharenweise in die umliegenden Dörfer, wo die Einwohner horrende Preise forderten. Viele erwarteten eine Flut, darum waren alle Schiffe auf der Themse bis zum Bersten belegt. Nichts passierte. Am nächsten Tag wurde Bell ergriffen und nach Bedlam, Londons damaliger Irrenanstalt, gebracht.

1806 – Ein Ei

Im Herbst des Jahres 1806 war eine Schenke in Leeds in England Schauplatz ungewöhnlicher Ereignisse. Mary Batemans Henne begann Eier mit der Inschrift «Christus kommt» zu legen. Neugierigen berichtete Mary, Gott habe ihr offenbart, daß die Henne 14 solcher Eier legen würde, kurz darauf würde die Welt in Flammen aufgehen. Während sie noch sprach, legte die Henne ein weiteres Ei und löste damit unter den Anwesenden entsetzliche Aufregung aus. Mary verkündete, daß noch Hoffnung auf Erlösung bestand, doch um darüber Genaueres zu hören, müsse jeder einen Penny zahlen. Alle zahlten. Daraufhin erklärte sie, Gott werde all jenen, die ein Stück Papier mit dem Zeichen «J. C.» bei sich trügen, sofort nach dem Erscheinen des letzten Eis Zutritt zum Himmel gewähren. Der Preis für einen Zettel betrug einen Shilling. Fast alle zahlten. Als weitere Eier erschienen, erreichte die Nachricht auch entlegenere Gegenden, und Tausende pilgerten zu der Schenke, um «gezeichnet» zu werden. Doch mittlerweile interessierten sich die Behörden der Stadt für diese Vorkommnisse. Am Tag, als das letzte Ei gelegt werden sollte, machten sie sich auf den Weg zur Schenke. Sie überraschten Mary, als diese gerade einer armen Henne ein beschriftetes Ei in den After zwängen wollte. Mary wurde verhaftet. Nach ihrer Freilassung begann sie wieder mit Prophezeiungen. Schließlich wurde sie jedoch der Engelmacherei überführt und gehängt.

18. Juni 1836 – Johann Albrecht Bengel

Der Württemberger Johann Albrecht Bengel (1687–1752) war als pietistischer Theologe, Pädagoge und Seelsorger hoch geachtet, dabei auch ein bedeutender Textkritiker und Kommentator der Bibel. 1741 veröffentlichte er eine Schrift mit dem Titel *‹Erklärte Offenbarung St. Johannis›* und ein Jahr später eine *‹Ordnung der Zeiten von Anfang bis Ende›*, in denen er das Ende genau für den 18. Juni 1836 berechnete. Obwohl die *‹Erklärte Offenbarung›* noch bis 1858 gelegentlich nachgedruckt wurde, ist nicht bekannt, daß 1836 aus Bengels Vorhersage auffällige Schlüsse gezogen worden wären.

1843/1844 – William Miller

Der amerikanische Farmer und Baptistenprediger William Miller (1782–1849) errechnete aus dem Buch Daniel («2300 Abende und Morgen» gleich Erdenjahre nach dem Wiederaufbau Jerusalems im Jahr 457 v. Chr.) das Jahr 1843 oder 1844 als Jahr der Wiederkunft Christi und des Weltendes und überzeugte seit 1831 über 200 Prediger und 50 000 Gläubige von diesem Termin. Es gab dann eine Menge Hysterie und Panik, allerdings auch Stimmen wie die des Theologen und Vorkämpfers für die Sklavenbefreiung Theodore Parker, der erklärte, der Weltuntergang betreffe ihn nicht, er lebe in Boston.

Als klar war, daß es mit der Welt vorerst weiterging, waren Enttäuschung und natürlich auch Hohn groß, und Miller wurde aus der Baptistengemeinde ausgeschlossen. Aber er und treue Anhänger «forschten» beharrlich weiter und kamen schließlich mit Hilfe anderer Bibelstellen darauf, daß in dem kritischen Jahr Jesus eben erst begonnen habe, «sich ein gereinigtes Volk zu seinem Eigentum zuzubereiten». Damit war die Sekte der «Adventisten» entstanden, die die Ankunft (Adventus) Christi in naher Zukunft erwartet und in aller Welt an die drei Millionen Anhänger zählt.

13. November 1900 – Die Brüder und Schwestern des Roten Todes

Im zaristischen Rußland gab es im Kreis Kargopol am Weißen Meer eine 200 Jahre alte Sekte, die sich Brüder und Schwestern des Roten Todes nannte. Zu ihrem Glauben gehörte, daß die Welt am

13. November 1900 (1. November nach dem alten Kalender) enden mußte. 862 Mitglieder dachten, daß es Gott sicher gefallen würde, wenn sie sich auf dem Scheiterhaufen opfern würden. Als die Nachricht von diesem Plan St. Petersburg erreichte, wurden sofort Truppen nach Kargopol entsandt. Sie kamen zu spät. Über hundert Mitglieder waren schon umgekommen. Als der gewisse Tag ohne Katastrophe verstrich, löste sich die Sekte auf.

1910 – Die Presse

1910 erschien der Halleysche Komet, dessen regelmäßige Wiederkehr in jeweils 76 Jahren seit dem Jahr 187 v. Chr. bekannt ist. In der Presse erschienen beängstigende Prognosen über giftige Gase in seinem Schweif, die alles Leben auf der Erde ersticken sollten. An vielen Orten wurde den Menschen geraten, an dem Tag, an dem der Kometenschweif die Erde einhüllen würde, in ihren Wohnungen zu bleiben.

17. Dezember 1919 – Albert Porta

Aus seinem Geburtsland Italien emigrierte Albert Porta im Jahr 1875 in die USA. Porta, ein ausgezeichneter Seismologe und Meteorologe, ließ sich in San Francisco nieder und schrieb regelmäßig die Wettervorhersage für eine kleine italienische Zeitung. Auf Grund seiner genauen Vorhersagen mehrerer Erdbeben wurde man auf ihn aufmerksam und nahm es daher ernst, als er verkündete, daß am 17. Dezember 1919 sechs Planeten in Konjunktion zueinander stehen würden. Eine magnetische Strömung durch die Sonne werde große Explosionen brennender Gase erzeugen und schließlich die Erde vernichten. Unruhe griff um sich. Wetterstationen wurden mit Anfragen belagert, und eine Verlautbarung wurde herausgegeben, in der betont wurde, daß die stattfindende Konjunktion ungefährlich sei. Während der 17. Dezember näher rückte, häuften sich Berichte über Selbstmorde und Hysterie. Der verhängnisvolle Tag kam, die Planeten stellten sich in Reih und Glied, doch die Erde drehte sich weiter. Porta beschränkte sich in der Folge auf seine Wetterberichte.

21. September 1945 – Hochwürden Charles Long

Im Jahr 1938 erwachte Hochwürden Long in seinem Haus in Pasadena, Kalifornien, mitten in der Nacht. Am Fuß seines Bettes erblickte er eine Wandtafel, auf die eine Geisterhand «1945» schrieb. Später flüsterte eine Stimme, daß die Welt um 17.33 Uhr am 21. September jenes Jahres untergehen würde. Hochwürden Long fühlte sich verpflichtet, die Nachricht über die zu erwartende

Vernichtung zu verbreiten. Er führte in einem 70 000 Worte enthaltenden Traktat aus, wie die Erde an dem verhängnisvollen Tag verdampfen und alles menschliche Leben in Ektoplasma verwandelt werden würde. Er verschickte Abschriften an die wichtigsten Staatsoberhäupter der Erde. Er mietete außerdem die Stadthalle von Pasadena, wo sein Sohn Versammlungen abhielt, in denen er seine Zuhörer drängte, Buße zu tun und sich taufen zu lassen. Gemeinsam machten sie auf eine ganze Reihe von Menschen Eindruck. Sieben Tage vor dem Weltende hörten die Longs und ihre Anhänger auf zu essen, zu trinken und zu schlafen, angeblich für immer. Während der letzten Stunden sangen und beteten sie inbrünstig, doch nichts geschah, und die Gruppe löste sich auf.

24. Mai 1954 – Italienisches Sprichwort

1954 löste das italienische Sprichwort, daß «Rom und die Welt geschützt sind, solange das Kolosseum steht», eine Massenhysterie aus. Am 18. Mai gerieten Ingenieure in Aufregung, denn es hatten sich große Risse in dem 1800jährigen Amphitheater gebildet. Irgend jemand deutete dies als «Zeichen» und bestimmte Montag, den 24. Mai, zum Tag der Vernichtung. Tausende belagerten den Vatikan, in der Hoffnung, der Papst würde sie von ihren Sünden freisprechen. Ein Prälat des Vatikans wies die Menge zurück und erklärte: «Die Welt wird diesen Dienstag erleben und noch viele Dienstage danach.» Trotzdem versammelten sich am 24. Mai Tausende auf dem Petersplatz. Der Prälat behielt recht. Die Baufälligkeiten des Kolosseums wurden beseitigt.

14. Juli 1960 – Elio Bianco

Die Gemeinschaft des Weißen Berges war eine Sekte mit 40 Mitgliedern, die von Elio Bianco, einem 46jährigen italienischen Kinderarzt, geführt wurde. Er behauptete, daß seine mittlerweile verstorbene Schwester Wilma ihn 1958 vor einer atomaren Katastrophe gewarnt habe. Genau um 13.45 Uhr am 14. Juli 1960 würde unbeabsichtigt die geheime «E»-Bombe der Amerikaner explodieren und die Erde zerstören. Freundlicherweise informierte Bianco die Presse und machte sich dann daran, mit der Hilfe seiner 40 Anhänger eine Arche mit 15 Zimmern in 2000 Meter Höhe auf dem Mont Blanc zu bauen. Die festgesetzte Stunde kam und verstrich friedlich. Um 13.58 Uhr gab Dr. Bianco eine Erklärung ab: «Jedem kann ein Fehler unterlaufen. Seid froh, daß ich einen gemacht habe. Unser Glaube wird deswegen jedoch nicht zusammenbrechen.» Bianco wurde später wegen Verbreitung falscher Berichte von der Polizei belangt.

2. Februar 1962 – Hindu-Astrologen

Zum erstenmal seit 400 Jahren sollten acht Planeten in einer eindrucksvollen Konjunktion zueinander stehen, während sie in das Zeichen des Steinbocks eintraten, genau am 2. Februar 1962 zwischen 12.05 Uhr und 12.15 Uhr. Indische Astrologen betrachteten dies als ein schreckliches Anzeichen für den Weltuntergang. Obwohl der Premierminister Jawaharlal Nehru die ganze Sache als «lächerlich» bezeichnete, versammelten sich auf dem gesamten indischen Subkontinent Millionen zu Nonstop-Gebetsversammlungen, in der Hoffnung, den Zorn der Götter zu besänftigen. Während eines Marathonbittgebets an Chandi Path, die Göttin der Kraft, wurden eineinhalb Tonnen Butter und Tausende von Ringelblumen verbrannt. Die hinduistische Liturgie wurde 4 800 000mal von einer Staffel aus 250 Priestern gesungen. U Nu, der Premierminister von Burma, entließ drei Ochsen, drei Schweine, neun Ziegen, 60 Hühner, 60 Enten, 120 Tauben, 120 Fische und 218 Krebse in die Freiheit, in der Hoffnung, die dunklen Mächte abzuwenden. Millionen warteten, und als die Stunde des Verderbens vorüberging, dankten sie den Göttern, die ihre Gebete erhört hatten.

18. April 1965 – Ein kolumbianischer Prediger

Ein kolumbianischer Prediger aus Bogotá warnte seine Gemeinde, daß die Erde am 18. April 1965 explodieren würde. Ein tiefgläubiger Mann, Nelson Olmeido, verschleuderte seine gesamten Ersparnisse in einer einzigen Nacht. Als der 18. April ohne besondere Vorkommnisse vorüberging, verklagte er den Prediger.

25. Dezember 1967 – Anders Jensen

Anders Jensen, der dänische Führer der Jünger von Orthon, prophezeite in der «David Frost Show» vor Millionen Fernsehzuschauern, daß am Weihnachtstag der Jüngste Tag anbrechen würde. Die Sekte wählte ein Feld in der Nähe Kopenhagens, um dort einen unterirdischen Bunker zu bauen mit einem 20 Tonnen schweren Bleidach, der sie über die gefährliche Zeit retten sollte. 50 Jünger verbrachten Weihnachten unter der Erde. Die erwartete Atomexplosion trat nicht ein. Einer nach dem andern kamen die Jünger wieder aus ihrem Unterschlupf hervor und wurden von erfreuten Schaulustigen mit Beifall begrüßt. Jensen sagte: «Wir erwarteten, die Erde mit Asche bedeckt vorzufinden, ein rotes Glühen am Himmel und alles zerstört zu sehen. Es ist alles etwas enttäuschend, aber wir sind sicher, daß es dafür eine einfache Erklärung gibt.» Später verkauften die Jünger den Bunker mit Gewinn.

1970 – Kirche Jesu des Wahren Lichts

Auf Grund ausgedehnter Bibelstudien und -deutungen kam das Oberhaupt der «Kirche Jesu des Wahren Lichts» aus Charlotte in North Carolina zu dem Ergebnis, daß 1970 die Welt untergehen würde. Diese Sekte hielt an dem alten Glauben fest, daß die Welt 6000 Jahre nach der Schöpfung enden mußte. Die Schöpfung fand ihrer Meinung nach im Jahr 4000 v. Chr. statt, und sie rechneten 30 Jahre ab, die im ersten Jahrhundert des christlichen Kalenders verlorengingen. In Erwartung des Endes gaben 17 Wahre-Licht-Anhänger ihren Beruf auf. Die Mitglieder waren entsetzt und überrascht, als ihre Voraussage sich nicht erfüllte. Sie sagten, daß sie trotz des Versagens ihrer Prophezeiung keinen Grund sähen, andere Lehren ihrer Kirche anzuzweifeln.

September 1975 – Viola Walker

Im September 1975 eröffnete Mrs. Viola Walker aus Grannis, Arkansas – damals 67 Jahre alt –, ihren Angehörigen, daß sie eine Botschaft von Gott erhalten habe. Die Rückkehr des Messias und das Weltende stünden kurz bevor. Genau 21 Verwandte gesellten sich zu Mrs. Walker, um in einem Haus mit drei Schlafzimmern Wache zu halten. Sie bezahlten keine Rechnungen mehr und nahmen ihre Kinder aus der Schule. Die Wache dauerte zehn Monate und endete erst, als am 16. Juli 1976 zwei Gerichtsvollzieher das Haus betraten. Alle wurden vor die Tür gesetzt, weil die Hypothek des Wach-Hauses nicht mehr beglichen worden war. Ein Sprecher der Gruppe sagte, sie würden die Wache von jetzt ab in ihren Herzen fortführen, und ihr Glaube sei in keiner Weise erschüttert.

1978 und 1979 – John Strong

John Strong, ein Geschäftsmann aus Melbourne in Australien, sagte in seinem Buch ‹*The Doomsday Globe*› einen Atomangriff der Sowjetunion voraus. Er gründete seine Prophezeiung auf Teile der Bibel und seine eigenen Berechnungen aus den Maßen der ägyptischen Pyramiden. Strong und 70 Anhänger errichteten eine «Untergangsstadt», in der sie den Angriff abwarten wollten. Strong meinte, der verhängnisvolle Tag ereigne sich irgendwann im Oktober 1978. Falls der Angriff nicht am 2. Oktober stattfände, dann entweder am 15. oder 31. Oktober. Auf jeden Fall würde die Erde bis zum 23. September 1979 zerstört sein.

1998 – Propheten

Christus starb in seiner 1998. Lebenswoche. Das errechneten einige Propheten, die dieses Jahr zum Jahr des Verhängnisses bestimmten.

1999 – Criswell

Criswell, ein Hellseher, behauptet, daß ein schwarzer Regenbogen (eine magnetische Störung) im Jahr 1999 den Sauerstoffmantel der Erde abziehen wird. Danach wird die Erde in die Sonne stürzen und alles in Flammen aufgehen.

2000 – Jeanne Le Royer

Jeanne Le Royer (1732–1798), Laienschwester eines Klosters in der Bretagne, prophezeite Kriege, Erdbeben und soziale Unruhen vor dem Erscheinen des Antichrist. Sie weissagte, daß nach dem Zusammenbruch des Papsttums mit dem Jahr 2000 auch das Ende der Welt kommen würde.

5. Mai 2000 – Die Gemeinde Stelle

1973 begann eine Anzahl Menschen die kleine Stadt Stelle inmitten eines Maisfelds 160 Kilometer südwestlich von Chicago aufzubauen. Seither lebten dort ungefähr 800 Personen über verschieden lange Zeiträume. Sie alle hatte es nach der Lektüre des Buches ‹*The Ultimate Frontier*› (1963) von Richard Kieninger, dem geistigen Führer der Gemeinde, nach Stelle gezogen. Kieninger behauptet, ihn habe eine Geheimorganisation aus alter Zeit auserwählt, um eine Gemeinde in Illinois zu gründen und ihre Mitglieder in das Königreich Gottes im Pazifik zu führen. Die Gruppe glaubt, daß am 5. Mai des Jahres 2000 Flutwellen, Erdbeben, Überschwemmungen und Vulkanausbrüche die Erde zerstören werden. Sie plant, das Chaos mit Hilfe eines Gefährts, das leichter als Luft ist und über dem Chaos schweben soll, zu überstehen, um später unversehrt in einer neuen Stadt im Pazifik, Philadelphia genannt, zu landen. Die Stelle-Gruppe konzentriert ihre Bemühungen auf das Gebiet der Technologie, weil sie darin ihre Überlebenschance sieht. Die Mitglieder sind stark familienbewußt, die traditionelle Rollenverteilung zwischen Mann und Frau wird strikt eingehalten. Negative Einflüsse wie Gewalt werden sorgfältig von der Gemeinde ferngehalten. 1975 wurde Mr. Kieninger ausgeschlossen, weil er die Frauen nicht in Ruhe lassen konnte. Jetzt bildet er eine neue Gemeinde in der Nähe von Dallas in Texas, doch einmal im Monat besucht er Stelle.

25. April 2038 – Nostradamus

Unter den Prophezeiungen des berühmten französischen Sehers und Astrologen Nostradamus (1503–1566) gibt es auch eine, nach der das Ende der Welt eintritt, wenn Ostern auf den 25. April fällt. Bisher war das in den Jahren 1666, 1734, 1886 und 1943 der Fall. Das nächste Mal wird es im Jahr 2038 sein. *at & jb*

Die Papstweissagungen des heiligen Malachias

Malachias (hebräisch Maleachi, «mein Bote») wird im Alten Testament der letzte der Kleinen Propheten genannt. Nach ihm hieß ein irischer Benediktinermönch, der seit 1134 Erzbischof von Armagh war, 1148 starb und 1190 heiliggesprochen wurde. In einem Buch, das 1595 in Venedig von dem Benediktiner Arnold Wion unter dem Titel ‹*Lignum vitae*› (Holz oder Baum des Lebens) veröffentlicht wurde, standen nun Weissagungen dieses heiligen Malachias über künftige Päpste. Sie begannen mit dessen Zeitgenossen Cölestin II. (1143–1144) und führten 110 Päpste auf als seine Nachfolger.

Da es vor der Veröffentlichung Wions 1595 keinerlei Erwähnung, nicht einmal die geringste Anspielung auf eine Prophezeiung des heiligen Malachias gegeben hatte, wurde ihre Echtheit bald angezweifelt, und schließlich kam die historische Forschung zu dem Ergebnis, daß Wion einen Propagandatrick gläubig übernommen haben mußte, der im Herbst 1590 im Verlauf eines erbittert geführten Wahlkampfs um den Papstthron ausgeheckt worden war.

Die fingierte Weissagung sollte einem der Kandidaten zugute kommen, dem Kandidaten Kardinal Simoncelli aus Orvieto. Um sie glaubwürdig zu machen, wurde sie weit zurückverlegt. Die seitdem in Erscheinung getretenen Päpste konnten selbstverständlich nicht namentlich genannt werden, auch der nicht, der von der Weissagung begünstigt werden sollte, erst recht nicht alle die einer ferneren und fernsten Zukunft. Statt der Namen wurden in zwei, drei Worten Charakterisierungen gegeben, Anspielungen auf Namen, Herkunft, Eigenarten. Für die Vergangenheit war das unschwer möglich. Auch für den augenblicklichen Zweck: der kommende Papst erhielt die Kennzeichnung «Ex antiquitate urbis» (aus dem Alter der Stadt), was deutlich genug auf den Mann aus Orvieto (der Name entstand aus «urbs vetus», alte Stadt) hinweisen sollte.

Der Trick half nicht. Papst wurde nach fast drei Monaten

Niccolò Sfondrati aus Mailand als Gregor XIV. Das machte späteren Gläubigen der Weissagungen wenig Schwierigkeiten: Mailand war ja ebenfalls eine alte Stadt, und zudem war Sfondrati dort Senator gewesen (Senat bedeutet «Rat der Alten»). Aber mit den folgenden Päpsten tat man sich vielfach äußerst schwer. Auf Clemens X. beispielsweise sollte zutreffen «De flumine magno» (vom großen Strom), weil sein Familienwappen das Sternbild der Kassiopeia enthielt, durch das die Milchstraße geht (die Malachias also «den großen Strom» genannt haben soll). Wer immer an Weissagungen und also auch an die des heiligen Malachias glauben wollte, scheute keine deutelnden Verrenkungen. Es herrscht eben weithin eine gewisse Scheu, Möglichkeiten von Prophetie rundweg zu leugnen. Sogar ein heutiges Lexikon (sein Name sei barmherzig verschwiegen) findet die Charakteristiken «teilweise erstaunlich gut passend (z. B. Nr. 103: Ignis ardens, brennendes Feuer, für Pius X.)» und erklärt damit, daß sie «bis heute vielfach übernommen» wurden! (In einem Lexikon von 1896 wurden sie nicht einmal einer Erwähnung wert gehalten.)

Auf den Papst, der Johannes XXIII. werden sollte, war gemünzt «Pastor et nauta» (Hirt und Schiffer). Es wurde damals boshaft gewitzelt, man habe den amerikanischen Kardinal Spellman gesehen, wie er (allerdings bei fortgeschrittener Dämmerung) mit einem Schiff den Tiber hinabfuhr, auf dem ein Dutzend Schafe geladen waren. Aber dann genügte auch Angelo Roncalli als Johannes XXIII. den Anforderungen des Propheten, schließlich kam er aus der «Schifferstadt» Venedig und hatte als Bauernsohn gewiß in seiner Jugend auch einmal Schafe gehütet.

Spannend wird es für die nahe Zukunft. Auf der Malachiasliste stehen nach dem jetzigen Papst nur noch zwei: «Ruhm der Olive» und «Petrus der Römer». Offenbar ist dann für Malachias «das Ende der Zeiten» gekommen. Zum «Römer Petrus» sagt er deshalb etwas mehr als zu den vorhergehenden Päpsten: «Während der letzten Verfolgung der Heiligen Römischen Kirche wird Petrus II. aus Rom regieren. Er muß seine Herde unter vielen Bedrängnissen hüten, nach deren Überwindung die Siebenhügelstadt zerstört werden und der Schreckliche Richter sein Volk richten wird.»

Sicherlich ist die Zukunft ungewiß, aber es müßte doch seltsam zugehen, wenn es in Bälde wieder eine Christenverfolgung geben sollte wie zur Zeit des Kaisers Nero. *mss & bb*

Nostradamus

«Und dies geheimnisvolle Buch,
Von Nostradamus' eigner Hand,
Ist dir das nicht Geleit genug?»

Nämlich bei der Flucht aus der Studierstube «hinaus ins weite Land», wo Faust die Natur zu erkennen hoffte. Aber wenn er dazu ein Buch von Nostradamus tauglich glaubte – hier irrte Goethe. Von Nostradamus sind nur «Prophezeiungen» bekannt, und diese sind zwar wirklich «geheimnisvoll», aber nicht voller Geheimnisse der Natur, sondern der Geschichte: eintausend Prophezeiungen geschichtlicher Ereignisse.

Der eigentliche Name des Autors ist Notredame, Michel de Notredame, und schon die scheinbare Latinisierung des Namens, der ja «Unsere Liebe Frau» bedeutet, zu Nostradamus, was zu deutsch «wir geben das Unsere» heißt, könnte darauf hinweisen, daß der Mann ein intelligenter, ja durchtriebener Sprachartist und Schalksnarr war. Er war befreundet mit dem älteren Scaliger, einem namhaften klassischen Philologen, von dem er gewiß einiges über Sprache, Sprachspielerei und sprachliche Mystifikation lernen konnte.

Michel de Notredame wurde 1503 in Saint-Rémy in der Provence geboren, studierte in Avignon und Montpellier Medizin und ließ sich um 1530 als Arzt in Agen nieder, wo Scaliger ebenfalls als Arzt tätig war. 1544 kehrte Notredame in die Provence zurück, nach Salone, wo er 1566 starb.

Es gibt über sein Leben nicht allzuviel genaue Nachrichten, und daß er mit seinen «Prophezeiungen» die Leute nur zum Narren halten wollte, wie es ihm allerdings schon Zeitgenossen vorgehalten haben, ist unbeweisbar. Neben seiner ärztlichen Tätigkeit hat er offenbar astrologische und kabbalistische Studien getrieben, wurde auch, wie er selbst berichtet, bekannt «mit einer zu gewissen Stunden einsetzenden Anregung, einem Erbteil meiner Urväter» (er war jüdischer Abstammung), also mit prophetischen Zuständen, deren Offenbarungen er in seine Astrologie einbezog. Die Ergebnisse schrieb er zunächst in Prosa nieder, später machte er daraus gereimte Vierzeiler, «Quatrains», die er zu «Centuries» (Hundertschaften) zusammenstellte; 1555 veröffentlichte er unter dem Titel *‹Prophezeiungen›* sieben davon, 1558 noch einmal drei.

In so unsicheren Zeitläuften wie den damaligen, als die Reformation ganz Europa schüttelte und in Frankreich gerade die Zeit der Hugenottenkriege anbrach, fand eine anscheinend höhere, prophetische Weisheit willige Abnehmer, und Nostradamus erntete neben höhnischem Spott auch zahlreiche Anhänger, darunter sogar die Königin Katharina von Medici. Später wurde er immer dann wieder einmal «aktuell», wenn die Zeit aus den Fugen ging und viele sich von der Übermacht einer gefahrvollen Gegenwart und ungewissen Zukunft bedrängt fühlten, wie etwa während der Französischen Revolution oder in unseren Tagen, in denen sich Publikationen seiner Prophezeiungen mitsamt Deutungen unglaublich gehäuft haben.

Aber welcherart Wahrheiten hatte nun Nostradamus in seine Vierzeiler gepackt? Sehen wir uns einen seiner berühmtesten im Originaltext an:

«Le part soluz mary sera mitré
Retour: conflict passera sur le thuille
Par cinq cens: un trahyr sera tiltré
Narbon et Saulce par coutaux avous d'huille.»

Die Sprache der Verse des Nostradamus ist ein mit lateinischen und altprovenzalischen Wortbildungen durchsetztes altertümliches und altertümelndes Französisch und besteht aus kurzen, abgehackten Sätzen, oft ohne Verb, zusammenhanglos. Also absichtlich rätselhaft, unvergleichlich rätselhafter als die delphischen Orakel, in ihrem zumeist düster drohenden Ton der Apokalypse des Johannes vergleichbar. Diese Verse waren schon den Zeitgenossen unverständlich, einem heutigen Franzosen sind sie es noch mehr, und Übersetzungen in andere Sprachen können sich reichlicher Willkür hingeben. So lassen sich die angeführten Verse übersetzen mit: «Der Teilhaber wird vom Ehemann zum Bischof gemacht. Am Ziegeldach wird sich der Streit erneuern. Fünfhundert werden einen Verräter adeln. Narbonne und Sales werden durch Bewaffnete mit Öl versorgt werden.» Oder aber: «Der Ehegatte wird allein betrübt mit der Mütze geschmückt werden. Ein Angriff wird geschehen auf den Tuille durch 500 Mann. Ein Verräter wird Narbon sein, der einen hohen Titel trägt, und Saulce, dessen Ahnen Ölfässer verwahrten.»

In dieser Fassung sollte der Vers sich auf die Französische Revolution beziehen. Der Ehegatte sollte Ludwig XVI. sein, dem am 20. Juni 1792 Jakobiner ihre rote Mütze aufsetzten. Am 10. August 1792 wurden die Tuilerien gestürmt, woran die sogenannten «Fünfhundert» den meisten Anteil gehabt haben sollen. Narbonne-Lara hieß der Kriegsminister, den Ludwig am 10. März 1792 entlassen hatte, weil er das Königtum nicht entschlossen genug verteidigt habe. Sauce hieß der Gastwirt in Varenne, bei dem die flüchtende Königsfamilie festgenommen wurde; er war zugleich Krämer wie schon seine Vorfahren und wird auch mit Öl gehandelt haben. (Übrigens war er in diesem Drama eine Nebenfigur; die Entdeckung und Verhaftung der Königsfamilie war dem Postmeister von Saint-Ménéhould zu danken, der Drouet hieß und später von Napoleon mit den Worten dekoriert wurde: «Sie haben die Welt aus den Angeln gehoben.»)

Heutige Deuter scheuen sich nicht weniger vor abenteuerlichen Bezügen. Wenn Nostradamus dichtet, «am Rhein der norischen Berge wird ein Großer geboren werden aus dem Volke, das zu spät gekommen ist», dann muß er Hitler gemeint haben, denn dieser norische Rhein ist der Inn (Noricum hieß die römische Provinz, deren Westgrenze der Inn war), Hitler wurde in Braunau am Inn geboren, und das deutsche Volk ist zu manchem zu spät gekommen, zum Beispiel zu seiner Einheit oder zu Kolonien, in geschichtsphilosophischen Betrachtungen wird es überhaupt gern als «verspätete Nation» bezeichnet. «Er wird das Land an der Weichsel und an der Donau verteidigen», sagt Nostradamus weiter, das kann man Hitler nicht absprechen, auch wenn es andere Gegenden genug gab, in denen er das ebenfalls tun mußte. «Niemand wird ahnen, wie er schließlich endet», lautet der Schlußvers – das kann freilich von jedem behauptet werden, solang er noch einigermaßen gesund herumläuft. Ein anderer Vers dagegen, ebenfalls auf Hitler bezogen, nennt sein Ende recht genau: «Während Hadrie sehen wird, was alles verloren ist, erschießt sich der Größenwahnsinnige beim Festmahl.» («Hadrie» wird Hitler genannt, weil schon der römische Kaiser Hadrian die Juden verfolgt hatte.) In einer anderen Weissagung für Hitler heißt es schließlich kurz und bündig: «Zwei auf dem Pflaster gegrillt.» Hitler hatte ja angeordnet, daß seine Leiche und die Eva Brauns im Hof der Reichskanzlei verbrannt werden sollten.

Die Prophezeiungen des Nostradamus erstrecken sich bis ins vierte Jahrtausend hinein, so lange, wie der Astrologe die Dauer des irdischen Lebens berechnet hatte. In seinen Versen wäre also noch eine Menge von Zukunft zu entdecken, wenn wir sie nur richtig lesen könnten. Es gibt auch eine ziemliche Anzahl von Autoren, die das von sich glauben; auffällig nur, daß sie keine Namen mehr entschlüsseln und sich vor allem auf Naturkatastrophen in Verbindung mit kosmischen Ereignissen konzentrieren: besondere Planetenkonstellationen oder die Wiederkehr des Halleyschen Kometen. Etwas konkreter wird es nur für die katholische Kirche, den Papst, Rom und auch für Italien – allerdings sehr ungemütlich mit Überschwemmungen, Brandkatastrophen, Eroberungen, Morden. So frohe Ereignisse, wie daß Italien auf glanzvolle Weise einmal Fußballweltmeister würde, hat noch keiner aus den Versen des Nostradamus herausgelesen.

Wie schon gesagt, setzte Nostradamus seine Prophezeiungen zusammen aus Visionen und astrologischen Berechnungen. Da sie vielerlei Deutungen zulassen, sind Visionen nicht nachprüfbar, wohl aber sind es Rechnungen. Im November 1982 ging eine Nachricht durch die Zeitungen, der französische Astronom Maurice Chatelain habe mit einem Computer errechnet, daß das von Nostradamus für das Jahr 1999 vorhergesagte Ende der Welt auf 3790 verschoben werden müsse. Wem das noch immer eine allzu nahe Erwartung ist, dem sagt der Astronom, daß nicht nur die Berechnungen des Nostradamus falsch waren, sondern auch ihre Voraussetzungen. *wad & rjf & bb*

Der Reaktionär und die Guillotine

Im Nachlaß des französischen Schriftstellers Jean-François de La Harpe (1739–1803) fand man eine Aufzeichnung mit der Überschrift «Cazottes Prophezeiung»; sie wurde in seinen *‹Ausgewählten und nachgelassenen Schriften›* 1806 zuerst veröffentlicht.

Danach war La Harpe zu Anfang des Jahres 1788 zu Tisch bei einem seiner Kollegen von der Akademie, in einer zahlreichen Gesellschaft von Hofleuten, Richtern und Gelehrten. Eine reichbesetzte Tafel und danach Malvasier erzeugten eine ausgelassene Stimmung. Sébastien Chamfort las frivole Geschichten vor, aber später wurden die Gespräche ernsthafter, und man rühmte Voltaire und die philosophische Revolution, die Aberglauben und Fanatismus aus der Welt schaffen würden. Die Älteren in der Gesellschaft bedauerten, die volle Herrschaft der Vernunft wohl nicht mehr zu erleben, aber den Jüngeren stand die gelobte Zukunft offen.

Da sagte plötzlich Cazotte, der neben seiner dichterischen Begabung gelegentlich auch schon eine prophetische hatte vermuten lassen: «Meine Damen und Herren, Sie alle werden Zeugen dieser großen und erhabenen Revolution sein, die Sie so sehr herbeiwünschen. Sie wissen, daß ich mich aufs Prophezeien verstehe. Wissen Sie, was aus dieser Revolution, in der die Vernunft über die geoffenbarte Religion triumphiert, entstehen wird, was ihre Folgen für jeden einzelnen von Ihnen sein werden?» – «Sagen Sie's uns!» rief Condorcet, ein hervorragender Mathematiker, später lange ein hervorragendes Mitglied der Nationalversammlung und des Konvents. «Ein Philosoph hört gern auch einmal einen Propheten.» – «Sie, Herr Condorcet», sagte Cazotte, «Sie werden, auf dem Fußboden eines unterirdischen Gefängnisses ausgestreckt, Ihren Geist aufgeben. Sie werden an Gift sterben, das Sie verschluckt haben, um dem Henker zu entgehen.»

Das rief zunächst nichts als Gelächter hervor und die Frage, was das mit Philosophie und der Herrschaft der Vernunft zu tun habe. «Das gerade ist es», sagte Cazotte, «was ich Ihnen vorhersage. Zweifellos wird die Vernunft herrschen, sie wird sogar Tempel haben. Aber Sie zum Beispiel, Herr Chamfort, werden anfangs einer der Priester in diesen Tempeln sein. Und dann werden Sie sich durch 22 Schnitte mit dem Rasiermesser die Adern öffnen, aber erst einige Monate danach sterben.»

Cazotte prophezeite noch vielen der Gäste sehr genau, daß und wie sie – es würden keine sechs Jahre vergehen – gewaltsam umkommen würden, und auch die vornehmsten Damen würden nicht verschont, sondern auf dem Schinderkarren, die Hände auf den Rücken gebunden, zum Schafott gefahren.

Der Abend endete natürlich mit Mißstimmung, obwohl Cazottes Prophezeiungen keinen Glauben fanden. Aber im Verlauf der Revolution, die schon im folgenden Jahr, 1789, ausbrach, erlitten alle eben genau das Schicksal, das ihnen Cazotte geweissagt hatte, auch er selbst übrigens, dem sein eigener Tod durch die Guillotine nicht verborgen geblieben war.

La Harpe, der anfangs von der Revolution begeistert war, kam 1794 für fünf Monate ins Gefängnis. Darin und danach wurde er ein erbitterter Gegner philosophischer und revolutionärer Ideen und eifriger Anhänger von Religion und Monarchie. Die Prophezeiungen Cazottes erfand er als ein rhetorisches Mittel, um Vernunftreligion und Revolution in einem zu diskreditieren und den ja unleugbar krassen Widerspruch zwischen den Idealen der Revolution und ihren Greueln auch kraß zum Ausdruck zu bringen. Er hatte dies selbst zum Schluß seiner Aufzeichnung erklärt, doch der erste Herausgeber seiner Werke hatte diese Erklärung unterschlagen, sie erschien erst in einer späteren Ausgabe. Aber da war die Fiktion einer in Erfüllung gegangenen Prophezeiung schon zum festen Glaubensgut all derer geworden, die sich ohne Wunder und Weissagungen kein Weltbild machen können. *rjf & bb*

Weisheit der Einfältigen

Obwohl es den Philosophen einzig um Wahrheit geht und Weisheit, findet man in einem Philosophenlexikon keinen einzigen Wahrsager, keine Weissagung. Nun ist kein Wahrsagerlexikon bekannt; aber wenn man Bücher durchsieht, die von Weissagungen berichten, stößt man auffällig oft auf Wahrsager, die zu den sogenannten «einfachen», wenn nicht einfachsten Leuten gerechnet werden, und unwillkürlich wird man an die Worte Jesu erinnert: «Ich preise dich, Vater, daß du dies vor den Weisen und Klugen verborgen hast, um es den Einfältigen [andere übersetzten: den Unmündigen] zu enthüllen.»

Robert Nixon (1467–1485) war ein Dorftrottel aus der Grafschaft Cheshire im westlichen England, dem an nichts anderem als Essen zu liegen schien. Man verwunderte sich zum erstenmal über ihn, nachdem er den Tod eines Ochsen vorhergesagt hatte, und als sich herumsprach, daß er in einer Vision zwei Tage vor der Schlacht von Bosworth den Sieg des nachmaligen Königs Heinrich VII. über Richard III. vorhergesehen hatte, wurde er an den Königshof geholt und dort als Hofwahrsager gehalten. Nicht lange aber, und er verärgerte das Küchenpersonal durch seine Freßgier so sehr, daß sie ihn einsperrten, ihn dann vergaßen und er in der abgelegenen Kammer verhungerte.

Dies alles hatte er in seinem Dorf schon vorhergesagt, und Jahrhunderte danach wurde klar, daß ihm auch schon solche Ereignisse der späteren Geschichte offenbart worden waren wie die Englische Revolution und die Hinrichtung Karls I. 1649, die Französische Revolution, die Napoleonischen Kriege und die Weltmacht Großbritanniens im 19. Jahrhundert. Als Beispiel für die Art seiner Prophezeiungen sei angeführt, wie er die Absetzung des englischen Königs Jakob II. 1688 geweissagt hatte: «Wenn ein Rabe (sein Nest) im Maul eines steinernen Löwen hoch auf einer Kirche in Cheshire baut, wird ein König von England aus seinem Reich vertrieben werden und nie zurückkehren.» Als man in Cheshire von der Absetzung erfuhr, soll man nachgesehen und das Rabennest tatsächlich an der angegebenen Stelle gefunden haben.

Anton Johanson (1858–1929) wurde als Sohn eines armen Bauern und Holzfällers in der nördlichsten Provinz Finnlands, Finnmark, geboren. Einige Auskünfte über ihn sind widersprüchlich. In Deutschland ist er als Eismeerfischer bekannt, in den USA als Hirt, Lehrer und Landvermesser. Einigkeit herrscht darüber, daß er eine tief religiöse Natur war und seine Visionen auf die Kraft Gottes zurückführte.

Seine ersten Vorahnungen bezogen sich allein auf das Ableben von Verwandten und Nachbarn. Kurz nach der Jahrhundertwende fing es aber mit Vorhersagen von Erdbeben an (1902 Martinique, 1906 San Francisco, 1908 Messina), und am 14. November 1907 hatte er eine ausgedehnte Vision, die alles übertraf, was er bis dahin gesehen hatte: die Weltereignisse vom Beginn des Ersten Weltkriegs bis in unsere Tage. Soweit er sie noch selbst erleben sollte, sagte er sie mit verblüffender Genauigkeit voraus: Serajewo und die Abdankung des deutschen Kaisers, die russische Revolution und den Bürgerkrieg, auch die politischen Schwierigkeiten der Weimarer Republik. In dem, was nach seinem Tod geschehen würde, waren seine Prophezeiungen allerdings erheblich schlechter. Zwar gehörten dazu die Gründung eines jüdischen Staates in Palästina, der Vesuvausbruch und die großen Sturmfluten von 1953, aber der große Krieg, den er zwischen Schweden und Norwegen auf der einen Seite und der Sowjetunion und Frankreich auf der andern weissagte, ist im Zweiten Weltkrieg nicht wiederzuerkennen, auch die Zerstörung der Wolkenkratzer in New York ist bisher unterblieben.

Edgar Cayce (1877–1945) war ein unauffälliger, bescheidener, gutmütiger Bauernjunge aus Kentucky. In der Schule tat er sich schwer, und zeit seines Lebens fiel an ihm ein Mangel an Intelligenz und Bildung auf. Immerhin konnte er seinen Lebensunterhalt eine ganze Weile lang als Büroangestellter, Buchhändler, Verkäufer von Lebensversicherungen und Fotograf verdienen. Aber schon früh hatte er die Fähigkeit gezeigt, sich in Trance zu versetzen und darin Krankheiten zu erkennen und entsprechende Rezepte anzugeben, die halfen. Wunderheilungen – so etwas pflegt sich herumzusprechen. Die Kundschaft wächst, das Einkommen ebenfalls. Zwar brandmarkte ihn der Ärztestand als gefährlichen Quacksalber, aber 1927 wurde in Virginia Beach sogar ein Krankenhaus für ihn gebaut.

Doch Cayce war nicht nur «Geistheiler», sondern auch Hellseher. Er sagte nicht nur den amerikanischen Börsenkrach von 1929 voraus, der die Weltwirtschaftskrise einleitete, sondern auch Anfang und Ende des Zweiten Weltkriegs, die Unabhängigkeit Indiens, das Ableben der Präsidenten Roosevelt und Kennedy, die Entdeckung der Schriftrollen vom Toten Meer, die Erfindung des Lasers und vieles andere.

Er hatte auch prophezeit, daß Kalifornien in den Pazifik fallen werde, allerdings den Zeitpunkt nicht genannt. Seine Anhänger kamen darauf, es müsse sich im April 1969 ereignen. Es gab nicht wenige Gläubige, die deshalb aus Kalifornien wegzogen.

Wir können nur hoffen, daß auch eine andere Prophezeiung Cayces nicht in Erfüllung gehen wird: «Umwälzungen im Erdinnern und eine Veränderung der Erde selbst, weil sich die Achse verlagert und die Pole an eine andere Stelle zu liegen kommen.»

Auch der Böhmerwald brachte einen Bauernpropheten hervor, den Knecht Sepp Wudy in Frischwinkel. Er war menschenscheu und redete fast nur, wenn er gefragt wurde. Aber gelegentlich äußerte er doch dies und jenes über künftige Ereignisse und machte damit seinem Bauern so viel Eindruck, daß dieser die Vorhersagen in seinem Kalender notierte, auch die, daß sein Knecht «in Eis und Schnee» sterben müsse – er fiel als Soldat des Ersten Weltkriegs in den Dolomiten. Aber vorher schon hatte Wudy prophezeit, daß die Menschen einstmals «den Vetter in Wien von der Stube aus sehen» könnten, daß der Vetter «in einer Stunde hier sein» könnte und daß man in der Kirche Tanzmusik spielen werde. Daß dies alles eingetroffen ist, kann nicht bestritten werden, wenn man an das Fernsehen, die Hubschrauber und die Jazzmessen denkt.

Wir können nur hoffen, die Katastrophe nicht erleben zu müssen, die er außerdem noch weissagte: «Es steht gegen Norden ein Schein, wie ihn noch niemand gesehen hat. Und dann wird alles in Feuer aufgehen . . . Die Luft frißt sich in die Haut wie Gift. Zieh alle Kleider an, die du hast, und paß auf, daß nicht einmal die Nasenspitze herausschaut. Setz dich in ein Loch, und wart ab, bis alles vorbei ist. Lange dauert's nicht. Du hast Essen vor dir und darfst es nicht anrühren, weil es dein Tod wäre. Wenn dir die Haare ausfallen, hat es dich erwischt. In Bayern wird es besser sein als anderswo, aber auch dort geht alles drunter und drüber.»

Eine besondere Kategorie von «Einfältigen» sind Bauernkinder, denen die Muttergottes erschienen ist. Es fing 1846 in dem französischen Alpendorf La Salette-Fallavaux, südlich von Grenoble, mit zwei Hirtenkindern an; fünf Jahre später schon wurde die Erscheinung kirchlich beglaubigt, und aus dem Dorf wurde ein noch heute vielbesuchter Wallfahrtsort. Die himmlische Erscheinung hatte Strafen für die Mißachtung der göttlichen Gebote angekündigt: «Die Menschheit steht am Vorabend der schrecklichsten Geißeln ... Paris wird niedergebrannt und Marseille verschlungen werden ... Es wird Kriege geben bis zum letzten Krieg ... Die Natur ... bebt vor Entsetzen in Erwartung dessen, was über die durch Verbrechen besudelte Erde hereinbrechen soll.»

Prophezeiungen wie in La Salette gab es in Lourdes nicht. Aber die 14jährige Bernadette Soubirous, der Maria 18mal erschien und das wundertätige Heilwasser wies, war ein keineswegs besonders intelligentes Kind aus armer Familie. Der entstandene Wallfahrtsort sieht alljährlich zwei Millionen Pilger.

In Fatima in Portugal erschien im Jahr 1917 Maria als «Unsere Liebe Frau vom Rosenkranz» in den Monaten Mai bis Oktober, jeweils am 13., drei Hirtenkindern und rief zur Buße und zum Bau einer Kapelle auf. Auch zu diesem Ort wallfahren jährlich Hunderttausende. Hier gab es wieder eine «Botschaft», aufgeschrieben von dem ältesten Kind, dem zehnjährigen Mädchen Lucia. In ihr sind drei Prophezeiungen enthalten: die erste vom Ende des Ersten Weltkriegs, die zweite vom Beginn des Zweiten. Die dritte Botschaft soll Papst Johannes XXIII. am 13. Mai 1960 versiegelt übergeben worden sein. Johannes soll bleich geworden sein, als er sie las; bekanntgegeben hat er sie nicht.

Es gab später noch mehrere Marienerscheinungen – besonderes Aufsehen erregte die 1949 in Heroldsbach in Mittelfranken –, aber die Kirche erkannte sie nicht an, und von Prophezeiungen dabei wurde nichts bekannt. Immerhin waren es stets Bauernkinder, die sie wahrgenommen hatten. *jbs & mss & rjf*

«Titan» und «Titanic»: Roman und Realität

Er wollte nicht und wußte nicht, daß er eine Weissagung verfaßte. Er war Schriftsteller und erfand lediglich eine Geschichte wie andere auch.

Er hieß Morgan Robertson, war 1861 als Sohn eines Schiffskapitäns geboren, der die Großen Seen befuhr, und hatte nach einer kurzen Schulzeit als einfacher Seemann bei der Handelsmarine begonnen. Nach 19 Jahren hatte er es bis zum Ersten Maat gebracht. 1886 kehrte er der Seefahrt den Rücken, lernte in New York bei einem Juwelier und eröffnete einen Juwelierladen. Zehn Jahre später verkaufte er sein Geschäft, weil seine Sehkraft nachgelassen hatte, und suchte nach einem anderen Verdienst.

Eine Seefahrergeschichte von Rudyard Kipling regte ihn an, aus den Erfahrungen, die er auf See gemacht hatte, schriftstellerischen Nutzen zu ziehen. Als er seine erste Kurzgeschichte einer Zeitschrift für 25 Dollar verkaufen konnte, blieb er bei diesem Metier und lebte davon bis zu seinem Tod im Jahr 1915. Zu Ruhm und Reichtum brachte er es nicht, aber immerhin zu etwa zweihundert Kurzgeschichten und neun Romanen.

1897 schrieb Robertson eine Geschichte, in der die Jungfernfahrt eines modernen britischen Luxusdampfers eine entscheidende Rolle spielte. Das Schiff hieß «Titan», und auf ihm befanden sich unter den 3000 Besatzungsmitgliedern und Passagieren John Rowland, ein oft betrunkenes Wrack von einem Seemann, und Myra Selfridge, eine Frau, die Rowland einst geliebt, die ihn aber abgewiesen und einen andern geheiratet hatte.

Robertson nannte seine Geschichte «Der Untergang der ‹Titan› oder Vergeblich». Was ihn beim Schreiben offenbar am meisten interessierte und sich vor seinem inneren Auge abspielte, war das Unglück, das er über die «Titan», seinen erdachten Luxusdampfer, hereinbrechen ließ. Er schrieb:

«‹Eis!› schrie der Ausguck. ‹Eis voraus! Eisberg! Direkt unter dem Bug!› Der Erste Offizier rannte mittschiffs, und der Kapitän rief durchs Telefon in den Maschinenraum . . . Doch schon nach fünf Sekunden begann der Bug der ‹Titan› sich zu heben, und durch den Nebel konnte man sehen, wie sich zu beiden Seiten ein Eisfeld erstreckte, das sich vor dem Schiff zu einer hohen Wand erhob. Die Musik im Theater brach ab, und durch das Gewirr von Rufen und Schreien und den ohrenbetäubenden Lärm von Stahl, der über das Eis knirschte und krachte, hörte Rowland die verzweifelte Stimme einer Frau . . .»

Man sieht, daß Morgan kein sehr guter Schriftsteller war. Aber das ist in dem Zusammenhang, in den seine Geschichte mit späteren wirklichen Ereignissen gebracht werden kann, unwesentlich. In seiner Schilderung des Unglücks fuhr er fort: «75 000 Tonnen totes Gewicht schossen mit einer Geschwindigkeit von 19 Metern in der Sekunde durch den Nebel und warfen sich gegen einen Eisberg. . . . Ein flacher Strand, der durch das kürzliche Kippen des Bergs entstanden sein mochte, empfing die ‹Titan›. Sie hob sich aus der See, bis die Schiffsschrauben schon halb aus dem Wasser ragten, dann legte sie sich auf die Seite. Die Bolzen, die die zwölf Kessel und die drei Tripelexpansionsmotoren sicherten, waren nicht imstande, den Druck solcher Gewichte in dieser Lage abzufangen. Sie brachen, und die Stahlmassen krachten durch Leitern, Balkenroste und Schotts und durchschlugen die Schiffswände. Die Motoren- und Kesselräume füllten sich mit kochendheißem Dampf, der die hundert Männer in der Maschinenabteilung in einen schnellen, doch qualvollen Tod schickte.» Und so weiter, bis der Autor das Schiff ins Meer zurückrutschen, eine Weile mit schwerer Schlagseite treiben und schließlich versinken läßt. Von den 3000 Personen an Bord werden nur wenige gerettet.

Robertsons Geschichte wurde 1898 veröffentlicht. 14 Jahre später stach ein echter Luxusliner, die britische «Titanic», zu seiner Jungfernfahrt in See. In den späten Abendstunden lief das Schiff südlich von Neufundland mit voller Geschwindigkeit auf einen Eisberg auf und sank innerhalb weniger Stunden. 1517 Personen kamen ums Leben. Es war das dramatischste Seeunglück der Geschichte.

Ob es Robertson selbst war oder ein Leser, der sich an den Roman erinnerte, ist unklar. Jedenfalls wurden die Angaben darin mit dem verglichen, was von der «Titanic» bekannt war. Dies das Ergebnis:

	«Titan»	«Titanic»
Wasserverdrängung	75 000 Tonnen	66 000 Tonnen
Schiffslänge	244 Meter	269 Meter
wasserdichte Schotts	19	16
Anzahl der Schiffsschrauben	3	3
Anzahl der Rettungsboote	24	22
Personen an Bord	3 000	2 224
Geschwindigkeit beim Zusammenstoß mit dem Eisberg	25 Knoten	23 Knoten

Der größte Dampfer. Der sicherste. Jungfernfahrt. April im Atlantik. Der Eisberg. Der entsetzliche Aufprall. Der Untergang. Der enorme Verlust an Menschenleben.

Morgan Robertson hatte das alles schon 14 Jahre früher beschrieben. Seine sonstigen schriftstellerischen Werke sind vergessen, und er selbst wäre es auch, wenn nicht seine erdachte «Titan» und die tatsächliche «Titanic» das gleiche Schicksal erlitten hätten.

iw & bb

Eine moderne Wahrsagerkarriere

Um die Jahrhundertwende wurde ein Mann mit dem «Künstlernamen» Cheiro (nach dem griechischen Wort für Hand) der berühmteste Wahrsager in Europa und den Vereinigten Staaten. 1900 wurde er vom Schah von Persien in den Ritterstand des Sonnen-

und Löwenordens erhoben, nachdem er ihn durch eine Warnung vor einem Attentat bewahrt hatte. Im Juni 1911 riet er dem englischen Schriftsteller und Verleger William Stead, im April 1912 keine Seereise zu unternehmen; neun Monate später schlug Stead die Warnung in den Wind und schiffte sich auf der «Titanic» ein. Am 14. April 1912 ging er mit ihr im Nordatlantik unter.

Als William John Warner wurde Cheiro in einem irischen Dorf in der Nähe von Dublin geboren. Später änderte er seinen Namen in Louis Hamon und fügte den Titel Count hinzu, der in England für ausländische Grafen üblich ist – schließlich war er ja so etwas wie ein persischer Graf geworden. Sein Vater war ein konservativer englischer Geschäftsmann, seine Mutter eine reizvolle Französin, die an die Astrologie glaubte und ihrem Sohn den Glauben daran und an verwandte Künste einpflanzte. Als der Junge im Alter von zehn Jahren seinen ersten Artikel über Handlesekunst verfaßte, steckte sein wütender Vater ihn in eine Schule, die aus ihm einen Geistlichen machen sollte. Noch vor seinem 20. Lebensjahr lief Warner aus der Schule fort und ging nach Indien – aber da hatte er auch schon die Handlinien des irischen Nationalisten Charles Stewart Parnell richtig gedeutet, daß dessen politische Zukunft durch eine romantische Verstrickung ruiniert würde; Parnell wurde wegen Ehebruchs verurteilt. In Bombay lernte Cheiro drei Jahre lang das Wahrsagen bei einem Hindumeister. Auf der Rückreise besuchte er in Ägypten das Tal der Könige und erhielt dort als Geschenk eine mumifizierte Hand, die er lange Jahre bei sich trug.

Im Alter von 24 Jahren begann er in London seine Laufbahn als Handleser; auch Astrologie, Hypnose und dergleichen gehörten zu seinem Metier. Der hochgewachsene, breitschultrige, gutaussehende Mann wurde bald berühmt. 1893 schon hatte er mehr als 6000 Kunden und überanstrengte sich dabei so sehr, daß er erkrankte und drei Monate in einem Sanatorium verbringen mußte. Danach bereiste er die USA und hielt im ganzen Land Vorträge über Handlesekunst und Astrologie. Seine Publicity stieg, als er den verurteilten Mörder Henry Meyer in der Gefängniszelle besuchte, um ihm zu versichern, daß er nicht auf dem elektrischen Stuhl enden würde; am Tag vor der festgesetzten Hinrichtung wurde Meyers Strafe in lebenslängliche Haft umgewandelt. Unter den vielen Berühmtheiten, die Cheiro um Rat fragten, waren auch Mark Twain und der Präsident Cleveland, dessen Handflächen offenbarten, daß seine zweite Amtsperiode auch seine letzte war. Der bekannte Rechtsanwalt und Bürgerkriegsheld Robert Ingersoll bemerkte damals: «Selbst wenn ich weder an Gott noch an den Teufel glauben würde – an Cheiro glaube ich.»

Nach seiner Rückkehr aus Amerika hatte Cheiro mehr Erfolg als je zuvor. 1894 wurde er ins britische Kriegsministerium gerufen, um die Handlinien von Lord Kitchener zu deuten. Er prophezeite, daß

Kitchener den größten Erfolg seiner Karriere im Jahr 1914 haben werde. Er warnte Kitchener außerdem, in seinem 66. Lebensjahr ein Schiff zu betreten. 1914, bei Ausbruch des Ersten Weltkriegs, wurde Kitchener Heeresminister. Im Alter von 66 Jahren ging er an Bord des Panzerkreuzers «Hampshire», der ihn zu einem Treffen mit dem russischen Kollegen nach Archangelsk bringen sollte. Kurz nach der Ausfahrt lief die «Hampshire» auf eine Mine und sank. Kitchener ertrank.

König Leopold II. von Belgien, König Umberto von Italien und König Eduard VII. von Großbritannien nahmen ebenfalls Cheiros Dienste in Anspruch. Besonders Eduard verließ sich auf seine Ratschläge; 1902 bat er ihn sogar, den günstigsten Tag für seine Krönung zu bestimmen. Cheiro wählte den 9. August und beruhigte Eduard, daß seine gegenwärtige Krankheit nicht bedrohlich sei und er 69 Jahre alt würde. Durch Eduard lernte Cheiro Zar Nikolaus II. kennen, der sein gläubigster Anhänger wurde, obwohl Cheiro prophezeite, daß Nikolaus und seiner Familie im Jahr 1917 eine Katastrophe drohe. 1904 lud der Zar ihn nach Rußland ein, wo er ihn im Sommerpalast bei Petersburg beherbergte. In Petersburg traf Cheiro den religiösen Propheten Rasputin. Es war ein seltsames Zusammentreffen. Die zwei erfahrenen Hypnotiseure versuchten vergeblich, sich gegenseitig zu hypnotisieren. Schließlich sagte Cheiro voraus, daß Rasputin im eiskalten Wasser der Newa sterben würde, nachdem er zuvor vergiftet, erstochen und angeschossen worden sei. Bekanntlich war alles das zwölf Jahre später nötig, um das unheimlich zähe Leben Rasputins zu beenden.

Es wird erzählt, daß Cheiro seine hypnotischen Fähigkeiten besonders bei einer seiner Lieblingsbeschäftigungen geltend machte – der Kunst des Verführens. Er scheint verheirateten Frauen den Vorzug gegeben zu haben, denn sein Name tauchte häufig in Scheidungsprozessen auf. Um sich gegen eifersüchtige Ehemänner seiner weiblichen Klienten zur Wehr setzen zu können, wurde er Experte im Umgang mit dem Revolver und ein Meister im Jiu-Jitsu. Trotzdem stach ihm einmal ein Ehemann, dessen Frau Cheiro nicht nur ihre Hand gezeigt hatte, ein Messer in die Rippen.

Cheiros Liebesaffären sollen einer der Gründe für seine vielen Reisen gewesen sein. Vermutlich bewahrten ihn seine Fahrten durch Nord- und Südamerika, Asien und Europa davor, sich mit einer Frau begnügen zu müssen. Aus welchem Grund auch immer: Cheiro führte ein abenteuerliches Leben. 1895 hatte er als Kriegsberichterstatter am Japanisch-Chinesischen Krieg und 1905 am Russisch-Japanischen Krieg teilgenommen. Einer seiner Biographen behauptet sogar, daß er während des Ersten Weltkriegs Mitglied des britischen Geheimdienstes war. Man vermutet, daß seine Verbindung mit ihm zu einer Affäre mit der Tänzerin und Spionin Mata Hari führte. Cheiro war fasziniert von ihr, ein Liebesabenteuer gab es jedoch nicht. Aus ihrer Hand las er, daß sie 1917 im Alter von 37 Jahren eine Lebenskrise erwarten müsse. Im angegebenen Jahr wurde sie wegen Spionage von den Franzosen erschossen.

Neben den persönlichen Vorhersagen für seine Klienten gab Cheiro auch Prophezeiungen weltweiter Ereignisse von sich. Präzise sagte er den Burenkrieg und den Ersten Weltkrieg, die russische und die chinesische Revolution und die Weltwirtschaftskrise voraus. Er prophezeite, daß die Juden nach Palästina zurückkehren und ihren eigenen Staat, Israel, gründen würden. Er sah Indiens Unabhängigkeit und seine Aufspaltung in das moslemische Pakistan und das hinduistische Indien voraus. Für Spanien prophezeite er, daß ein Diktator die Macht ergreifen würde.

Einige von Cheiros Prophezeiungen müssen sich erst noch bewahrheiten. Er sagte voraus, daß Frankreich eine Diktatur erleben werde und Japan und China ein Bündnis eingehen würden, um Asien gemeinsam zu beherrschen. Er sah auch große Teile von New York durch ein Erdbeben zerstört werden, während russische Flugzeuge London in Schutt und Asche legten. Und er sah das Armageddon – den in der Johannes-Apokalypse prophezeiten Krieg der Kriege –, in dem Rußland, Libyen, Äthiopien und der Iran in Palästina einmarschieren würden.

1930 zog Cheiro nach Hollywood, um sich dort als Drehbuchautor zu versuchen; er scheint damit kein Glück gehabt zu haben. Aber er gründete dort eine «Schule für Metaphysik» und praktizierte weiterhin seine Handlesekunst; zu seinen Klienten zählten die Filmstars Lillian Gish und Mary Pickford und der Regisseur Erich von Stroheim.

Am 8. Oktober 1936 starb Count Louis Hamon in seinem Haus am Hollywood Boulevard. Wie viele seiner spektakulären Prophezeiungen er selbst zu Reklamezwecken erfunden hat, ist bis jetzt nicht nachgeprüft worden. Nachgeprüft wurden dagegen die Prophezeiungen einer späteren Kollegin, Mrs. Jeane Dixon, die vor allem durch eine angebliche Vorhersage der Ermordung Präsident Kennedys bekannt wurde. Die Prüfung fiel negativ aus. Auch anderen Wahrsagern in den Vereinigten Staaten ging es nicht besser. Als für 364 Vorhersagen der zehn meistgenannten Wahrsager die Trefferquote für die Jahre 1976 bis 1979 ermittelt wurde, kam man auf ganze vier. *rjf & bb*

Wahrträume

Viele Träume lassen sich durch ihren Zusammenhang mit den Erinnerungen, Befürchtungen, Hoffnungen oder Wünschen erklären, die man im wachen Zustand mehr oder weniger vernachlässigt oder verdrängt hat; allerdings fallen die meisten Träume, erklärt oder nicht, dem Vergessen anheim. Es gibt aber auch zahlreiche Berichte von Träumen, in denen zukünftiges (selten auch gleichzeitiges) Geschehen erlebt wurde und das Geträumte dann auch wirklich eintraf; man nennt sie Wahrträume. Auch wenn wir diejenigen ausscheiden, deren Wahrheitsanspruch vermutlich auf Zufall, Geltungsbedürfnis oder gar Betrugsabsichten zurückgeht, bleiben glaubwürdige Berichte übrig. Es handelt sich dabei freilich fast durchweg um einmalige Tatsachen; nur ganz ausnahmsweise hören wir von andauernder Wahrträumerei.

In den allermeisten Berichten zeigen solche Träume einen Tod an, zumindest eine gefährliche Situation; Lottogewinne oder andere Glücksfälle scheinen unvorhersehbar zu sein. Aus den zahllosen Zeugnissen seien hier einige wenige, besonders bemerkenswerte ausgewählt.

Friedrich III., Kurfürst von Sachsen, genannt der Weise (1463 bis 1525), hat als Beschützer Luthers ganz erheblichen Anteil an der Ausbreitung der Reformation. Georg Spalatin, der am Hof Mittelsmann zwischen dem Kurfürsten und Luther war, ein vielseitiger, vor allem historischer Schriftsteller, erzählte als einen Grund, warum Friedrich Luthers Tun geneigt war, einen Traum des Kurfürsten, den dieser gleich am Morgen berichtet habe. «Es träumte mir, wie der allmächtige Gott einen Mönch zu mir schickte . . . Der hatte bei sich zu Gefährten alle lieben Heiligen, die sollten ihm Zeugnis geben, daß kein Betrug mit ihm wäre, und lasse mir Gott gebieten, ich solle dem Mönch gestatten, daß er etwas an meine Schloßkapelle in Wittenberg schreiben dürfe. Darauf fängt der Mönch an zu schreiben und macht so grobe Schrift, daß ich sie hier . . . lesen konnte. Er führte auch so lange Feder, daß sie bis Rom reichte . . . bis an die päpstliche . . . Krone, daß sie begann zu wackeln. Wie sie nun im Fallen ist . . . streckte ich meine Haus aus und wollte die Krone helfen halten. In demselben geschwinden Zugreifen erwachte ich und hielt meinen Arm in die Höhe, war ganz erschrocken auf den Mönch, daß er seine Feder im Schreiben nicht bescheiden geführt. Als ich mich aber recht besann, da war es ein Traum.»

Goethe erzählt in ‹*Dichtung und Wahrheit*› von seinem Großvater mütterlicherseits, dem Stadtschultheißen Textor zu Frankfurt: «Was jedoch die Ehrfurcht, die wir für diesen würdigen Greis empfanden, bis zum höchsten steigerte, war die Überzeugung, daß derselbe die Gabe der Weissagung besitze . . . Wir alle wußten, daß er durch bedeutende Träume von dem, was sich ereignen sollte, unterrichtet wurde. So versicherte er z. B. seiner Gattin zur Zeit, als er noch unter die jüngeren Ratsherren gehörte, daß er bei der nächsten Vakanz auf der Schöffenbank zu der erledigten Stelle gelangen würde. Und als wirklich bald darauf einer der Schöffen, vom Schlage gerührt, starb, verordnete er an dem Tage der Wahl und Kugelung, daß zu Hause im Stillen alles zum Empfang der Gäste und Gratulanten solle eingerichtet werden, und die entscheidende goldene Kugel ward wirklich für ihn gezogen. Den einfachen Traum, der ihn hiervon belehrt, vertraute er seiner Gattin folgendermaßen: Er habe sich in voller gewöhnlicher Ratsversammlung gesehen, wo alles nach hergebrachter Weise vorgegangen. Auf einmal habe sich der nun verstorbene Schöff' von seinem Sitz erhoben, sei herabgestiegen und habe ihm auf eine verbindliche Weise das Kompliment gemacht, er möge den verlassenen Platz einnehmen, und sei darauf zur Tür hinausgegangen.»

Auch daß er durch das gleiche Losverfahren Nachfolger des verstorbenen Schultheißen würde, hatte der Großvater vorausgesehen.

Der bedeutende deutsche Ägyptologe Heinrich Brugsch (1827 bis 1894) schreibt in seinen Lebenserinnerungen, daß er 1876 als ägyptischer Staatsbeamter den Auftrag erhielt, eine ägyptische Abteilung auf der Weltausstellung in Philadelphia einzurichten. Er machte auf dem Weg dorthin einen Abstecher zu seiner Familie nach Göttingen und wollte von da aus nach Bremen auf ein Schiff. «Im Begriff, in Göttingen zum Bahnhof zu gehen, erhielt ich ein Telegramm: ‹Der Khedive ersucht Sie, augenblicklich nach Kairo zurückzukehren.›» Auf der Überfahrt nach Ägypten erfährt Brugsch, daß auf eben dem Bremer Schiff, mit dem er hatte nach Amerika fahren wollen, eine «Höllenmaschine» explodiert sei und eine Reihe von Personen getötet oder verwundet habe. In Ägypten «war ich nicht wenig erstaunt, von ihm (dem Khediven) zu hören, er sei hoch erfreut, mich heil und gesund wiederzusehen, er habe mir aber durchaus nichts Besonderes zu sagen. Er habe sich nur bewogen gefühlt, mich durch den Draht zurückzurufen, da in der Nacht ein Traumbild ihm solches angeraten habe, widrigenfalls mir ein großes Unglück bevorstände.»

Dagegen die Geschichte von der Vorherverkündigung eines Flugzeugabsturzes: Am 15. Mai 1979 erwachte Davis Booth in Cincinnati aus einem schrecklichen Traum. «Ich sehe in der Luft ein Düsenflugzeug der American Airlines ... Dann legt es sich auf die rechte Seite. Und die linke Tragfläche ragt in die Luft, und es bewegt sich sehr langsam ... Dann dreht es sich einfach auf den Rücken, schlägt senkrecht auf die Erde und explodiert.» Da dieser Traum sich allnächtlich wiederholte, rief Booth am 19. Mai bei der Fluggesellschaft an. Aber weil er weder ein Datum nennen noch sonst Näheres angeben konnte, wußte man mit seiner Warnung nichts anzufangen. Am 24. Mai erlebte Booth den Traum zum zehntenmal, abends erfuhr er im Fernsehen, daß die DC-10 der American Airlines auf dem Flug 191 von Chicago nach Los Angeles kurz nach dem Start abgestürzt war und alle 271 Insassen das Leben verloren hatten. Später erklärte ein Verantwortlicher einer großen Fluggesellschaft, gefragt, welche Vorkehrungen sie bei einer solchen Warnung treffen würden: «Gar keine. Ich würde mich nicht darum kümmern. Wir hier lassen das Okkulte außer acht. Es widerspricht jeder Wissenschaft und Logik, über so eine verdammte Sache auch nur zu diskutieren.»

Im Jahr 1975 erschien das Buch *‹Traumjournal›* von Christine Mylius mit dem Untertitel «Experimente mit der Zukunft». Die Autorin, Schauspielerin von Beruf, hatte seit ihrer Mädchenzeit Träume aufgezeichnet und später erlebt, daß sich manches davon erfüllte. Als sie das dem Parapsychologen Professor Hans Bender in Freiburg mitteilte, regte dieser sie an, ihre Träume samt einem Kommentar seinem Institut einzusenden und eventuelle Erfüllungen mit Bestätigung durch Zeugen zu melden. Bis zur Abfassung des Buchs erhielt das Institut von Frau Mylius mehr als 2400 Traumberichte, von denen sich auffällig viele als Wahrträume erwiesen hatten. Ein Beispiel: Am 3. März 1963 träumt Frau Mylius, daß ihre alte Mutter nach einer Schlittenfahrt in einen Abgrund stürzt, aber überlebt. Sechs Jahre später, am 4. Juli 1969, stürzt die 81jährige alte Dame bei einer Autofahrt mit einem «alten Schlitten» rücklings einen Abhang hinunter, wird mit einer schlittenähnlichen Trage weggebracht und überlebt.

Ein Kritiker des Buchs schrieb: «Man kann sich natürlich weigern, all das zu akzeptieren. Wenn man es doch tut, muß man sein Weltbild erweitern, irgendwie; Regeln gibt es dafür noch keine.» Das ist es: Ohne Regeln, d. h. Gesetze, genauer: begründete Theorien über Zusammenhänge gibt es keine Wissenschaft. *lo & bb*

Phantasien und Prognosen

Prophezeien heißt vorhersagen, Prognose bedeutet Vorherwissen. Eine Prophezeiung beruht auf nichts anderem als auf irgendeiner Art von Offenbarung, eine Prognose dagegen auf einem Wissen. Dieses Wissen kann richtig oder falsch sein, zumeist ist es unvollständig. Wenn eine Prophezeiung sich als falsch erwiesen hat, kann man den Propheten nur einen falschen nennen, und damit hat sich's. Hat einer richtig prophezeit, gibt das nicht die geringste Gewähr dafür, daß seine nächste Prophezeiung ebenfalls eintrifft. Für eine falsche Prognose dagegen lassen sich Gründe suchen und vielleicht auch finden, und dies kann wenigstens zur Folge haben, daß man in Zukunft sein Wissen vermehrt, genauer überprüft und zu besseren Prognosen kommt.

Der Prophet Elia konnte einmal zu einem bestimmten Tag Regen ansagen, und der traf dann auch zu seinem Glück ein. Aber eine ständige Wettervorhersage war damals und noch sehr lange unbekannt. Sie hat mit Bauernregeln angefangen – «Blühn die Bäume im November aufs neu', dauert der Winter bis zum Mai» – und brachte es bis zum Hundertjährigen Kalender; doch erst als man Luftdruck, Temperatur und anderes messen und von vielen Orten Angaben darüber rasch erhalten konnte – es begann vor rund hundert Jahren –, öffnete sich ein Zugang. Er führte ganz allmählich zu der heutigen Wettervorhersage, die zum Beispiel der Deutsche Wetterdienst in Offenbach jetzt täglich aus 76 Millionen Einzeldaten recht zuverlässig erstellen kann.

Neben Prophezeiungen und Prognosen kennen wir noch «Erdichtungen», Produkte der Phantasie, wie sie jetzt als «Science-fiction» beliebt geworden sind. Die Gattung gibt es schon seit alters. Ihr frühestes Beispiel mag die Sage von Ikarus sein, dem das Fliegen ja nur mißglückte, weil er mit seinen mit Wachs befestigten Flügeln der Sonne zu nahe kam. Aber man kann den alten Wunschtraum des Menschen, fliegen zu können, nicht als Vorhersage des heutigen Flugverkehrs ansehen, sowenig wie man als Vorhersagen heutiger Errungenschaften der Technik ansehen kann, was sich im Mittelalter oder zu Beginn der Neuzeit «findige Köpfe» in diesem Bereich ausgedacht haben. Daß der irische Mönch Roger Bacon schon im 13. Jahrhundert das Dampfschiff oder das Flugzeug prophezeit haben soll, wie immer wieder einmal erzählt wird, ist kaum zu kontrollieren, da nur wenige seine lateinischen Werke lesen können. Aber von seinem englischen Namensvetter Francis Bacon, der ein bedeutender Staatsmann und Philosoph an der Wende vom 16. zum 17. Jahrhundert war (er stand eine Zeitlang sogar im Verdacht, Shakespeares Dramen geschrieben zu haben), gibt es nicht nur einen höchst lesenswerten Essay über «Weissagungen», sondern auch die utopische Erzählung *‹Neu-Atlantis›*. In ihr wird der Erzähler auf einer Seefahrt durch die damals noch wenig bekannte Südsee zu einer Insel verschlagen und trifft auf dieser ein Volk an, das seinem eigenen nicht nur in Moral, sondern auch in der Technik weit voraus war. Es verstand sich auf die Erzeugung von «künstlichen Mineralien» und von Kunstdünger, auf Pflanzen- und Tierzucht, konnte Meerwasser entsalzen, kannte Klimaanlagen, das Fernrohr und das Mikroskop, sogar den Laser, und besaß Flugmaschinen und Unterseeboote – es ist schon erstaunlich, welche technische Phantasie sich da offenbart, nur: Prognose war es nicht.

Eine ähnliche, in die Zukunft reichende, wenn auch begrenztere Phantasie hatte der französische Schriftsteller Jules Verne (1828 bis 1895), in dessen zahlreichen Romanen U-Boote vorkommen und Flüge zum Mond und der damit zum Begründer der Science-fiction-Literatur geworden ist. Leute wie er und Bacon sind «Propheten» genannt worden, aber ihre Phantasien sind etwas ganz anderes als die Prophezeiungen des Nostradamus. Bezeichnend allein schon, daß ihre Vorstellungen stets optimistisch sind im Gegensatz zu den durchweg düsteren Visionen der eigentlichen Propheten.

Kehren wir zurück zu Prognosen, und erinnern wir uns zunächst an etwas Lustiges! Drei Wochen vor Beginn der Fußballweltmeisterschaft 1982 wollte das italienische Fernsehen durch eine Computerbefragung den Ausgang vorhersagen. Es ließ alle nur irgend feststellbaren Eigenschaften der Spieler und Mannschaften und ihr bisheriges Abschneiden eingeben und so das Programm der Spiele durchlaufen. Es kam heraus, daß zuletzt Brasilien gegen Spanien mit 2 : 1 gewinnen würde; den dritten Platz würde die Mannschaft der Bundesrepublik Deutschland gegen die Argentinier mit 1 : 0 erkämpfen. Wie es in Wirklichkeit ausging, ist bekannt genug. Ausgerechnet ihren Landsleuten hatten die italienischen Computer keinerlei Chance gegeben.

Das Ganze war natürlich ein Spaß. Die Zuverlässigkeit ernsthafter Prognosen hängt zum einen ab vom bereits vorhandenen Wissen, zum anderen von der Art, wie dieses Wissen zu einem Bild der Zukunft zusammengesetzt wird (für unsere Computertechnik: von der Datenerfassung und der Datenverarbeitung). Weil die Bewegungen am Himmel bereits sehr genau bekannt waren, konnte der griechische Philosoph Thales schon im Jahr 585 v. Chr. eine Sonnenfinsternis vorhersagen. Aber noch heute, zweihundert Jahre nachdem Wirtschaftswissenschaft aufgekommen ist, spotten Börsianer gern: «Prognosen sind besonders dann schwierig, wenn sie sich auf die Zukunft beziehen.» Das Wirtschaftsleben, auch wenn isoliert betrachtet, ist schon ein höchst verwickelter Vorgang, aber es ist überdies mit allen anderen Lebensbereichen eng verflochten: Die Daten, die man für eine zuverlässige Prognose braucht, sind zahllos, und sie mit den unterschiedlichen Gewichten, die sie haben, und den Einflüssen, die sie wechselseitig aufeinander ausüben, zu einem Gesamtbild zusammenzufassen, ist eine unerhört schwierige Aufgabe. Kein Wunder, daß jedes halbe Jahr geklagt wird, die wirtschaftswissenschaftlichen Institute hätten wieder einmal falsche Prognosen geliefert.

Und doch sind wir, was Prognosen angeht, heute weiter als unsere Vorfahren. Das Bedürfnis, ja die Notwendigkeit, die Zukunft für viele Bereiche des Lebens vorherzusehen, ist auch gegen früher unvergleichlich größer geworden. «Unser Leben liegt in Gottes Hand» – das verstand sich von selbst zu einer Zeit, als die Fähigkeit, Naturvorgänge zu beeinflussen, gering war und die Folgen menschlichen Handelns nur sehr kurz reichten. Aber schon bald nachdem «der Siegeszug der Technik» begonnen hatte, um die Mitte des vorigen Jahrhunderts, gab der französische Philosoph und Begründer der Soziologie, Auguste Comte, die Direktive für die neue Epoche aus: «Savoir pour prévoir» – Wissen, um vorherzusehen, was dann noch ergänzt wurde durch «um vorzusorgen».

Zwar kannte man noch um 1900 nur Wetter- und Krankheitsprognosen, aber heute gibt es wohl keine größeren Vorhaben mehr, mögen sie von privaten Unternehmern, kommunalen, staatlichen oder überstaatlichen Organisationen geplant sein, die auf Prognosen (Bedarfs-, Wachstums-, Konjunkturprognosen, kurz-, mittel-, langfristig) verzichten, und auch ohne Bezug auf bestimmte Planungen wollen jedenfalls Staaten und internationale Organisationen durch Prognosen, so gut es geht, in die Zukunft sehen.

Ein besonderes Gewicht hat seit wenig mehr als zehn Jahren die Forschung gewonnen, die nach der Zukunft der gesamten Menschheit fragt und schon 1943 von dem Soziologen Ossip K. Flechtheim den Namen «Futurologie» erhalten hatte. Ihre Ursprünge gehen bis in das Jahr 1908 zurück, als der amerikanische Präsident Theodore Roosevelt eine «National Conservation Commission» einsetzte, bei deren Gründung erklärt wurde: «Die Nation verhält sich wie ein Mensch, dem ein Vermögen hinterlassen wurde, das er fortwährend unbekümmert ausgibt, und der sich niemals die Mühe macht zu fragen, wie groß sein Erbe ist oder wie lange es wahrscheinlich reichen wird.» Der Kongreß war jedoch gegen dieses Projekt, und die Nachfolger Roosevelts ließen es fallen. So unterblieb die Erweiterung der ja schon früher entstandenen Naturschutzidee (der u. a. die Naturparks zu danken sind) zu einem umfassenden und kritischen Gesamtüberblick über die Entwicklung der Menschheit im Zusammenhang mit ihrer Umwelt. Erst 1972 rüttelte der Club of Rome, eine 1968 von dem italienischen Industriellen Aurelio Peccei gegründete lose internationale Vereinigung von Wirtschaftsführern und Wissenschaftlern, mit einem Buch über *‹Die Grenzen des Wachstums›* die Öffentlichkeit in aller Welt auf, und seitdem riß die Diskussion über die Zukunft der Menschheit – was sie bedroht und was sie sichern könnte – nicht mehr ab. In aller Welt gibt es seit einigem auch zahlreiche Institute und Gesellschaften für Zukunftsforschung und noch viel mehr Veröffentlichungen zu diesem Thema.

Das letzte umfassende Dokument in dieser Sache ist der Bericht *‹Global 2000›*, den der amerikanische Präsident Jimmy Carter einer Expertenkommission in Auftrag gegeben hatte und der 1980 erschien. Auf fast 1500 Seiten werden hier mit größtmöglicher Ausführlichkeit, Umsicht und Sorgfalt alle erkennbar für die Zukunft der Menschheit wichtigen Daten – über Bevölkerung, Nahrungsmittel, Luft, Wasser, Energie, Wälder usw. – zusammengetragen und die bis zum Jahr 2000 voraussichtlichen Entwicklungen erörtert. Wie schon in den Berichten des Club of Rome wird ein «Weltmodell» konstruiert, das die Zukunft beschreibt, wenn es auf der Welt weiter so zugeht wie bisher, und daraus werden Aufforderungen abgeleitet zu Verhaltensänderungen; denn, so heißt es schon in der Einleitung des Berichtes: «Wenn sich die gegenwärtigen

Entwicklungstrends fortsetzen, wird die Welt im Jahre 2000 noch mehr übervölkert und verschmutzt sein, ökologisch noch weniger stabil als die Welt, in der wir heute leben.» Dies ist sehr vorsichtig und zurückhaltend formuliert; im Bericht selbst werden oft genug sehr viel größere und genauere Befürchtungen geäußert.

Allerdings werden hier – im Gegensatz zu den allermeisten Prophezeiungen – die Katastrophen der Zukunft nicht als unausweichlich vorgestellt. Stets ist mit den bedrohlichen Voraussagen verbunden, daß sie nicht eintreffen, wenn wir unser Verhalten ändern.

Zum Schluß soll noch von Prognosen die Rede sein, die ohne wissenschaftlichen Anspruch, ohne wissenschaftliche Teamarbeit, ohne Computer angestellt worden sind: Prognosen von Denkern, die sich gelegentlich auch mit der Zukunft beschäftigt haben. Berühmt geworden ist etwa die Vorhersage des französischen Historikers und Politologen Alexis de Tocqueville, der um die Mitte des vorigen Jahrhunderts vorhersagte, daß künftig Amerika und Rußland die bestimmenden Weltmächte sein würden, oder Friedrich Nietzsches Satz, er «beschreibe, was nicht mehr anders kommen kann, die Heraufkunft des Nihilismus». Es gibt nicht wenige dieser Art von Prognosen; hier soll nur eine noch angeführt werden.

1784 (!) schrieb Immanuel Kant in seiner Schrift *‹Idee zu einer allgemeinen Geschichte in weltbürgerlicher Absicht›*: Geschichte treibt die Staaten «durch die Kriege, durch die überspannte und niemals nachlassende Zurüstung zu denselben, durch die Not, die dadurch endlich ein jeder Staat selbst mitten im Frieden innerlich fühlen muß, endlich aber nach vielen Verwüstungen und Erschöpfung ihrer Kräfte zu dem, was ihnen die Vernunft auch ohne soviel traurige Erfahrung hätte sagen können, zum großen Völkerbund». In dem Wort «Bund» war für Kant untrennbar enthalten, daß in ihm ein friedliches Zusammenleben herrsche, und insofern sind der frühere Völkerbund und die heutigen Vereinten Nationen nur ein erster, kleiner Schritt zu einer Vereinigung in seinem Sinn. Aber daß die «Zurüstung» zu Kriegen, die drohenden «Verwüstungen» und wirtschaftliche «Erschöpfung» schließlich zu «Vernunft» zwischen den Staaten führen müssen, können und dürfen wir nicht als unrealistisch abtun. *bb*

Die 38 schlechtesten Prognosen aller Zeiten

1. Die Reise des Christoph Kolumbus zur Neuen Welt

Man hielt die Pläne des Kolumbus, nach Westen zu segeln, um einen kürzeren Weg nach Indien zu finden, für undurchführbar, und zwar aus folgenden Gründen: 1. Eine Reise nach Asien würde drei Jahre dauern. 2. Der westliche Ozean ist unendlich und vielleicht nicht befahrbar. 3. Würde Kolumbus die Antipoden (das Land auf der gegenüberliegenden Seite des Globus, von Europa aus gesehen) erreichen, könnte er nicht zurückkehren. 4. Es gibt keine Antipoden, weil der größte Teil des Globus mit Wasser bedeckt ist und weil der hl. Augustinus das sagt. 5. Von den fünf Zonen sind nur drei bewohnbar. 6. So viele Jahrhunderte nach Erschaffung der Welt ist es unwahrscheinlich, daß noch jemand bisher unbekanntes Land von irgendeinem Wert findet.

○ Aus dem Gutachten eines von König Ferdinand und Königin Isabella von Spanien im Jahr 1490 einberufenen königlichen Komitees. (Zitiert bei Samuel E. Morrison in ‹*Admiral of the Ocean Sea*›.)

2. Galileis Entdeckung der Jupitermonde

«Die Monde des Jupiter sind für das bloße Auge unsichtbar, sie können daher keinen Einfluß auf die Erde haben, wären daher nutzlos und existieren daher überhaupt nicht.»

○ Erklärung einer Gruppe scholastischer Gelehrter, die Zeitgenossen von Galilei waren, etwa im Jahre 1610.

3. Einführung von Gasbeleuchtung in britischen Städten

«Genausogut könnten sie versuchen, London mit einer Scheibe vom Mond zu erleuchten.»

○ William H. Wollaston, britischer Chemiker und Physiker zu Beginn des 19. Jahrhunderts.

4.–6. Lokomotiven

«Kann es etwas Lächerlicheres geben als die Vorstellung, Lokomotiven könnten doppelt so schnell wie Postkutschen fahren?»

○ *The Quarterly Review*, 1825

«Nichts liegt mir ferner, als der Welt zu verkünden, die lächerlichen Erwartungen, oder besser Beteuerungen, der begeisterten Theoretiker könnten erfüllt werden, und wir würden erleben, wie (Lokomotiven) sich mit einer Geschwindigkeit von 12, 16, 18 oder 20 Meilen in der Stunde fortbewegen: Nichts könnte ihrer Anwendung oder allgemeinen Entwicklung mehr im Wege stehen als die Verkündung solchen Unsinns.»

○ Nicholas Wood, britischer Bauingenieur, 1825

«. . . jedes öffentliche System zur Personenbeförderung – mit einer höheren Geschwindigkeit als ungefähr 10 Meilen pro Stunde – ist äußerst unwahrscheinlich.»

○ Thomas Tredgold, britischer Eisenbahnkonstrukteur, 1835

Bis zum Jahr 1846 fuhren Lokomotiven schon mit einer Durchschnittsgeschwindigkeit von 45 Stundenkilometer, bis 1890 über 90 Stundenkilometer; und heute fahren sie mit einer Durchschnittsgeschwindigkeit von 120 Stundenkilometer.

7. Die Einführung der Narkose

«Die Überwindung des Schmerzes in der Chirurgie ist ein Hirngespinst. Es ist lächerlich, heute noch danach zu suchen. *Messer* und *Schmerz* sind zwei Wörter der Chirurgie, die im Bewußtsein des Patienten immer zusammengehören werden. Mit dieser vorgegebenen Beziehung werden wir uns abfinden müssen.»

○ Dr. Alfred Velpeau, französischer Chirurg, 1839

Die Narkose wurde nur sieben Jahre später eingeführt, und Dr. Velpeau setzte sie natürlich in den darauffolgenden Jahren auch selber ein.

8. Der Suezkanal

«Die ganze Welt hat schon viel von Monsieur Lesseps und seinem Suezkanal gehört . . . Ich habe die feste Meinung, daß solch ein Kanal weder gebaut werden wird noch gebaut werden kann; daß alle Argumente, die für diese Sache ins Feld geführt werden, sich in ihr Gegenteil kehren, und daß Dampflokomotiven die einzigen Fahrzeuge sein werden und sein sollten, die Ägypten durchqueren.»

○ Anthony Trollope, britischer Romanschriftsteller, 1860

Der Kanal wurde nur neun Jahre später eröffnet und entwickelte sich zu einem der meistbefahrenen Schiffahrtswege der Welt, bis er 1967 während des arabisch-israelischen Kriegs (vorübergehend) geschlossen wurde.

9. Der Grand Canyon

«Das zuletzt erforschte Gebiet ist natürlich gänzlich wertlos. Man kann es nur vom Süden her erreichen, und nachdem man angekommen ist, gibt es nichts weiter zu tun, als es wieder zu verlassen. Wir waren die erste und werden sicherlich auch die letzte Gruppe von Weißen bleiben, die diese nutzlose Örtlichkeit aufgesucht hat.»

○ Lt. Joseph C. Ives, US-Corps zur Landvermessung, 1861

10.–11. Der Erwerb von Alaska

«Der Besitz dieses russischen Territoriums kann uns weder Ehre, Reichtum noch Macht verschaffen, statt dessen wird er eine ständige Quelle der Schwäche und Unkosten ohne einen entsprechenden Ausgleich sein.»

○ Orange Ferris, Mitglied des amerikanischen Repräsentantenhauses, 1868

«Zur Untermauerung des Antrags auf absolute Wertlosigkeit dieses Territoriums gibt es einige allgemeine Stichproben, die von äußerster Wichtigkeit und großer Überzeugungskraft sind. Der entscheidende Beweis ist jedoch, daß Rußland sein Gebiet verkaufen will. Wenn es für Rußland keinen Wert besitzt, wird es sich auch für uns nicht als wertvoll erweisen. Rußland ist keine Macht, die einen Fußbreit Erde anderen überläßt, außer er wäre eine tatsächliche und hinderliche Last.»

○ John A. Peters, Mitglied des amerikanischen Repräsentantenhauses, 1868

12. Chirurgie

«Das Messer kann sich nicht ständig neue Gebiete erobern, es muß Teile des menschlichen Körpers geben, die für immer vor seinem Eindringen geschützt bleiben, jedenfalls in der Hand des Chirurgen . . . der Bauchraum, der Brustkorb und das Gehirn werden vom Eingriff des weisen und menschlichen Chirurgen für alle Zeiten verschont bleiben.»

○ Sir John Erichsen, britischer Chirurg, 1873

1881 führte Dr. Albert Christian Theodor Billroth die erste erfolgreiche Operation für Magenkrebs durch. Der Thoraxchirurgie gelang der große Durchbruch zwar erst ab 1930, doch wurden einfache Operationen bei Emphysemen und Tuberkulose schon 1879 erfolgreich durchgeführt. Im selben Jahr operierte Sir William Macewen erfolgreich einen Gehirntumor.

13. Die Glühbirne

Edisons Vorstellung, eine Glühbirne zu entwickeln, wurde als «gut genug für unsere transatlantischen Freunde . . . aber der

Beachtung durch Männer der Praxis oder Wissenschaft nicht wert» abgetan.

○ Ein Komitee des britischen Parlaments, 1878

Am 20. Dezember 1879 führte Thomas Edison seine Glühbirne vor. Nur drei Jahre später wurde das Pearl-Street-Elektrizitätswerk in New York fertiggestellt, und die Stadt erstrahlte in neuem Glanz.

14. Wechselstrom

«Es gibt keine Ausrede, die die Verwendung von Hochspannung und Wechselstrom, sei es im wissenschaftlichen, sei es im kommerziellen Sinne, rechtfertigen könnte. Ihr einziger Nutzen ist es, die Investitionen in Kupferdraht und Grundbesitz einzuschränken.»

○ Thomas A. Edison, amerikanischer Erfinder, 1889

Mit Wechselstrom betriebene elektrische Straßenbahnen tauchten im letzten Jahrzehnt des 19. Jahrhunderts in Amerika auf, und 1895 wurde der erste Abnehmer der von den Niagarafällen erzeugten Elektrizität beliefert, die Pittsburgh Reduction Company.

15. Der Panamakanal

«Der Panamakanal gehört schon der Vergangenheit an, und die Natur wird mit ihren Mitteln bald alle Spuren französischer Energie und Kosten am Isthmus verwischt haben.»

○ *Scientific American*, 1891

Der Panamakanal wurde am 15. August 1914 eröffnet und entwickelte sich zu einem der beiden wichtigsten künstlichen Wasserwege der Welt (der Suezkanal ist der andere).

16. Das U-Boot

«Ich muß gestehen, daß meine Vorstellungskraft, trotz aller Bemühung, sich weigert, irgendeinen anderen Nutzen von Unterwasserbooten zu sehen, als ihre Mannschaft zu ersticken und auf See herumzutorkeln.»

○ H. G. Wells, britischer Schriftsteller, in *‹Anticipations›*, 1901

Anfang des 20. Jahrhunderts ging die Entwicklung des U-Bootes zügig voran, so daß U-Boote im Ersten Weltkrieg schon ein Hauptelement des Seekriegs bildeten. Im Zweiten Weltkrieg spielten sie eine noch bedeutendere Rolle. In den sechziger und siebziger Jahren zählten Unterseeboote zu den wichtigsten strategischen Waffen.

17.–20. Flugzeuge

«Wird unsere Technik ... nicht letztendlich zugeben müssen, daß die Luftfahrt zu jenem weiten Feld von Problemen gehört, die die Menschheit nicht lösen kann, und daß alle Versuche, damit zurechtzukommen, zum Scheitern verurteilt sind? ... Der Bau eines Luftfahrzeuges, das auch nur einen Menschen nach seinem Belieben von einem Ort zum andern befördern könnte, erfordert die Entdeckung eines neuen Metalls oder einer neuen Kraft. Und selbst mit solch einer Entdeckung könnten wir nicht mehr erwarten, als daß es seinen Eigentümer trägt.»

○ Simon Newcomb, amerikanischer Astronom, 1903

«Wir hoffen, daß Professor [Samuel] Langley seinen guten Ruf als Wissenschaftler nicht weiter in Gefahr bringt, indem er fortfährt, seine Zeit und das zur Verfügung stehende Geld mit weiteren Luftschiffexperimenten zu verschwenden. Das Leben ist kurz, und er ist in der Lage, der Menschheit mit ungleich größeren Wohltaten zu dienen, als sich aus einem Flugversuch ergeben könnten ... Für Studenten und Erfinder aus der Langley-Schule gibt es nützlichere Verwendung.»

○ *The New York Times*, 10. Dezember 1903

Genau eine Woche später unternahmen die Brüder Wright ihren ersten erfolgreichen Flugversuch bei Kitty Hawk in North Carolina.

«Ich gebe zu, daß ich 1901 zu meinem Bruder Orville sagte, daß die Menschen noch 50 Jahre brauchen würden, um fliegen zu können ... Seitdem mißtraue ich mir selbst und enthalte mich aller Prognosen ...»

○ Wilbur Wright, amerikanischer Pionier der Luftfahrt, 1908

«In den Köpfen der Menschen spukt das Bild von gigantischen Flugmaschinen, die über den Atlantik sausen und eine Unzahl von Passagieren, ähnlich den modernen Ozeandampfern, befördern. ... Man kann wohl mit Sicherheit behaupten, daß solche Vorstellungen pure Einbildungen bleiben müssen, und selbst wenn eine Maschine die Überquerung mit ein oder zwei Passagieren schaffen würde, wären die Kosten – außer für einen Kapitalisten, der sich eine eigene Yacht leisten kann – unerschwinglich.

Ein anderer weitverbreiteter Irrglaube ist die Erwartung, daß enorme Geschwindigkeiten erreicht werden könnten. Man muß sich ins Gedächtnis rufen, daß der Luftwiderstand um das Doppelte der

Geschwindigkeit und das Dreifache der Arbeit zunimmt ... Wenn wir mit 30 Pferdestärken jetzt eine Geschwindigkeit von 40 Meilen/Stunde (ca. 64 km/h) erzielen können, brauchen wir, um eine Geschwindigkeit von 100 Meilen/Stunde (ca. 161 km/h) zu erreichen, einen Motor mit 470 Pferdestärken ... Es ist klar, daß unsere heutigen Flugapparate es weder mit unseren Lokomotiven noch mit unseren Automobilen bei einem Wettrennen aufnehmen könnten.»

○ William H. Pickering, amerikanischer Astronom, ca. 1910, *nach* Erfindung des Flugzeugs

Der erste transatlantische öffentliche fahrplanmäßige Passagierflug fand vom 17. bis 19. Juni 1939 auf der Strecke von New York nach England statt. Der einfache Flug kostete 375 Dollar, Hin- und Rückflug 675 Dollar – nicht mehr, als damals eine Fahrkarte 1. Klasse auf einem Ozeandampfer kostete. Am 14. Oktober 1922 erreichte in Mount Clemens, Michigan, ein Flugzeug die Geschwindigkeit von 216,1 Meilen/Stunde (ca. 348 km/h).

21. Autobahnen

«Trotz vieler anderslautender Gerüchte wird in der nahen Zukunft nicht mit dem Bau für Straßen begonnen werden, die für Automobile bestimmt sind.»

○ *Harper's Weekly*, 2. August 1902

Geplant wurde der Bronx River Parkway in New York im Jahr 1906 und war nach seiner Fertigstellung im Jahr 1923 das erste Autoschnellstraßennetz in den USA.

22. Radio

«[Lee] De Forest hat in vielen Zeitungen und mit seiner Unterschrift behauptet, daß es in nicht allzu langer Zeit möglich sein würde, die menschliche Stimme über den Atlantik zu schicken. Auf Grund dieser lächerlichen und bewußt trügerischen Aussagen konnte die irregeführte Öffentlichkeit ... dazu verleitet werden, Aktien seiner Firma zu erwerben ...»

○ Ein amerikanischer Staatsanwalt, der den Erfinder Lee De Forest unter Anklage stellte, in betrügerischer Absicht auf dem Postwege Aktien für seine Radio Telephone Company anzubieten, 1913

Die erste transatlantische Übertragung einer menschlichen Stimme geschah am 31. Dezember 1923, von Pittsburgh nach Manchester in England.

23. Bolschewismus

«Wer sind die Bolschewiki? Sie sind die Vertreter der demokratischsten Regierung in Europa ... Laßt uns die wahrhaftigste Demokratie in Europa, die wahrhaftigste Demokratie in der heutigen Welt anerkennen.»

○ William Randolph Hearst, amerikanischer Zeitungsverleger, 1918

24.–26. Raketenforschung

«Daß Professor Goddard und seine Fachgruppe am Clark College vom 3. Newtonschen Axiom (actio = reactio) und von der Notwendigkeit, etwas Besseres als ein Vakuum, gegen welches sich die Gegenkraft richten könne, zur Verfügung zu haben, nichts wissen – das zu behaupten wäre lächerlich. Natürlich sieht es nur so aus, als fehle ihm das simple Schulwissen in Physik.»

○ *The New York Times*, 13. Januar 1920

Die *New York Times* druckte 49 Jahre später, am 17. Juli 1969, kurz vor der Mondlandung der «Apollo», einen offiziellen Widerruf zu diesem Kommentar.

«Keine Rakete wird den Mond erreichen, wenn nicht auf wundersame Weise ein Explosivstoff entdeckt wird, der wesentlich kraftvoller sein müßte als alles, was wir kennen. Und selbst wenn der nötige Treibstoff hergestellt werden könnte, bliebe immer noch zu beweisen, daß ein Raketenmotor bei Temperaturen nahe dem absoluten Nullpunkt – das ist die Temperatur im interplanetarischen Raum – funktionsfähig bleibt.»

○ Nikola Tesla, amerikanischer Erfinder, November 1928

«Die in Ihrem Brief dargelegten Vorschläge ... wurden sorgfältig geprüft ... Obwohl das Air Corps großes Interesse an der Forschungsarbeit Ihrer Organisation hat ... fühlt es sich zu diesem Zeitpunkt nicht berechtigt, weitere Mittel für Grundlagenforschung und Versuche auf dem Gebiet des Raketenantriebs bereitzustellen.»

○ Brigadegeneral George H. Brett, U.S. Army Corps, in einem Brief an den Raketenforscher Robert Goddard, 1941

27.–28. Luftangriffe auf Kriegsschiffe

«Die Zeiten des Schlachtschiffes sind noch nicht vorüber, und es ist höchst unwahrscheinlich, daß ein Flugzeug – oder ein ganzes Geschwader von ihnen – jemals einen Flottenverband in einer Kampfsituation versenken könnte.»

○ Franklin D. Roosevelt, damals Unterstaatssekretär im US-Marineministerium, 1922

«Was das Versenken von Schiffen mit Bomben angeht: es ist ganz einfach nicht machbar.»

○ Der amerikanische Admiral Clark Woodward, 1939

29. Japan und die USA

«Niemand befürchtet zur Zeit einen Überraschungsangriff der japanischen Flotte auf unsere Gebiete im Pazifik . . . Funkverbindungen schließen Überraschungen aus.»

○ Josephus Daniels, ehemaliger amerikanischer Marinesekretär, am 16. Oktober 1922

Vergl. die Schlagzeilen vom 7. Dezember 1941 über Pearl Harbor

30. Fernsehen

«Theoretisch und technisch ist Fernsehen vielleicht durchführbar, doch kommerziell und finanziell halte ich es für eine Unmöglichkeit, auf diese Entwicklung sollten wir nicht viel Zeit zum Träumen verschwenden.»

○ Lee De Forest, amerikanischer Erfinder und «Vater des Radios», 1926

31. Hitler

«In dieser Kolumne habe ich schon seit Jahren immer wieder betont: Hitlers Horoskop ist kein Kriegshoroskop . . . Falls es zu einem Krieg kommen sollte, wird nicht er, sondern werden andere den ersten Schlag führen.»

○ R. H. Naylor, britischer Astrologe für den Londoner *Sunday Express*, 1939

32. Die Atombombe

«Das ist der größte Blödsinn, den wir je gemacht haben . . . Die Bombe wird niemals funktionieren, und ich sage das als Sprengstoffexperte.»

○ Admiral William Leahy in einem Gespräch mit Präsident Truman, 1945

33. Interkontinentalraketen

«Es ist schon viel über eine 3000-Meilen-Rakete gesagt worden. Meiner Meinung nach wird so eine Sache noch viele Jahre undurchführbar bleiben. Die Leute, die über diese ärgerlichen Dinge geschrieben haben, redeten über einen 3000-Meilen-Raketenabschuß von einem Kontinent zum anderen, bei dem eine Atombombe mitgeführt wird, und der so präzise gelenkt wird, daß man ein vorbestimmtes Ziel, zum Beispiel eine Stadt, genau trifft.

Ich glaube nicht, daß auch nur irgendeiner auf der ganzen Welt in der Lage ist, die technischen Probleme zu lösen, und ich bin sicher, daß noch lange Zeit bis zu ihrer Lösung vergehen wird . . . Ich denke, wir können das Ganze aus unseren Überlegungen herauslassen. Ich wünschte, die amerikanische Öffentlichkeit würde das Ganze aus ihren Überlegungen herauslassen.»

○ Dr. Vannevar Bush, amerikanischer Ingenieur, in einem Bericht an ein Senatskomitee, 1945

34. Mondlandung

«Das Landen und Fortbewegen auf dem Mond stellt die Menschen vor so schwierige Probleme, daß die Wissenschaft vielleicht noch 200 Jahre brauchen wird, um damit fertig zu werden.»

○ *Science Digest*, August 1948

Sie brauchte noch 21 Jahre.

35.–37. Der Vietnamkrieg

«Der Krieg in Vietnam kommt gut voran und wird erfolgreich sein.»

○ Robert McNamara, amerikanischer Verteidigungsminister, 31. Januar 1963

«. . . wir sind nicht dabei, amerikanische Boys 9000 oder 10 000 Meilen von zu Hause fortzuschicken, nur damit sie das tun, was die asiatischen Boys selbst für sich tun sollten.»

○ Lyndon B. Johnson, amerikanischer Präsident, 21. Oktober 1964

«Was auch immer in Vietnam geschehen mag, ich kann mir nichts anderes als einen militärischen Sieg vorstellen.»

○ Lyndon B. Johnson in einer Rede in West Point, 1967

38. Mode der siebziger Jahre

«Daher werden Frauen und Männer je nach Belieben Hosen oder Röcke tragen. Und weil man der Nacktheit nicht mehr so zimperlich gegenübersteht, werden durchsichtige Kleider nur noch aus Gründen der Bequemlichkeit durchsichtig sein. Wenn das Wetter es erlaubt, werden beide Geschlechter mit freiem Oberkörper umherlaufen, wobei die Frauen jedoch zum Schutz einfache Aufkleber tragen werden.»

o Rudi Gernreich, amerikanischer Modedesigner, 1970

khj

Geträumte Voraussagen

Im 4. Jahrhundert vor Christus träumte der taoistische Mystiker Tschuangtse, er wäre ein Schmetterling. Als er erwachte, fragte er sich: «Bin ich Tschuangtse, der träumte, er wäre ein Schmetterling, oder bin ich ein Schmetterling, der jetzt träumt, er sei Tschuangtse?»

1. Der Tod Heinrichs II. (1559)

Im April 1559 wurde der Friede von Cateau-Cambrésis, der einen 33jährigen Krieg zwischen Frankreich und Spanien beendete, unterzeichnet. Um dieses Bündnis zu festigen, verlobte König Heinrich II. von Frankreich seine 14jährige Tochter Elisabeth mit Philipp II., dem verwitweten König von Spanien. Dann rief er eine Zeit der Festlichkeiten aus, die in der letzten Juniwoche beginnen sollte. Das Hauptereignis bildete ein Fechtturnier zwischen Heinrich und einer Reihe von Gegnern, das eine Woche lang dauern sollte. Während der ersten zwei Tage bewies Heinrich sein glänzendes Können, indem er einen Rivalen nach dem anderen besiegte. Am Abend des zweiten Tages sah Blaise de Monluc, Marschall von Frankreich, in einem Traum das blutüberströmte Gesicht des Königs. Er hörte sich widersprechende Stimmen, die riefen: «Er ist tot» und «Er ist nicht tot».

Am dritten Tag wurde Heinrich von Gabriel, Comte de Montgomery, dem Hauptmann der schottischen Garde, herausgefordert. Während die beiden Männer miteinander kämpften, durchdrang die zersplitterte Lanze des Grafen das Visier des Königs und drang durch das Auge in sein Gehirn. Zuerst konnten die Zuschauer nicht erkennen, ob der König tot oder lebendig war. Er lebte noch zehn Tage lang unter schrecklichen Qualen und starb schließlich am 10. Juli 1559.

2. Der Tod des Generals Tutschkow (1812)

Im Sommer des Jahres 1812, als Napoleons Armeen in Rußland eindrangen, träumte die Gräfin Tutschkow, Frau eines russischen Generals, sie befände sich in einem Hotelzimmer in einer unbekannten Stadt. Ihr Vater betrat mit ihrem kleinen Sohn an der Hand den Raum. «Dein Glück ist zu Ende», sagte er. «Dein Mann ist gefallen. Er fiel bei Borodino.» Noch zweimal hatte die Gräfin den gleichen Traum, bevor sie ihn ihrem Gatten erzählte. Gemeinsam studierten sie Landkarten, konnten jedoch keinen Ort mit Namen Borodino finden.

Im Herbst desselben Jahres marschierten die französischen Armeen auf Moskau, und die Streitkräfte unter General Tutschkow unternahmen vergebliche Versuche, sie 70 Meilen vor der Stadt aufzuhalten. Die Gräfin hatte sich ein Zimmer in einer Herberge in der Nähe des Schlachtfeldes genommen. Eines Morgens betraten ihr Vater und ihr Sohn den Raum. Plötzlich wurde die Gräfin von Kummer überwältigt. Als sie um sich blickte, erkannte sie das Zimmer als den Schauplatz ihrer wiederholten Träume von vor drei Monaten. «Er ist gefallen. Er ist bei Borodino gefallen», sagte ihr Vater. Die blutige Schlacht war an den Ufern des Borodino, in dessen Nähe sich ein kleines unbedeutendes Dorf mit gleichem Namen befand, ausgefochten worden.

3. Der Tod von Percy Bysshe Shelley und Edward Williams (1822)

Shelley gehört zu den großen englischen Dichtern der Romantik. 1822 lebte er mit seiner Frau Mary und den Freunden Edward und Jane Williams in Italien. In der Nacht des 23. Juni stürzte Shelley schreiend in das Zimmer seiner Frau. In einem Traum hatte er «die zerfleischten, blutüberströmten Gestalten von Edward und Jane gesehen, die, sich gegenseitig stützend, in sein Zimmer schwankten und riefen: ‹Steh auf, Shelley, die See überflutet das Haus, und alles bricht zusammen!›»

Zwei Wochen später wollten Shelley und Williams Shelleys Yacht von Leghorn zu ihrem Wohnort Lerici segeln. Über der See braute sich ein Sturm zusammen, als sie ihre Reisevorbereitungen trafen. Der Leuchtturmwärter beobachtete, wie die Brecher auf das Schiffsdeck schlugen, während die Yacht hinter dem dunstigen Horizont verschwand. Obwohl ein Seemann eines anderen Schiffes zu ihnen hinüberrief, sie sollten die Segel einholen, wenn sie ihr Schiff nicht verlieren wollten, soll Shelley den Berichten zufolge ein Mitglied seiner Mannschaft von der Ausführung des Manövers abgehalten haben. Das Schiff sank am 8. Juli 1822. Zehn Tage darauf wurden die Leichen von Shelley und Williams bei Viareggio an Land gespült. Das Fleisch auf Shelleys Gesicht und seinen

Armen war so aufgerissen, daß man die Knochen sehen konnte. Die schrecklichen Wunden glichen jenen, die er zwei Wochen zuvor in seinem Traum an Jane und Edward Williams gesehen hatte.

4. Das Schicksal von Sir John Franklin (1847)

Franklin, der bekannte britische Admiral und Entdecker, verschwand im Sommer 1847 am Polarkreis während einer Expedition, die nach der Nordwestpassage suchte. Man war allgemein der Meinung, daß er noch lebte. Seine Frau Jane bemühte sich um Mittel für Suchtrupps und schrieb Briefe an ausländische Würdenträger, in denen sie um finanzielle Unterstützung bat. Kurze Zeit nachdem Franklins Trupp als vermißt gemeldet worden war, hatte sein Freund Walter Snoo einen tragischen Traum, in dem Franklin umkam. Sofort nach dem Erwachen nahm Snoo Papier und Bleistift zur Hand und zeichnete, was er gesehen hatte – das Bild zeigte Schneewehen, verlassene Boote und die erfrorenen Körper im Schnee. Snoos Vision konnte erst 12 Jahre später bestätigt werden, als 1859 eine von Captain Leopold McClintock geleitete Expedition das eingefrorene Wrack von Franklins Schiff entdeckte. Der Schnee war mit erfrorenen Körpern übersät, so wie Snoo es in seinem Traum gesehen hatte. Und Franklins Leichnam war auch darunter.

5. Die verschütteten Liebenden von Bedeilhac (ca. 1930)

Joseph Mandemant, ein französischer Anthropologe, träumte eines Nachts von der prähistorischen Höhle bei Bedeilhac in Frankreich. Er sah Zeichnungen an der Decke und eine Gruppe urzeitlicher Jäger um ein Lagerfeuer versammelt. Im Schatten auf einem Eckvorsprung sah er ein Liebespaar, das miteinander flüsterte und sich zärtlich streichelte. Dann hörte er ein donnerndes Getöse und sah, wie die Höhlendecke einstürzte. Er erwachte mit der Überzeugung, daß er in die Vergangenheit gereist und Zeuge eines prähistorischen Erdbebens geworden war. Er faßte den Entschluß, nach Bedeilhac zu reisen, um die Skelette der beiden verschütteten Liebenden freizulegen. Vor seiner Abreise hielt er seine Vision exakt auf dem Papier fest und verwahrte das Dokument in einem Bankschließfach. In Bedeilhac angekommen, stellte er fest, daß die Höhle genauso aussah wie in seinem Traum. Mit der Hilfe einiger ortsansässiger Arbeiter durchstieß er die Felswand und fand den Eckvorsprung, auf dem er das Liebespaar gesehen hatte. Doch zu seiner Verwunderung war der Vorsprung leer. Mandemant folgerte daraus, daß er in dem Durcheinander der einstürzenden Felsen nicht bemerkt hatte, wie die beiden Liebenden sich in Sicherheit brachten. *lo*

Elfmal das Weltende, wie die Wissenschaft es sieht

1. Von einem Schwarzen Loch verschluckt

Ein Schwarzes Loch soll ein großer erloschener Stern sein, der in sich zusammengefallen ist und dessen Materie eine so unglaubliche Dichte erreicht hat, daß selbst das Licht seiner immensen Anziehungskraft, die für jede in ihrer Reichweite herumschwirrende Materie tödlich ist, nicht entkommen kann. Radioastronomen glauben, daß sie große Schwarze Löcher entdeckt haben. Das Loch, das der Erde am nächsten sein soll, liegt möglicherweise im Sternbild Schwan, beruhigende 9,6 Billiarden Kilometer von uns entfernt. Nach den Gesetzen des Weltraums befindet sich alles im Universum in Bewegung, und ein unerwarteter Umbau der kosmischen Immobilien könnte uns auf einen Kollisionskurs mit einem dieser galaktischen Staubsauger bringen. Schwarze Löcher gibt es in allen Größen. Einige Wissenschaftler vermuten, daß ein Schwarzes Miniloch dafür verantwortlich war, als im Jahr 1908 ein ganzer sibirischer Wald auf unerklärliche Weise dem Erdboden gleichgemacht wurde.

Katastrophenzeitplan: Die Chance, daß die Erde mit einem ihrer himmlischen Gefährten zusammenstößt, ist astronomisch klein. Doch wenn es die Schwarzen Löcher tatsächlich gibt, müßten die Wissenschaftler die Wahrscheinlichkeit neu berechnen. Ein gefräßiges Schwarzes Loch könnte sich jederzeit an die Erde heranschleichen oder es könnte genauso noch eine Milliarde Jahre dauern, bis eins in unser Sonnensystem rutscht und sich einen kleinen Imbiß gönnt.

2. Klimawechsel – Der große Frost

Jeweils einmal in einer Million Jahre erlebt die Erde eine Eiszeit. Viermal sind die Gletscher vorgerückt, während einer Zeitspanne, die jedesmal einige tausend Jahre gedauert hat. Danach ziehen sie sich zurück, und die Erde erlebt eine milde Zeit, Zwischeneiszeit genannt, die selten länger als 10 000 bis 20 000 Jahre anhält. Die letzte Eiszeit endete vor 15 000 Jahren. Was eine Eiszeit auslöst, ist immer noch unbekannt, doch eine Tatsache ist klar: seit dem Zweiten Weltkrieg hat sich die Erde um etwa einen halben Grad Celsius abgekühlt. Die Menschheit hat es fertiggebracht, die letzten vier Gletscherwellen zu überleben, doch bei der nächsten wird es acht Milliarden von uns geben, die versuchen müssen, mit 30 Prozent weniger Land auszukommen. Da dann der für die Landwirtschaft genutzte Boden auch eingeschränkt sein wird, ist eine Hungersnot unvermeidlich.

Katastrophenzeitplan: 2 000 bis 10 000 Jahre.

3. Klimawechsel – Der Treibhauseffekt

Kauft noch keinen Lebensvorrat an langen Unterhosen und Ohrenwärmern, denn es kann sein, daß wir vor dem Einfrieren erst noch überbrüht werden. Das Verbrennen fossiler Brennstoffe wie Kohle und Öl hat das Kohlendioxid in der Erdatmosphäre seit den späten fünfziger Jahren um 10 Prozent ansteigen lassen. Kohlendioxid wirkt wie ein Einwegspiegel, indem es das Sonnenlicht hinein-, die Hitze aber nicht wieder hinausläßt. Falls die Zuwachsrate der Brennstoffnutzung jährlich um 4 Prozent ansteigt, sagen die Wissenschaftler voraus, daß im Jahr 2030 die Atmosphäre erheblich wärmer sein wird. Russische Wissenschaftler meinen, daß eine Erwärmung um wenige Celsiusgrade die Polarregionen zum Schmelzen bringen wird. Wenn die antarktische Eisdecke und die grönländische Eiskappe schmelzen, wird der Meeresspiegel um 61 Meter steigen und u. a. die amerikanischen Staaten am Golf von Mexiko, Norddeutschland, die Britischen Inseln, Ostchina und die Niederlande überfluten. Ein Großteil der Weltbevölkerung müßte sich in höher gelegene Gebiete retten, und ausgedehnte Lebensmittelknappheit wäre die Folge. Klimatologen vermuten, daß die Auswirkung der atmosphärischen Hitze im Zusammenhang mit den riesigen, in allen Meeren treibenden Eiswürfeln zu drastischen Änderungen im Erdklima führen kann. Vielleicht würden sich die jetzigen Wüsten und fruchtbaren Regionen in ihr jeweiliges Gegenteil verkehren. Der Getreidegürtel der USA würde sich in eine weite, dürre Prärie verwandeln, während die Sahara von Alligatoren und anderem Sumpfgetier bevölkert werden würde.

Katastrophenzeitplan: 70 Jahre. Wenn sich der Brennstoffverbrauch auf 2 Prozent im Jahr reduzieren ließe, könnten wir diese Katastrophe für weitere 15 oder 20 Jahre vertagen.

4. Kollision

Dr. Immanuel Velikovsky hat zwar an die Möglichkeit, daß Planeten einander streifen könnten, geglaubt, doch die Gemeinde der Wissenschaftler ist sich darin einig, daß nur ein gewaltiger Eindringling es fertigbrächte, die Planeten unseres Sonnensystems aus ihren Bahnen zu treiben und sie wie Billardkugeln gegeneinanderstoßen zu lassen. Trotzdem ist noch kein Seufzer der Erleichterung angebracht, denn das Sonnensystem ist voll von himmlischem Müll, der sehr wohl das Wohlergehen der Erde gefährden kann.

Kometen sind ausgefranste Eiskugeln, die zu schmelzen beginnen und denen lange Schweife aus giftigen Dämpfen wachsen, wenn sie sich auf ihren ellipsenförmigen Bahnen der Sonne nähern. Sie sind unberechenbar und ändern ihren Kurs bedeutend, wenn sie von der Anziehungskraft eines großen Planeten gestört werden. Man schätzt, daß ungefähr eine Milliarde Kometen die Sonne umkreisen und daß einige ihrer Bahnen die Umlaufbahn der Erde kreuzen. Selbst wenn die Chancen für einen Zusammenstoß 400 000 000 zu 1 stehen, ist es doch wahrscheinlich, daß in den vier Milliarden Jahren, die die Erde jetzt existiert, ungefähr 50mal ein Zusammenstoß mit dem Kopf eines Kometen stattgefunden hat. (Der erwähnte sibirische Wald an der Tunguska kann auch auf das Konto eines Kometen gehen.) Kometenschweife sind Millionen Kilometer lang, und die Chancen, daß die Erde einen von ihnen kreuzt, sind groß. So durchquerte die Erde den Schweif des Halleyschen Kometen bei seinem letzten Besuch im Jahr 1910, doch die Gase waren nicht konzentriert genug, um Schaden anzurichten.

Wenn Kometen sterben, bilden sich aus dem staubigen Geröll Meteore und Meteoriten. Meteore sind kleine Bruchstücke, die als Sternschnuppen kurz aufglühen und sich in der Erdatmosphäre auflösen. Meteoriten sind größere Brocken, die die Erdatmosphäre passieren und auf die Erdoberfläche aufschlagen. Jährlich fallen ungefähr 500 Meteoriten auf unseren Globus, und der größte, der sich in Namibia befindet, wiegt 66 Tonnen. Falls ein sehr großer Meteor auf New York fällt, könnte er Manhattan zerstören und Millionen Menschen töten.

Asteroiden sind eine noch größere Gefahr, denn sie sind größer als Meteoriten und bestehen aus Stein oder Metall, was sehr viel bedrohlicher als der Eiskopf eines Kometen ist. Asteroiden sind kleine Planeten, und die meisten von ihnen begnügen sich damit, sich im Asteroidengürtel zwischen Mars und Jupiter herumzutreiben. Wie die Kometen können auch die Asteroiden durch starke Gravitation aus ihrer Bahn gelockt werden. Ein solcher Ausreißer, namens Hermes, zischte in einem Abstand von 800 000 km (für astronomische Verhältnisse um Haaresbreite) im November 1937 an der Erde vorbei. Hermes, mit seinem Durchmesser von fast 500 Metern, hätte mächtigen Schaden angerichtet, wenn er in ein dichtbesiedeltes Gebiet gerauscht wäre.

Katastrophenzeitplan: Machen Sie sich darüber keine Gedanken. Die niedrigste Schätzung behauptet, daß innerhalb der nächsten 100 000 Jahre mit einem Zusammenstoß mit einem Kometen gerechnet werden kann, während täglich ein bis zwei kleine Meteoriten herunterfallen. Doch Gleichgültigkeit ist nicht angebracht, denn schon unter der morgigen Lieferung kann ein ganz Dicker sein. Alle 1000 Jahre steht ein Asteroidentreffer im Plan, aber vielleicht wird schon der nächste Angreifer erleben, daß wir ihn sprengen können und als Nebeneffekt einen wunderschönen Sternschnuppenregen verursachen.

5. Von kosmischen Strahlen erwischt

Gewöhnlich schirmt uns das Magnetfeld der Erde gegen diese Gefahr ab. Es unterliegt jedoch einem Zyklus, der normalerweise 150 000 Jahre dauert und in dem das Magnetfeld schwächer und stärker wird und die Polarität der Erde sich umkehrt. Zur Zeit nimmt die Stärke des Magnetfelds ab, und im Jahr 4000 könnte es bei Null angelangt sein und uns Erdlinge 500 Jahre lang ohne Schutz lassen. Einige Wissenschaftler haben die Theorie aufgestellt, daß dieses Phänomen auch für das plötzliche Aussterben der Dinosaurier vor 70 Millionen Jahren verantwortlich war. Falls ein nahe gelegener Stern (30 Lichtjahre oder weniger entfernt) explodieren und sich in eine Supernova verwandeln sollte oder die Sonne gewaltige Flammenrülpser ausstoßen würde, könnte die Erde durch die kosmischen Strahlungen, die bei solchen Begebenheiten freigesetzt werden, vernichtet werden. Diese alles durchdringende Strahlung ist in der Lage, genetische Veränderungen herbeizuführen. Die Wahrscheinlichkeit, daß die magnetische Umkehrung mit einer Supernova, die nahe genug ist, um katastrophales Unheil anzurichten, zusammenfällt, ist sehr gering, da so eine Supernova alle 100 Millionen Jahre nur einmal vorkommt. Und eine Sonneneruption, die stark genug ist, um lebensbedrohliche Strahlung freizusetzen, müßte gewaltiger sein als alle, die in den letzten 20 Jahren von Astronomen beobachtet wurden.

Katastrophenzeitplan: 2000 Jahre.

6. Die Gravitation zieht nicht mehr

Ungefähr vor 14½ Milliarden Jahren wurde unser Universum mit einem großen Knall geboren, als eine kosmische Feuerkugel explodierte und kosmische Materie in alle Richtungen spuckte. Seitdem hat sich das Universum immer weiter ausgedehnt, und einige Physiker vermuten, daß, während es immer größer wird, die Anziehungskräfte, die die Himmelskörper zusammenhalten, immer schwächer werden. Das bedeutet letzten Endes, daß sich die Erdatmosphäre auflösen und die Erdumklammerung der Sonne sich lockern wird. Während uns unsere Umlaufbahn spiralenförmig in den Weltraum hinaustragen wird und uns immer weiter von unserer solaren Wärmequelle wegführt, sinkt die Erdtemperatur so weit ab, bis unser Planet Tiefgefrorenem ähnelt.

Katastrophenzeitplan: Es wird mindestens eine Milliarde Jahre dauern, bis die Auswirkungen sich so bemerkbar machen, daß Bleischuhe in Mode kommen.

7. Der Tod der Sonne

Dies wird von Wissenschaftlern als endgültige Katastrophe angesehen. Hierbei gibt es jedoch keine Wahrscheinlichkeiten zu diskutieren, denn dieser Holocaust ist unausweichlich. Unsere Sonne verheizt ihren Wasserstoffbrennstoff nun schon seit 5 Milliarden Jahren, und ihr Vorrat reicht höchstens noch für weitere 8 Milliarden. Die neuesten Forschungen deuten darauf hin, daß diese Schätzung wahrscheinlich zu hoch gegriffen ist. Physiker sind dabei, die Existenz von Gravitationswellen zu beweisen, dieser schwer faßbaren, allgegenwärtigen Kräusel, die in Einsteins allgemeiner Relativitätstheorie vorausgesetzt werden. Falls tatsächlich Gravitationswellen existieren, könnten sie die Energie aus dem glühendheißen Kern der Sonne an ihre Oberfläche transportieren und die Sonne dadurch millionenfach schneller abkühlen, als uns lieb sein kann. In jedem Fall wird sich die Sonne während der letzten Milliarde Jahre ihres Lebens so sehr aufheizen, daß die Ozeane auf der Erde verkochen und die Erdoberfläche gegrillt wird, bis sie glutrot leuchtet. Optimisten weisen darauf hin, daß es den Menschen möglich sein müßte, einen Fluchtplan zu entwerfen und in andere Sonnensysteme mit jugendlicheren Sonnen auszuwandern, da wir ja früh genug über die drohende Einäscherung Bescheid bekommen. (Diese Fluchtklausel findet sich in mehreren der astronomischen Katastrophenszenarios. Der Erfolg gründet sich dabei auf die Fähigkeit, einsetzendes Unheil zu erkennen, die notwendige ausgereifte Technologie, um eine Anzahl von Menschen über extrem weite Entfernungen zu transportieren, zur Verfügung zu haben und einen gastfreundlichen Planeten irgendwo in den Weiten unseres Universums auszumachen.)

Katastrophenzeitplan: Fünf bis sieben Milliarden Jahre. Falls sich die Theorien über die Gravitationswellen als korrekt erweisen, vielleicht sogar früher.

8. Der streunende Mond und die bremsende Erde

Diese Situation ist randvoll mit Bedingungen, die unser letztes Stündchen einleiten können. Wie jeder Körper im Universum ist auch der Mond auf Wanderschaft und entfernt sich jährlich 5 cm von der Erde. Ebbe und Flut bremsen langsam die Umdrehung der Erde und helfen damit dem Mond, seinen Ausflug in den Weltraum auszudehnen. (Diese Auswirkung der Tiden hat den Erdentag während der vergangenen 400 Millionen Jahre von 21 auf 24 Stunden verlängert. Schließlich wird ein Tag einmal 37½ Stunden dauern.) Während die Erde immer langsamer, ein Tag immer länger wird, ändert sich das Klima drastisch, vielleicht sogar stark genug, um die Menschheit auszulöschen. Die Erdanziehungskraft erlaubt es dem

Mond aber nur, um 20 Prozent von seinem ursprünglichen Weg abzuweichen. Dann werden diese Kräfte den Mond wieder ganz langsam an unseren Planeten heranziehen. Während er sich nähert, bricht auf der Erde das Chaos aus; wenn sich der Mond dann auf 9600 km genähert hat und die Erde alle 90 Minuten einmal umrundet, wird er Vulkane entzünden, Erdbeben auslösen und gewaltige Flutwellen erzeugen, die ganze Kontinente überrollen können. Dann werden die Tage kürzer werden, bis sie nur noch zehn Stunden dauern, weil die Erdrotation sich beschleunigte. Ist der Mond dann auf 8000 km herangekommen, bricht er auseinander und bildet einen Ring, ähnlich den Saturnringen, um die Erde. Schließlich wird die Erde mit großen Mondsteinbrocken bombardiert werden.

Katastrophenzeitplan: Der gesamte Prozeß dauert Hunderte Milliarden Jahre, und falls die Sonne nicht überraschenderweise eine Lebensverlängerung zugesprochen bekommt, werden Erde und Mond vernichtet sein, bevor der Zyklus zu einem Abschluß gekommen ist.

9. Das Jojo-Universum

Wird das Universum sich in alle Ewigkeit ausdehnen? Viele Astronomen verneinen diese Frage, indem sie ins Feld führen, daß die Gravitation diesem kosmischen Sichbreitmachen ein Ende setzen wird. Dann werden sich weitverteilte Galaxien wieder langsam aufeinander zubewegen und dabei an Geschwindigkeit zunehmen. Schließlich werden die einzelnen Teile des Kosmos ineinander rasen, um aufs neue eine Kugel zu bilden, die jener gleicht, aus der vor 14½ Milliarden Jahren unser Universum entstand. Einige Astronomen behaupten, daß sich das Universum von diesem gigantischen Zusammenbruch niemals mehr erholen wird. Andere versichern, daß dieses «Ylem» sich genauso wie das vorherige verhalten und durch eine Explosion ein neues Universum schaffen wird. Der gesamte Prozeß wird sich wiederholen und die Materie bis in alle Ewigkeiten in Trab halten. Eins ist ganz sicher: keiner der Astronomen wird anwesend sein, um seinen Wettgewinn einzustreichen.

Katastrophenzeitplan: Für ungefähr die nächste halbe Billion Jahre braucht man den Großen Halt nicht zu erwarten, und es wird noch einmal eine halbe Billion Jahre dauern, bis der Sohn des Ylem geboren wird.

10. Wärmetod

Die jüngsten Messungen deuten darauf hin, daß die Anziehungskräfte des Universums nur ein Zehntel von dem betragen, was benötigt würde, um die Ausdehnung zum Stillstand zu bringen.

Falls nicht weitere Masse entdeckt wird, die helfen kann, den Mangel an Gravitation auszugleichen, muß die Wiederaufbereitungstheorie wohl zugunsten einer Theorie, die eine alles umfassende Atrophie beinhaltet, fallengelassen werden.

Das Universum verheizt eine endliche Menge Wasserstoff, den grundlegenden Brennstoff des Kosmos. Wenn dieser Vorrat erschöpft ist, können keine neuen Sterne mehr geboren werden. Zwar werden die Himmelskörper weiterhin in die schwarze Unendlichkeit des Weltraums hinaustreiben, doch ein Stern nach dem anderen wird erlöschen. Ist der letzte gestorben, gibt es kein Universum mehr, und der Wärmetod wird der Schuldige sein.

Katastrophenzeitplan: Eine Billion, vielleicht mehrere Billionen Jahre.

11. Atomkrieg und Nachwirkungen

Dies ist ein vertrautes, beängstigendes Katastrophenszenario. Ob ihn nun die durch Hunger Verzweifelten, die Nationalisten oder die Gierigen auslösen, der nächste größere Krieg wird ohne Zweifel mit nuklearen Waffen ausgetragen werden. Eine Studie, die im Auftrag des amerikanischen Office of Technology Assessment erstellt wurde, besagt, daß ein großangelegter thermonuklearer Angriff bis zu 88 Prozent der amerikanischen und bis 50 Prozent der sowjetrussischen Bevölkerung töten kann. Danach würden weitere Menschen an Strahlen- und Falloutschäden sterben, gleichzeitig würden Pflanzen und Tiere Erbschäden erleiden.

Die Väter der ersten Atombombe haben sich schon die Frage vorgelegt, ob ihre Explosion – oder folgende Explosionen – eine unaufhaltsame Kettenreaktion in den Wasserstoffatomen des Wassers, das ja 85 Prozent der Erdoberfläche bedeckt, hervorrufen und damit den gesamten Planeten auflösen könnte. Ein Artikel, der in dem angesehenen *Bulletin of the Atomic Scientists* 1975 veröffentlicht wurde, besagt, daß diese Frage bisher nicht zufriedenstellend beantwortet werden konnte, und schlägt vor, daß ein Computer die Wahrscheinlichkeit einer solchen Katastrophe errechnen soll, bevor es zu spät ist.

Obwohl das Nukleararsenal der Welt für jeden Menschen auf dieser Erde das Äquivalent von 10 t TNT bereithält, sind sich die meisten Experten darin einig, daß genügend Menschen einen Atomkrieg überleben würden, um die Erde neu zu bevölkern. Doch eine Kombination von Atomwaffen mit tödlichen und unberechenbaren bakteriologischen und chemischen Waffen könnte alles Leben auf der Erde für alle Zeiten vernichten.

Katastrophenzeitplan: Die größte Lebensbedrohung, der wir jetzt gegenüberstehen, geht ganz allein vom Menschen selbst aus. Es ist denkbar, daß wir in der Lage sein werden, die anderen Katastrophen, die uns drohen, mit Hilfe unseres blühenden wissenschaftlichen und technischen Wissens abzuwenden oder ihnen zumindest zu entfliehen. Aber wie können wir die Atomkraft entschärfen und den Menschen, die die Bomben in der Hand haben, Einhalt gebieten? Wir leben heutzutage in einem sehr gefährdeten Gleichgewicht, und eine falsche Bewegung könnte schon morgen am Horizont die Atompilze wachsen lassen. *ls*

Mitarbeiter

Redaktionsleitung:	Carol Orsag
Koordination:	Kristine H. Johnson
Redaktion:	Fern Bryant
	Elizebethe Kempthorne
Unter Mitarbeit von:	Anita Taylor
	Linda Schallan
	Diane Brown Shepard
Redaktionsassistenz:	Judy Knipe
Recherchen:	Torene Svitil
	Helen Ginsburg
	Vicki Scott
	Loreen Leo
Redaktionelle Bearbeitung:	Joanne Maloney
	Linda Laucella
	Lee Clayton
	Danny Biederman
	Patricia Begalla
Schlußredaktion:	Wayne Lawson

Die Autoren der Beiträge

ae	Ann Elwood
at	Anita Taylor
aw	Amy Wallace
bb	Bernhard Bauer
dbs	Diane Brown Shepard
deb	David E. Bresler
fb	Fern Bryant
hh	Hal Hellman
iw	Irving Wallace
jb	Jeremy Beadle
jbs	J. B. Schallan
jh	Jannika Hurwitt
khj	Kristine H. Johnson
lo	Laurel Overman
ls	Linda Schallan
mss	Michael S. Smith
rjf	Roger J. Fadness
rr	Robert Reginald
sd	Sally Darnowsky
wad	William A. DeGregorio

Namen- und Sachregister

David Wallechinsky
Irving & Amy Wallace

Rowohlts Bunte Liste

Deutsch von Christine Brinck,
Niko Hansen
und Jens Petersen

510 Seiten, kartoniert

«‹ROWOHLTS BUNTE LISTE› gehört zum Originellsten, was der Buchbranche im Atomzeitalter eingefallen ist.» *Lektüre*

«. . . 371 Listen über alles Mögliche und Unmögliche, puren Nonsens ebenso wie Wissenswertes», schreibt die *tz München*, und «wer sich einmal an diesem Stoff festgebissen hat, wird über kurz oder lang den Nächstbesten mit einer Frage überfallen – mit der Einleitung ‹Hast du eigentlich schon gewußt, daß . . .›»

Rowohlt